Moonology – Die Magie des Mondes

Yasmin Boland

Moonology

Die Magie des Mondes

Wünsche verwirklichen und erfüllter leben
mit der Kraft der Mondphasen

Aus dem Englischen übertragen von
Diane von Weltzien

INTEGRAL

Die Originalausgabe erschien 2016 unter dem Titel
»Moonology. Working with the Magic of Lunar Cycles«
bei Hay House UK Ltd, London

FSC® MIX
Papier aus verantwortungsvollen Quellen
FSC® C083411
www.fsc.org

Verlagsgruppe Random House FSC® N001967

Erste Auflage 2020

Originally published in 2016 by Hay House UK Ltd, London

Printed in Germany.
Redaktion: Ralf Lay
Umschlaggestaltung: Guter Punkt, München,
unter Verwendung des Originalcovers (Cover design: Leanne Siu Anastasi)
und eines Motivs von red-feniks/shutterstock
Satz: Satzwerk Huber, Germering
Druck und Bindung: CPI books GmbH, Leck
ISBN 978-3-7787-9302-2

www.integral-verlag.de
www.facebook.com/Integral.Lotos.Ansata

Für Oliver und Louis –
Ich habe euch so lieb wie bis zum Mond und darüber hinaus!

Eine Veränderung im Leben gelingt dann, wenn man sie zutiefst wünscht, fest an sie glaubt, darauf vertraut, dass Erfolg möglich ist, im Kopf eine klare Vision von ihr und ihrer schrittweisen Umsetzung hat und keinen einzigen Zweifel. Das ist das Geheimnis.

Eileen Caddy, Gründerin der Findhorn-Gemeinschaft

Inhalt

Teil III:
Die Magie des Vollmonds nutzen

Teil IV:
Lebe bewusst mit dem aktuellen Mond

Vorwort

Der Mond ist der älteste irdische Tempel und trägt in sich die Macht ungezählter Gebete, die seit Anbeginn der Zeit an ihn gerichtet wurden … eine Glocke, deren Klang uns auf das Feld der Mutter führt, wo Körper und Seele ruhig trinken können.

Dana Gerhardt, *Mooncircles*

Würdest du mir glauben, wenn ich dir sagte, dass du den Mond als hervorragenden kosmischen Zeitgeber nutzen kannst, der dir hilft, das Leben zu schaffen, von dem du träumst?

Nun, du kannst. Woher ich das weiß? Weil ich es ausprobiert habe und weil die Verwirklichung mit Unterstützung des Mondes bei mir und Hunderten, ja Tausenden meiner Leser im Laufe der zurückliegenden anderthalb Jahrzehnte funktioniert hat, worüber ich beispielsweise auf meiner Webseite www.moonology.com schreibe. Und jetzt, da du im Begriff bist, dieses Buch zu lesen und dir seine Praktiken und Informationen anzueignen, wirst du es ebenfalls erleben: Du kannst ein mächtiger »Mondmanifestierer« werden.

Um den Mond als Helfer bei der Gestaltung des Lebens zu nutzen, das du ersehnst, brauchst du dir einfach nur den Mondzyklus bewusst zu machen und die grundlegenden Prinzipien der Manifestation anzueignen. Dieses Buch wird dich in beidem unterstützen.

Falls du dich bereits darin versucht hast, sich bisher jedoch wenig materialisiert hat, dann könnten die Informationen in diesem Buch sehr wohl das fehlende Glied sein, das du benötigst. Sie zeigen dir, wie du deine Wünsche und Träume mit Mondenergie aufladen kannst.

Die Formulierung unserer Pläne im Einklang mit dem Mondzyklus als kosmischem Zeitgeber erhöht erheblich unsere Aussicht darauf, als fähiger und bewusster Schöpfer willentlich Wünsche zu manifestieren.

Hierzu brauchst du kein Astrologe zu sein. Ehrlich gesagt, musst du nicht einmal an die Astrologie »glauben«. Auch sind keineswegs vertiefte mathematische und astronomische Kenntnisse erforderlich. Es ist einfach, mit dem Mond zu arbeiten, ohne etwas über das Warum und Weshalb zu wissen. Wir können ihn fast jede Nacht am Himmel sehen. Wir sind mit ihm und er ist mit unserem Heimatplaneten verbunden. Tiefer brauchst du die Zusammenhänge am Anfang gar nicht zu durchschauen.

Das Geheimnis besteht darin, in Übereinstimmung mit dem Mondzyklus Wünsche zu äußern und Intentionen zu bestimmen. Im Lauf der Jahre habe ich Hunderte E-Mails von Menschen erhalten, die mir von ihrem Erfolg bei der Verwirklichung ihrer Ziele berichteten, weil sie sich an die Regeln des Neumondwünschens gehalten hatten. Und solche Erfolgsaussichten hoffe ich mit diesem Buch auch an dich weiterreichen zu können.

Du wirst erfahren, warum und wie das sogenannte Neumondwünschen funktioniert (das gelingt dir wirklich!) und wie der Vollmond sich in diesen Prozess einfügt, ihn unterstützt und verstärkt. (Ja, die Arbeit, die du an dir selbst während des Vollmonds leistest, ist genau das, was dir bei der Verwirklichung deiner Träume bei Neumond zwei Wochen später zugutekommt.)

Außerdem findest du heraus, wie du Neu- und Vollmond abhängig von den Tierkreiszeichen, in denen sie sich gerade befinden, für dich am besten nutzen kannst. Und du erfährst, wie du Rückschlüsse auf den Teil deines Horoskops ableitest, den Neu- und Vollmond beeinflussen. Diese Informationen kannst du dann nutzen, um vorherzusagen, was du in den folgenden Wochen erwarten magst.

Wie dieses Buch funktioniert

Ich habe dieses Buch in vier Abschnitte eingeteilt. *Teil I* ist eine Einführung zur Verbindungsaufnahme mit dem Mond und enthält einen Überblick über die acht wesentlichen Mondphasen. Jede dieser Mondphasen hat ihren eigenen Rhythmus. Sie zu verstehen und zu wissen, welche Zielsetzungen am besten zu jeder von ihnen passen, ist ein echter Segen für dein Leben. Sobald du lernst, zum Rhythmus des Mondes zu tanzen, wirst du feststellen, dass dein ganzes Dasein leichter in Fluss kommt. Es wird dir vorkommen, als hättest du einen Geheimcode geknackt.

Teil II handelt vom Neumond. Hier geht es um das Neumondwünschen – wie man es anstellt und wie es funktioniert. Ich werde dir erklären, warum du diese Praxis alle vier Wochen einplanen solltest und warum du es dein Leben lang gern tun wirst.

Außerdem erfährst du in diesem Teil, in welchem Zeichen des Tierkreises sich der Neumond gerade befindet. Ausgerüstet mit diesem Wissen, kannst du dich nun den Themen und Energien der jeweiligen Zeitspanne vom Neumond über den Vollmond bis zum nächsten Neumond widmen. Die Prozesse, die du dabei einbeziehst, sind äußerst wirkungsvoll; und wie gesagt brauchst du, um sie dir nutzbar zu machen, keine Vorkenntnisse in Astrologie zu haben. Alles wird hier einfach und gut verständlich erklärt.

Im Abschnitt über den Neumond leite ich dich schließlich auch dazu an, wie du rasch und leicht herausfindest, wo sich der Neumond jeden Monat *in deinem eigenen Horoskop* befindet. Jeden Monat bringt der Neumond einen Teil deines Horoskops mit seinen Eigenschaften zum Tragen, den man als »Haus« bezeichnet, und ich zeige dir, welche Einflüsse du durch deine Häuser erwarten kannst.

Schließlich erfährst du, wie du den Neumond zur Optimierung deines Lebens nutzt, indem du dich mit Erzengeln und Göttinnen verbindest, wie du die feinenergetischen Zentren deines Körpers (Chakras) unterstützt, und noch vieles mehr.

Teil III widmet sich dem Vollmond. Er ist nicht nur wunderschön anzusehen und schickt uns seine numinosen Mondstrahlen, sondern er hat auch mit gesteigerten Emotionen, dem Tauziehen in unserem Leben, mit Höhepunkten und der Gelegenheit zum Abbau von Negativität zu tun. Ich erkläre dir, wie du die Energie des monatlichen Vollmonds auf seinem Weg durch die Tierkreiszeichen am gewinnbringendsten nutzt. Wir beschäftigen uns außerdem mit der Macht des Vollmonds im Hinblick auf Vergebung und Dankbarkeit und wie diese deine Neumondwünsche voranbringen.

Schließlich erfährst du, wie du das Zeichen, in dem sich der Vollmond gerade befindet, nutzen kannst, um deine Bemühungen darin, bewusst und in Einklang mit dem Universum zu leben, zu unterstützen. Du lernst herauszufinden, welchen Teil deines Horoskops der Vollmond von einem Monat zum nächsten durchläuft und welche Bedeutung das für dich hat.

Teil IV beschäftigt sich mit dem aktuellen Mond. Wenn du ein(e) hingebungsvolle(r) Mondanhänger(in) wirst, fragst du dich sicher häufig: »Wo steht der Mond denn gerade, und in welcher Phase ist er?« Dieser Abschnitt hilft dir zu erkennen, was der Mond täglich für dich persönlich bedeutet. Nach und nach lernst du, die Energie des jeweils aktuellen Monds zu erkennen und wie du sie für dich einsetzen kannst.

Auf dem Weg durch das Buch mache ich dich außerdem mit Mondfinsternissen bekannt, die im Einklang mit Neumond und Vollmond stattfinden, und mit den sogenannten Mondknoten. Wenn eine Mondfinsternis in deinem Horoskop auftaucht, dann kann sie dein Leben verändern (glaub mir: Ich habe es selbst erfahren)!

Schließlich erfährst du noch, wie du für dich einen Zwölf-Monate-Mondplaner erstellen kannst, damit du in Übereinstimmung mit den Mondphasen auf praktische und magische Weise an dir selbst arbeiten kannst. Innerhalb eines Jahres wirst du auf diese Weise so ziemlich jeden Aspekt deines Lebens, der der Aufmerksamkeit bedarf, einmal durchgearbeitet haben.

Alle diese Informationen stelle ich dir auf die einfachste Weise zur Verfügung. Als zusätzliche Anregung habe ich, wo es mir sinnvoll erschien, Links zu den Seiten meines (englischsprachigen) Webauftritts eingefügt, damit du Zugang zu noch weiteren vertiefenden Informationen findest und, wenn du möchtest, Arbeitsblätter herunterladen kannst.

Also steig ein, und brechen wir auf zum Mond!

Teil I

Warum der Mond magisch ist

Beim Manifestieren ist die Zusammenarbeit mit dem Mond der Schlüssel zum Erfolg. Theoretisch kannst du – die richtigen Intentionen und entsprechende Hingabe vorausgesetzt – deine Träume zwar jederzeit und überall verwirklichen, doch wenn dies in Übereinstimmung mit dem Mond geschieht, dann lädst du deine Träume noch zusätzlich energetisch auf.

☽ ○ ☾

Kapitel 1

Stimm dich ein auf den Mond

Ich beginne diesen Teil des Buches, indem ich dir meine Lieblingsgeschichte zum Neumondwünschen erzähle. Zu diesem Zweck muss ich zurückkehren in die Zeit, als ich dreizehn oder vierzehn war und in der Hauptstadt des australischen Bundesstaats Tasmanien, in Hobart, aufwuchs. Falls du noch nie etwas von Tasmanien gehört haben solltest, der Staat ist eine Insel südlich des australischen Festlands. Zwischen dieser Insel und der Antarktis ist nichts sonst als eine äußerst bewegte See und eisige Luft. Glaub mir, ich weiß es, denn ich bin dort gesegelt!

Wünschen auf Basis von Träumen

Damals hatte ich nur den einen Wunsch: Tasmanien den Rücken zu kehren und in Paris zu leben. Die Wände meines Schlafzimmers waren mit Bildern dieser Stadt übersät; ich las französische Gedichte und hörte französische Musik. Das allererste Gericht, das ich zuzubereiten lernte, war Quiche lorraine – allein deshalb, weil es ein französisches ist. Irgendwann gelang es mir sogar, ein Päckchen Gauloises zu erwischen – nicht etwa, um die Zigaretten zu rauchen, sondern um sie wie Räucherwerk in meinem

Zimmer zu verbrennen und mir dabei vorzustellen, ich sei eine schicke Pariserin, die in einem schummrigen Café im Quartier Latin sitzt und Jazzmusik hört. (Unglücklicherweise roch meine Mutter die Zigaretten, dachte sich ihren Teil, und schon hatte ich einen Haufen Ärger.)

Schneller Vorlauf in eine Zeit viele Jahre später: Ich war fertig ausgebildete Journalistin und hielt mich eine Woche lang in Paris auf, weil ein Freund, der in Australien Urlaub machte, mir die Schlüssel zu seiner Wohnung gegeben hatte. Das war nicht meine erste Reise in meine Traumstadt, nein, aber es war mein erster Paris-Besuch als Erwachsene und ohne Begleitung.

Zufällig kam ich in einer Neumondnacht in Paris an. Also schlug ich den direkten Weg zum Eiffelturm ein, um dort meinen Neumondwunsch zu äußern. Ich war der Meinung, dass die hohe Turmspitze ein ideales Leitmedium wäre, um meine Wünsche direkt in den Himmel zu führen. Und diese Überzeugung erwies sich als zutreffend. Mein Wunsch an jenem Tag besagte, dass ich viel länger in Paris bleiben wollte als nur die Woche, die ich gebucht hatte. Ich war eine ungebundene freischaffende Journalistin – das hieß, dass ich mit meinem Laptop praktisch überall arbeiten konnte, vorausgesetzt, ich verfügte über einen Internetanschluss –, und ich besaß den richtigen Pass. Nun, da ich endlich in Paris war und so viele ideale Voraussetzungen erfüllt waren, warum, um Himmels willen, sollte ich da bereits nach einer Woche wieder abreisen? Nachdem ich meinem Wunsch Ausdruck verliehen hatte, kehrte ich zurück in die Wohnung meines Freundes. Auf dem Weg durch die wunderschönen abendlichen Straßen von Paris hörte ich eine Stimme in meinem Kopf klar und deutlich sagen: »Ha, ich lebe jetzt hier!«

»Unglaublich«, dachte ich bei mir, »wie komme ich dazu, etwas so Merkwürdiges zu denken?« Und doch verhielt es sich genau so.

Am nächsten Tag fiel mir ein handgeschriebener Zettel ins Auge, auf dem unweit meines gegenwärtigen Aufenthaltsortes eine Wohnung in einem der schicksten Viertel von Paris angeboten wurde. Ich suchte die charmante Eigentümerin auf (die, wie ich später herausfand, eine europäische Prinzessin war), und sie zeigte mir die Wohnung. Sie war ideal! Der einzige Haken an der Sache war, dass der Mann der Eigentümerin sich ein Fotolabor neben der Küche eingerichtet hatte und dass das Paar es gelegentlich nutzen wollte. Aus diesem Grund war die Miete nur *halb* so hoch, wie sie es unter normalen Umständen in diesem Stadtteil gewesen wäre, der nur eine Nebenstraße vom Boulevard Saint-Michel entfernt ist.

Um mir die Sache noch leichter zu machen, sprachen die beiden perfekt Englisch, und die Kommunikation gelang mühelos (mein an der Uni erworbenes Französisch bedurfte noch des Aufpolierens). Sie boten mir die Wohnung an, und ich sagte natürlich sofort: »Oui!« So kam es, dass ich die nächsten zweieinhalb Jahre in Paris lebte.

Hat also mein Wunsch nach einem Leben in Paris meinen Traum verwirklicht? Nun ja, nicht nur. Vielmehr hatte ich den *Traum* und habe dann etwas *getan* (Französisch studiert und Paris besucht). Außerdem habe ich meinen Traum *verdichtet*, indem ich den Wunsch unter dem *Eiffelturm* formulierte. In Wirklichkeit sind wir ständig dabei, etwas zu manifestieren. Wir können gar nicht anders. Träumst du davon (also machst du dir darüber Sorgen), du könntest dein Leben verpfuschen? Dann könnte genau das geschehen. Träumst du davon, in Paris zu leben? Dann könnte auch genau das geschehen. Meine Träume von Paris haben jedenfalls meine Wirklichkeit erschaffen.

Ein paar Stunden nachdem ich den Vertrag unterschrieben hatte, bestätigte mir jemand, den ich in einem Café kennenlernte: »Vous avez faites un miracle!« – »Sie haben ein Wunder bewirkt!« Offensichtlich fällt es Neuankömmlingen in Paris normalerweise nicht so leicht, in der Stadt umherzulaufen und eine Wohnung zu finden, ganz zu schweigen von einer bezahlbaren im schicksten Viertel der Stadt.

Für mich ging alles nahtlos ineinander über: geradeso, als hätte ich es herbeigezaubert. Ich lebte meinen Traum, und es fühlte sich ganz natürlich an … und wenn die Dinge sich natürlich anfühlen, dann kann Magie geschehen.

Die zehn wichtigsten Fakten zum Mond

Bevor wir mit dem Wünschen weitermachen, hier zunächst ein paar Schlüsselfakten – astrologischer und anderer Art –, deren Kenntnis nützlich ist, wenn man das Nachfolgende ins rechte Licht rücken will:

1. Der Mond ist 384 400 Kilometer von der Erde entfernt und hat einen Durchmesser von 3476 Kilometern.
2. Die Astronauten der Apollo-11-Mission (darunter Buzz Aldrin und Neil Armstrong) brauchten 1969 drei Tage zum Mond. Gleiches gilt für die nachfolgenden fünf Apollo-Missionen. Doch 2006 war die NASA-Sonde New Horizons, die auf ihrem Weg zu Pluto am Mond vorbeikam, nur mehr unter neun Stunden dafür unterwegs. Aber sie musste ja auch nicht für eine Landung abbremsen.
3. Das Alter des Mondes wird auf 4527 Milliarden Jahre geschätzt, er ist also etwa gleich alt wie die Erde.
4. Die bekannteste Theorie über den Ursprung des Mondes besagt, dass er aus dem im Orbit umherfliegenden Abfall aus einem Zusammenstoß zwischen der neugeborenen Erde und einem Planeten von der Größe des Mars entstand.

5. Der Mond umkreist die Erde, ähnlich wie die Erde die Sonne umkreist.
6. Der Mond braucht ungefähr dreißig Tage, um alle zwölf Zeichen im Tierkreis (Zodiak) zu durchlaufen, und hält sich dabei ungefähr zweieinhalb Tage in jedem Tierkreiszeichen auf.
7. Alle zwei Wochen ist entweder Neumond oder Vollmond. Dem Neumond folgt also zwei Wochen später der Vollmond, diesem folgt nach zwei weiteren Wochen wieder der Neumond und so fort.
8. Astrologen nutzen den Begriff »Lunation«,[1] um die Zeitspanne von Neu- über Voll- zu Neumond zu bezeichnen. Man könnte also beispielsweise sagen: In der nächsten Lunation gibt es einen Widder-Vollmond, wenn er auf dem Weg durch den Tierkreis dann dieses Zeichen passiert.
9. Nach astrologischer Auffassung »herrscht« der Mond insbesondere über Emotionen, Nahrung, Heim, Instinkte, Mütterlichkeit, Bedürfnisse, Brüste, Fürsorge, Weiblichkeit, Vergangenes, Wurzeln, Sicherheit und das Unbewusste.
10. Der Mond löst auf seinem Weg durch den Tierkreis die Zeichen aus und ist somit ein großartiger astrologischer Zeitgeber.

Doch für unsere Zwecke am wichtigsten ist die nachfolgende kleine Liste von Themen, mit denen der Mond in der Astrologie in Verbindung gebracht wird: mit Gefühlen, Emotionen, Mütterlichkeit, Elternschaft, Erinnerungen, Weiblichkeit, der Göttin, Hexen, Frauen, Kindheit, Zyklen, Nahrung, Erbe, Angewohnheiten, Einfühlungsvermögen, Stimmungen, Schwankungen, dem Unbewussten, Empfänglichkeit, Häuslichkeit, der Öffentlichkeit, Füttern, Nähren, Heim, Bedürfnissen und vielem mehr.

Die Vorteile der Einstimmung auf den Mond

Je vertrauter du mit den Praktiken in diesem Buch wirst, umso deutlicher erkennst du, wie vorteilhaft es ist, sich mit dem Mond zu verbinden, etwa indem du bei Neumond wünschst und bei Vollmond loslässt und vergibst (Ausführliches hierzu folgt in den weiteren Kapiteln). Außerdem wirst du feststellen, wie wunderbar es ist, mit den Tierkreiszeichen zu arbeiten, in denen sich der Neumond oder der Vollmond gerade zeigt, und wie viele Erkenntnisse du hinzugewinnst, wenn du weißt, an welcher Stelle ein Neumond oder Vollmond dein persönliches Horoskop beeinflusst. Mit der Zeit wirst du vermutlich die Zahl der Tage bis zum nächsten Neumond oder Vollmond voll im Blick haben.

Falls du dich auf einem spirituellen Weg befindest (und die Tatsache, dass du dieses Buch liest, legt diese Vermutung nahe), wird sich die Einstimmung auf den Mond für dich wie pure Magie anfühlen. Zum einen erinnert uns der Mond an sich daran, dass unser Leben mehr als nur Alltag ist. Ich meine, sieh ihn dir doch nur einfach mal bewusst an! Der Mond ist dieser das Sonnenlicht reflektierende Körper da oben am Himmel. Allein schon mit bloßem Auge betrachtet, sieht er einfach gewaltig aus. Falls du den Mond noch nie durch ein Teleskop betrachtet hast, empfehle ich dir dringend, dies einmal zu tun. *Es bietet sich dir ein atemberaubender Anblick!*

Den Mond Monat um Monat, Jahr um Jahr zu beobachten bringt dich in Kontakt mit seinem Zyklus, seinem Rhythmus – es wird dir helfen, dich daran zu erinnern, dass wir alle Bestandteile von etwas viel Größerem und Kinder des Universums sind. Wir sind so viel mehr als nur Menschen, die sich täglich im öffentlichen Nahverkehr abmühen, um zu unserem Arbeitsplatz zu gelangen, an dem wir dann miteinander um die nächsten Beförderungen wetteifern. Wir sind Sternenstaub.

Wir sind Magier auf dem Weg zur Erleuchtung. Wir sind eins mit den Himmeln und allem, was sich jenseits von ihnen befindet. Auch wenn wir die Himmel nicht vollständig sehen und nicht zu viel Zeit in die Kontemplation über die Natur investieren können, die Rückbesinnung und Einstimmung auf den Mond verbindet uns dennoch mit dem Göttlichen – mit unserem göttlichen Selbst und mit dem Kosmos.

Indem du dich auf den Mondzyklus einstimmst, verbindest du dich mit dem Kosmos und mit unserem Planeten. Wir Menschen des 21. Jahrhunderts leben überwiegend recht abgeschnitten von der Natur. Natürlich wohnen wir nicht alle in Städten und verbringen nicht alle unsere Arbeitszeit bei künstlichem Licht in geschlossenen Räumen vor Computern. Dennoch trifft diese Beschreibung auf sehr viele von uns zu, nicht wahr? Vor die Tür zu kommen und sich durch die Beobachtung des geheimnisvollen Monds auf die Natur einzulassen ist da ein wirklich probates Gegenmittel.

Du kannst den Mond aus deinem örtlichen Park oder von deinem Garten aus beobachten. Falls du keinen eigenen Garten hast, versuch es mit dem Balkon oder mit der Einfahrt deines Zuhauses. Und falls dir weder das eine noch das andere zur Verfügung steht, dann probier es, indem du auf die Straße trittst oder aus dem Fenster schaust. Ich erinnere mich noch gut daran, wie es war, als ich zum ersten Mal die Gelegenheit hatte, dem Mond regelmäßig bei seiner fortschreitenden Zunahme Nacht für Nacht zuzusehen. Ich war in Thailand und befand mich in einer Strandhütte. Der Himmel war nachtschwarz, und der Mond bot ein echtes Spektakel.

An den Tagen, wenn der Mond fast schon voll ist, nehme ich gern ein »Mondbad«, indem ich mich hinaussetze und das

Leuchten der Mondstrahlen aufnehme. Ich praktiziere das auch mit meinem Sohn, um ihm einen Zugang zur Magie des Mondes zu ermöglichen. Nebenbei bemerkt: Vollmondnächte eignen sich auch großartig, um Schmuck von aller angesammelten Negativität zu reinigen. Man braucht ihn einfach nur an einem sicheren Platz im Mondlicht liegen zu lassen.

Die Einstimmung auf den Mond ist eine ausgezeichnete Alltagsroutine, die man sich ruhig angewöhnen darf. Indem du bei Neumond deine Wünsche aussprichst, machst du den Weg frei, um deine Träume zu manifestieren. Das allein schon könnte dich wie mich zu der Überzeugung veranlassen, dass der Neumond etwas ausgesprochen Mächtiges an sich hat. Und was den Vollmond betrifft, der den zeitlichen Raum kennzeichnet, in dem wir uns von bestimmten Menschen, Dingen oder Verhaltensweisen lösen sollen, nun, das sagt uns ja eigentlich unser gesunder Menschenverstand, oder? Wir müssen vor allem unser ungesundes Kontrollverhalten bei allem und jedem aufgeben, und wir müssen es regelmäßig tun, um nicht in Verbitterung und Negativität zu enden.

Kapitel 2

Ein Leben im Einklang mit den Mondphasen

Der wichtigste Aspekt der Einstimmung auf den Mond ist, dass man sich bewusst macht, in welcher Phase seines Zyklus er sich gerade befindet. Also beginnen wir unsere Mondarbeit ganz allgemein, indem wir dem Trabanten durch alle seiner acht Phasen folgen. Diese Informationen könnten dein Leben tief greifend verändern!

Zwei von den acht Phasen sind dir mit Sicherheit bereits namentlich bekannt: Vollmond und Neumond. Und jetzt geht's weiter …

Der Mondmonat

Obgleich der Mond am Himmel auf dem Weg durch seine Phasen – vom Neumond zu zunehmendem Viertel, zum Halbmond, zum Vollmond und wieder zurück – seine Form zu verändern scheint, verändert sich doch lediglich seine Position in Relation zur Sonne und zur Erde.

Wie du weißt, umkreist der Mond die Erde, die Erde umkreist die Sonne, und die Mondphasen sind die Folge der sich dabei verändernden Winkel zwischen Erde, Mond und Sonne. Der Winkel zwischen Mond und Sonne, der zustande kommt, während die Erde die Sonne umkreist, sorgt dafür, dass der Mond, von der Erde aus betrachtet, in unterschiedlichem Maß angestrahlt wird. Deshalb sehen wir manchmal das Gesicht des Mondes vollständig und dann wieder nur die Hälfte oder ein Viertel von ihm.

Vor vielen, *vielen* Monden beobachteten die Menschen zum ersten Mal das sich wiederholende Lichtspiel des Mondzyklus und verliehen jeder Phase einen eigenen Namen. Außerdem studierten sie die Energien, mit denen die einzelnen Phasen Einfluss auf sie nahmen, und legten damit die Basis für die Weisheit der Astrologie.

Die Abbildung zeigt diese Phasen im Verlauf des 29½-tägigen Mondzyklus. Die Winkel werden ausgehend von je einer Linie gebildet, die wir uns zwischen Sonne und Erde sowie Erde und Mond denken. Damit bezeichnet 0 Grad den Neumond, und sobald der Mond die Erde zur Hälfte umkreist hat, sind 180 Grad und damit der Vollmond erreicht.

Als »zunehmend« wird bekanntlich die Phase zwischen Neumond und Vollmond bezeichnet, in der der Mond am Himmel größer zu werden scheint, als »abnehmend« die Phase zwischen Vollmond und Neumond, in der der Mond am Himmel kleiner zu werden scheint.

Wir können die Mondphasen ebenso unter dem Gesichtspunkt des chinesischen philosophischen Konzepts des Yin und Yang[2] betrachten. Der Neumond ist äußerst yin, doch wenn er mit den Tagen zunimmt, wird seine Energie immer mehr yang. Der Vollmond ist äußerst yang, doch je mehr er abnimmt, wird seine Energie immer mehr yin. Der Mond befindet sich somit, genauso wie wir selbst, auch in dieser Hinsicht ständig im Wandel.

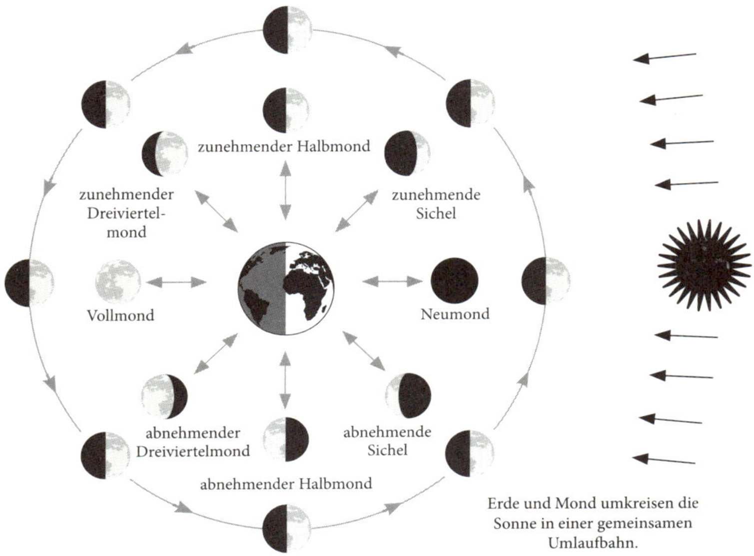

Die acht Mondphasen

Der Umgang mit den Mondphasen

Seit Jahrhunderten besagen Tradition und Volksglaube, dass die einzelnen Mondphasen sich für bestimmte Aktivitäten besonders gut oder schlecht eignen. Im Jahr 1967 veröffentlichte der amerikanische Astrologe Dane Rudhyar sein bahnbrechendes Werk *The Lunation Circle*[3], in dem er sich mit der Vorstellung beschäftigt, dass die Beziehung zwischen Sonne und Mond in unserem Geburtshoroskop ein Schlüssel zum Verständnis unserer Persönlichkeit ist.

Im Laufe der Jahre habe ich meinen eigenen Ansatz im Hinblick darauf entwickelt, wie man sich die Energien der einzelnen Mondphasen zunutze machen kann – insbesondere wenn es um Entscheidungen über Tun und Lassen auf dem Weg zur Manifestation von Träumen geht. Über diesen Ansatz gebe ich im Folgenden einen Überblick. Meine Herangehensweise setzt sich zusammen aus Rudhyars Arbeiten, traditioneller Volksweisheit und meinen Erfahrungen.

Idealerweise würden wir uns zu jeder Zeit nach dem Mond mit seiner jeweiligen Phase richten. Doch die meisten Menschen denken erst dann daran, wenn sie sich vor irgendwelchen Schwierigkeiten sehen – etwa wenn sie auf ein holpriges Wegstück ihres Lebens geraten sind und sich nach kosmischer Hilfe sehnen. Das ist vollkommen in Ordnung so. Besser ist es jedoch zu verstehen, dass jede Mondphase für eine oder eine andere Sache gut ist. Vergiss nicht: Je besser du auf den Mond eingestimmt bist, umso leichter wird dein Leben fließen.

Du kannst dich über aktuelle Mondphasen orientieren, indem du beispielsweise meine Webseite besuchst: www.moonology.com. Du kannst dir auch meinen Newsletter zuschicken lassen: www.moonologybook.com/dailymessage. Oder du nutzt eine der zahlreichen anderen Informationsquellen im Internet.

Neumond

- Säe den Samen deiner Träume für die Zukunft.
- Diese Phase beginnt ein bis dreieinhalb Tage nach der abnehmenden Sichel.
- Ihre Schlüsselbegriffe lauten *reiner Tisch, Potenzial, Träume*.

Diese Phase ist wohl die aufregendste innerhalb des Mondzyklus. Möglicherweise empfindet man sie als ruhige Zeit, in der sich vielleicht höchstens etwas zusammenbraut, doch tatsächlich entscheidet sie darüber, ob du deine Träume manifestierst oder nicht. Dieser Zeit darf man mit freudiger Erwartung entgegenblicken. Man darf sie fest einplanen und ihr Raum geben. Jeder Schöpfungsakt braucht Zeit. In dieser Phase das Mantra[4] »Ich bin gesegnet« zu sprechen wird dir sehr helfen.

Während der Neumondphase kommen neue Ideen aus dem Äther zu uns, und wir müssen uns entscheiden, welche von ihnen wir umsetzen wollen. Wir müssen uns daran erinnern, dass im Grunde alles möglich ist. Jetzt ist wahrhaftig der richtige Zeitpunkt, um darüber nachzudenken, was du *willst* – was du *nicht* willst, zählt jetzt nicht. Meditiere über deine Träume. So kannst du dich auf dein höheres Selbst einstimmen. Und dir steht alle Führung zur Verfügung, die du nur brauchst, um dich auf deine Ziele zuzubewegen.

Empfehlenswert in dieser Zeit ist eine Massage oder auch heißer Sex oder wenigstens ein heißes Bad … alles, was dich daran erinnert, dass du in deinem Körper lebendig bist. Was willst du aus deinen Erfahrungen als menschliches Wesen machen?

Falls es dir ernst damit ist, überlegt Wünsche zu manifestieren, dann solltest du dir während des Neumonds Zeit für dich nehmen und diese Wünsche festhalten, indem du sie aufschreibst oder Zeichnungen davon anfertigst. Die meisten machen gute Erfahrungen damit, ihre Wünsche schriftlich zu formulieren. Ich für meinen Teil halte das Zeichnen oder Malen für noch etwas wirkungsvoller, selbst wenn es nur etwas »Dahingekritzeltes« sein sollte. Das ist wohl so, weil du beim Zeichnen deiner Wünsche zugleich ihre Verwirklichung visualisierst! Es zeigt, dass du wirklich an ihre Umsetzung glaubst, und das ist bereits der erste Schritt zu ihrer Manifestation. Was du dir vorstellen kannst, wirst du auch verwirklichen können. (In Teil II gehe ich noch tiefer auf diese Aussage ein.)

Machst du dir Sorgen, weil du nicht gut zeichnen kannst? Künstlerische Fähigkeiten spielen hier keine Rolle. Falls du dich aber doch lieber für das Schreiben entscheidest, vergiss nicht, dir die Erfüllung deiner Wünsche vor deinem inneren Auge möglichst detailliert bildlich vorzustellen. Spüre sie. Empfinde, wie sich der erfüllte Wunsch anfühlt. Spüre es in deinem Körper. Empfinde das Hochgefühl. Wirkungsvoll ist es außerdem, wenn du deine Wünsche laut aussprichst.

Indem du diesen Teil des Mondzyklus richtig nutzt (mehr dazu findest du in Teil II), beschleunigst du den Manifestationsprozess in höchstem Maße.

Zunehmende Sichel

- Erforsche deine Träume.
- Diese Phase beginnt dreieinhalb bis sieben Tage nach dem Neumond.
- Ihre Schlüsselbegriffe lauten *Mut, Vorangehen, Vertrauen.*

Jetzt ist es an der Zeit, deine Träume gedeihen und blühen zu lassen. Falls es dir nicht zu schwülstig vorkommt, kannst du dir deine Träume als erblühende Blumen vorstellen. Vergiss nicht, der Mond verwandelt sich gerade von einem kaum erkennbaren Trabanten zu einem voll sichtbaren, mächtigen Gestirn; genauso verhält es sich mit deinen Träumen. Im Augenblick siehst du vielleicht noch nicht, was du manifestieren wirst, doch früher oder später wird es deutlicher hervortreten, so wie die zunehmende Sichel des Mondes ein ums andere Mal klarer auszumachen ist.

Denk weiterhin darüber nach, was du willst. Nimm dir die Zeit, dich mit der Wunschliste zu beschäftigen, die du in der Neumondphase erstellt hast (mehr hierzu in Teil II). Sprich deinen Wunsch laut aus. Beschäftige dich in deinen Gedanken mit ihm. Visualisiere ihn. Fängt er schon an, sich real anzufühlen? Wenn nicht, dann trag ihn dir noch einmal laut vor, und visualisiere ihn erneut. Spüre, wie es sich anfühlt, wenn dein Wunsch verwirklicht ist. Wünsche zu formulieren und Intentionen zu bestimmen ist ein mächtiger Anfang. Falls du dein Leben wirklich transformieren möchtest, dann musst du an deiner Vision festhalten.

Die Mondphase der zunehmenden Sichel bezeichnet die Zeit, in der du Vertrauen und Mut aufbringen solltest. Wenn es dir um Erfolg geht, dann musst du dranbleiben. Manchmal ist echter Mumm verlangt, wenn du etwas ernstlich verwirklichen möchtest. Angst vor dem Scheitern kann eine Begleiterscheinung sein. Wenn dir bereits bewusst ist, dass du mit solchen Schwierigkeiten zu ringen haben wirst, dann wird dir sogar noch mehr Einsatz während der zunehmenden Sichel abverlangt – damit du nicht aufgibst, bevor du überhaupt richtig angefangen hast.

Zunehmender Halbmond

- Es ist an der Zeit, eine Verpflichtung einzugehen.
- Diese Phase beginnt sieben bis zehneinhalb Tage nach dem Neumond.
- Ihre Schlüsselbegriffe lauten *Herausforderungen, Vertrauen, Hingabe*.

Wir befinden uns mitten zwischen Neu- und Vollmond, und unser Erdtrabant sieht aus wie in der Mitte durchgeschnitten. In dieser Zyklusphase haben sich bei dir möglicherweise erste Zweifel daran eingeschlichen, ob deine Fähigkeiten ausreichen, deinen Traum zu verwirklichen. Vielleicht wird deine Entschlossenheit oder deine Hingabe hart auf die Probe gestellt. Falls du dir im Herzen im Klaren darüber bist, dass dir deine alten Träume nicht mehr so wichtig sind, dann tu dir den Gefallen, und verabschiede dich von ihnen.

Dein Ego mag sich an ihnen festhalten, doch du kannst sie loslassen. Sollte dich das, woran auch immer du gerade arbeitest, aber auch weiterhin antreiben, dann ist jetzt die Zeit für eine Intensivierung deiner Hingabe gekommen. Gelegentlich helfen uns kleine Hindernisse sogar, unsere Ernsthaftigkeit noch zu steigern. Jetzt ist es wirklich wichtig, immer wieder zu der Wunschliste zurückzukehren, die du in der Neumondphase angefertigt hast. Spüre, wie sich die Erfüllung deiner Wünsche anfühlt. Visualisiere sie. Male dir ihre Erfüllung in aller Deutlichkeit aus.

Außerdem könnte es sein, dass sich dir jetzt irgendwelche Krisen oder Probleme in den Weg stellen – nimm sie als Ansporn, um noch etwas konsequenter an der Verwirklichung deiner Träume zu arbeiten. Die astrologische Ursache für solche Ereignisse ist der Abstand zwischen Mond und Sonne. Man sagt, sie bilden ein Quadrat zueinander – ein Winkelverhältnis oder einen »Aspekt« (dazu später mehr), der wie ein Insektenstich wirkt, an dem man kratzen muss. Anders gesagt, jetzt auftretende Schwierigkeiten verlangen von dir, dass du tätig wirst.

Zunehmender Dreiviertelmond

- Bleib auf Kurs.
- Diese Phase beginnt zehneinhalb bis fünfzehn Tage nach dem Neumond.
- Ihre Schlüsselbegriffe lauten *optimieren, verfeinern, anpassen.*

Je weniger Zeit bis zum Vollmond bleibt, umso mehr Stehvermögen ist erforderlich. Gib nicht auf. Gestatte es deinem Ego oder deinen Ängsten nicht, deine Pläne zu durchkreuzen. Bleib offen für alles, was das Leben dich lehren will. Falls dir klar ist, dass Veränderungen vonnöten sind, damit du deine Ziele erreichen kannst, dann ist jetzt der richtige Zeitpunkt, sie vorzunehmen. Je mehr der Mond zunimmt, umso mehr Potenzial eröffnet dir das Leben.

In dieser Phase ist es gut, die eigenen Pläne zu überdenken. Gut möglich, dass sie jetzt der Verfeinerung bedürfen. Nimm dir die Zeit, deine Pläne noch einmal im Detail durchzugehen, um herauszufinden, was funktioniert und an welcher Stelle vielleicht der Elan nachlässt. Jetzt ist der richtige Zeitpunkt, um Schwung zu entwickeln, ganz egal, welche Pläne du verfolgst. Doch wie verhält es sich, wenn du dein Vorhaben eben erst entwickelt hast? Das ist kein Problem. Die Phase des Dreiviertelmonds eignet sich tatsächlich ebenfalls gut, um Neues in Gang zu setzen.

An diesem Punkt im Zyklus ist es wichtig, nicht die Geduld zu verlieren. Der große chinesische Philosoph Laotse sagte: »Die Leute scheitern gewöhnlich kurz vor dem Erfolg. Widme also dem Ende so viel Sorge wie dem Anfang, dann gibt es kein Scheitern.«[5]

Diese Phase eignet sich bestens, um gute Angewohnheiten oder Routinen wiederaufzunehmen, die man sich hat entgleiten lassen. Wir sind zwar nur noch etwas mehr als zwei Wochen vom nächsten Neumond entfernt, noch aber ist der Mond zunehmend, und gegen Neustarts ist nichts einzuwenden.

Vollmond

- Es ist die Zeit der Entscheidung.
- Diese Phase beginnt fünfzehn bis achtzehneinhalb Tage nach dem Neumond.
- Ihre Schlüsselbegriffe lauten *Ergebnisse, Vergebung, Dankbarkeit.*

Der Vollmond ist der Höhepunkt des Mondzyklus. Jetzt spitzen sich die Dinge zu, und das ist uns instinktiv klar. Wenn einer deiner Träume wahr wird, dann kann es sehr wohl an diesem Punkt im Zyklus geschehen. Oder aber du empfängst starke Hinweise darauf, dass die Verwirklichung kurz bevorsteht. Manche Wünsche brauchen Zeit. Überprüfe dich auf der Basis deiner Gefühle: Wie fühlst du dich jetzt mit deinen Träumen? Am besten wäre es, du fühltest dich bestärkt. Beschäftige dich in Gedanken mit positiven Angelegenheiten. Fühl dich wohl. Sei dankbar für das, was du hast.

Falls du sensibel auf den Mond reagierst, dann könnte es sein, dass du dich in dieser Phase besonders angespannt und besorgt fühlst. Auf irgendeiner Ebene weiß dein Körper, dass du den Höhepunkt deines gegenwärtigen Zyklus erreicht hast und dass alles, was zu manifestieren dir noch nicht so ganz gelungen ist, jetzt noch etwas warten muss. Dieser Teil des Zyklus ist yang – die Energie ist »da draußen«, und deine Gefühle sind für alle offensichtlich. Nutze diesen Teil des Zyklus, um freizusetzen und loszulassen. Wenn etwas nicht geklappt hat, dann segne es, und sei dankbar für all das Gute in deinem Leben.

Blick außerdem zurück auf den vergangenen Monat, und mach dir bewusst, ob und wie dich jemand oder etwas verletzt hat. Doch jetzt geht es nicht um Schuldzuweisungen, sondern ums Verzeihen. Indem du vergibst, befreist du dich vom Kar-

ma – den Folgen früheren Handelns – und lässt so di
hinter dir. Und weil die Natur ein Vakuum zu kompen
sucht, musst du durch etwas Gutes ersetzen, was du
hast. An diesem Höhepunkt im Mondzyklus geht es darum,
zulassen und seinen Weg fortzusetzen.

Verzeihen und Vergeben gehören zu den wertvollsten Geschenken, die wir uns machen können. Denn wenn wir vergeben, können wir weitergehen. Allem und jedem, der dir in den zurückliegenden vier Wochen (oder jemals) wehgetan hat, zu verzeihen ist das Gesündeste, was du dir gönnen kannst. Es wirkt entgiftend. Je klarer du jetzt bist, umso mehr Samenkörner wirst du in zwei Wochen bei Neumond säen können.

Sobald du dich von jeglichen Verstimmungen durch Vergebung befreit hast, füll das entstandene Vakuum mit Dankbarkeit. Bei Vollmond kommen deshalb Gefühle an die Oberfläche, damit du dich um sie kümmerst. Sobald du alle verunsichernden oder unbewältigten Gefühle losgelassen hast, konzentrierst du dich auf gute Gefühle, indem du daran denkst, wofür du dankbar bist. (In Teil III dieses Buches wirst du noch mehr über Vergebung und Dankbarkeit im Zusammenhang mit dem Vollmond erfahren. Zum Beispiel auch, dass Verzeihen keineswegs bedeutet, etwas Übles zu verharmlosen oder Tätern die Verantwortung abzunehmen.)

Abnehmender Dreiviertelmond

- A-t-m-e …
- Diese Phase beginnt dreieinhalb bis sieben Tage nach dem Vollmond.
- Ihre Schlüsselbegriffe lauten *entspannen, annehmen, neu formieren.*

Nach der hohen Intensität, die mit der Vollmondphase einhergeht, kann man nun versucht sein, sich ein wenig gehen zu lassen. Falls dein Vorhaben nicht geklappt haben sollte, was dann? Du hast viel Energie aufgebracht und möchtest dich in dieser Phase des Zyklus vielleicht etwas entspannen. Wenn das so ist, dann nimm dir unbedingt ein wenig Zeit für dich. Du wirst auch hier feststellen, dass dein Leben umso leichter fließt, je mehr du in Übereinstimmung mit den Mondphasen handelst.

Jetzt ist nicht der richtige Zeitpunkt, um mit etwas Neuem anzufangen. Vielmehr sollst du dich mit Nachsicht behandeln und dich neu aufstellen. Je mehr du akzeptierst, was ist, umso besser steht es um deine emotionale Gesundheit. Und je besser es dir nun gelingt, die Arbeit ruhen zu lassen, umso größer ist deine Chance, später erfolgreich zu sein.

Jetzt ist eine gute Zeit, um andere an deiner Weisheit teilhaben zu lassen. Was hast du gelernt? Kannst du das Gelernte weitergeben? Innerhalb der letzten Wochen bist du an Weisheit und Erfahrungen gewachsen. Jetzt ist der richtige Moment, um anderen zu vermitteln, was du erfahren hast.

Wir befinden uns ganz klar in der abnehmenden Phase. Der Mond wird, bis er zur Zeit des Neumonds völlig verschwindet, jede Nacht ein wenig schmaler werden. Es ist so, als seien wir durch ein Tor von einer Seite des Lebens auf eine neue getreten. Wir haben das Tor des Vollmonds durchschritten und bekommen nun zu sehen, »was sich auf der anderen Seite befindet«.

Akzeptiere, dass du dort bist, wo du bist. Konzentrier dich in dieser Phase des Zyklus darauf, dich zu entspannen. Wenn du in den vierzehn Tagen zwischen Neu- und Vollmond dein Bestes für die Manifestation deiner Träume gegeben hast, dann sei dir jetzt die verdiente Pause gewährt.

Abnehmender Halbmond

- Was weißt du?
- Diese Phase beginnt sieben bis zehneinhalb Tage nach dem Vollmond.
- Ihre Schlüsselbegriffe lauten *neu bewerten, ausgleichen, vertrauen.*

Diese Mondphase kann sich unangenehm anfühlen. Wir befinden uns auf halbem Weg zwischen dem Wunder des Vollmonds und dem Potenzial des Neumonds. Auf irgendeiner Ebene wissen wir, dass sich das, was zuletzt nicht funktioniert hat, auf einer ätherischen Ebene aufgelöst hat. Es ist an der Zeit, uns neu zu orientieren. Auch wenn wir uns in dieser Phase des Zyklus müde fühlen, ist dies nicht der Zeitpunkt, um innezuhalten und uns auf unseren Lorbeeren auszuruhen. Es liegt Spannung in dieser Phase: eine Folge des starken Aspekts (Winkelverhältnisses, siehe unten) zwischen der »selbstgefälligen« Sonne und dem »emotionalen« Mond.

Vielleicht wehren wir uns innerlich dagegen, loszulassen, aber wir wissen, dass es notwendig ist. *Anpassungen sind erforderlich.* Wir müssen Raum schaffen für das Neue, das sich, wie wir genau spüren, in Form der in einer Woche beginnenden Neumondphase nur einen Steinwurf entfernt befindet.

Wie in der zunehmenden Phase sieht der Mond jetzt in der abnehmenden aus wie ein in der Mitte durchgeschnittener Pappteller. Es lohnt sich, jeden Konflikt, der jetzt zutage tritt, genauestens zu untersuchen. Frag dich, was die Konflikte in diesem Zeitabschnitt dir mitzuteilen haben. Möglicherweise ist ein Kurswechsel erforderlich. Lass los.

Diese Mondphase kann eine Wegscheide sein. Sieh zurück, und mach dir bewusst, wie weit du schon gekommen bist. Verdienst du ein Schulterklopfen für das, was du bereits erreicht hast? Dann gestatte es dir. Wie soll die Reise jetzt weitergehen? Während du darüber nachdenkst, was du in die schon bald beginnende Neumondphase mitnehmen und wovon du dich befreien willst, mag die Zeit der Entscheidung gekommen sein. Außerdem eignet sich diese Phase hervorragend, um schlechte Angewohnheiten zu durchbrechen. Du befindest dich an einem Wendepunkt, also lautet die Frage: In welche Richtung sollst du dich begeben? Hältst du an deinen alten Plänen fest, oder machst du neue?

Abnehmende Sichel

- Und jetzt: loslassen.
- Diese Phase beginnt etwa zehneinhalb Tage nach dem Vollmond und dauert an bis zum Beginn der Neumondphase.
- Ihre Schlüsselbegriffe lauten: *heilend, besänftigend, aufgebend.*

Im Englischen heißt diese Mondphase *balsamic moon,* sie trägt mit dem Wort »balsamisch« das heilende Element bereits in sich. Und genau darum geht es in diesem letzten Abschnitt des Mondzyklus, bevor die Neumondphase einsetzt. Wir sind von Hoffnungen und Träumen zu explodierenden Potenzialen gelangt. Wir haben zu der Erkenntnis dessen gefunden, was sein und was nicht sein kann, zu Akzeptanz und Vergebung und Ergebung … und jetzt kommen Heilung und Beruhigung dazu.

Wenn du bewusst und in Übereinstimmung mit dem Mondzyklus leben willst, dann steht jetzt ein freundlicher Umgang mit dir selbst an. Fang wieder an, über deine Träume nachzudenken, und gestatte es dir, dich von deinen Hoffnungen führen und inspirieren zu lassen. Vergiss nicht: Alles ist möglich. Lebe behutsam. A-t-m-e.

Am effizientesten unterstützt du diese Phase, indem du chantest: *Om Namo Narayanaya*. Die Worte dieses Sprechgesangs bedeuten im Sanskrit: »Om [das Mantra oder Symbol für die Manifestation der göttlichen Kraft]. Ehre sei Gott im Menschen.« Das Göttliche hat einen Plan für uns, und wir alle sind das manifestierte Göttliche. Also ergib dich ihm jetzt. Das ist leichter gesagt als getan, aber durch das Chanten des Mantras *Om Namo Narayanaya* und indem du deine Seele bittest, sich dem Göttlichen zu ergeben, wird es dir sicher gelingen.

Der Mondzyklus kommt zum Abschluss, und es ist wirklich an der Zeit, dass du dich befreist und weiterziehst. Es ist außerdem an der Zeit für Erholung und Heilung. Gönn dir eine Pause. Gib dich deinen Tagträumen hin. Erleg dir beim Träumen keine Grenzen auf. Lass es zu, dass deine Fantasie sich »austobt«. Lächle dich an.

Auch diese Phase eignet sich wieder hervorragend, um Angewohnheiten, die dir schaden, ein Ende zu bereiten. Außerdem kannst du sie nutzen, um Beziehungen zu beenden, die nicht gut für dich sind. Sollte es Streit mit einem Menschen gegeben haben, mit dem du aber trotzdem weiterhin zu tun haben willst, dann bietet sich dir jetzt die beste Gelegenheit, deinen Ärger loszulassen.

Zusammenfassung

Damit steht dir jetzt ein Überblick darüber zur Verfügung, wie du dich am besten auf den Mond einstimmen kannst. Folgendes hast du in diesem Abschnitt erfahren:

- Du kannst den Mond als magischen kosmischen Zeitgeber nutzen, damit er dir hilft, dein ideales Leben zu erschaffen.
- Die Einstimmung auf den Mond verbindet uns mit seinem Zyklus und Rhythmus.
- Es gibt acht Hauptmondphasen; ihre Höhepunkte sind Neu- und Vollmond.
- Neumond ist die richtige Phase, um dem Universum deine Wünsche und Intentionen zu übermitteln.
- Vollmond kann eine Phase gesteigerter Emotionalität sein; das ist nachvollziehbar, da der Mond allgemein mit Gefühlen in Verbindung gebracht wird.

FAQs: Der Mond und seine Phasen

Bevor wir uns dem nächsten Kapitel zuwenden, will ich auf einige der häufig gestellten Fragen (FAQs oder *frequently asked questions*) zum Mond und seinen Phasen eingehen.

Was bedeuten Neu- und Vollmond in astrologischer Hinsicht?

Meiner eigenen Theorie zufolge werden wir Menschen zu Neumond ein wenig sonderbar, weil wir spüren, dass Veränderungen anstehen, und weil die meisten von uns Veränderung nicht besonders mögen. Außerdem werden wir auf einer archaischen, ursprünglichen Ebene unruhig, wenn wir den Mond nicht sehen können – und bei Neumond ist er fürs bloße Auge eben unsichtbar.

Der große, runde Vollmond wird als Höhepunkt des Mondzyklus begriffen. Genau, Größe ist wichtig! Der Mond scheint zu wachsen, wenn er sich auf den Zyklushöhepunkt zubewegt. Danach, wenn der Mond immer dünner wird und schließlich vorübergehend ganz verschwindet, ist die Zeit zum Loslassen, zur Befreiung und zur Fortsetzung des Wegs gekommen. (Der Neumond steigt mit der Sonne auf und geht mit ihr unter.)

Wie erwähnt wird der Mond in astrologischer Hinsicht (unter anderem) mit Gefühlen in Zusammenhang gebracht. Also erscheint es nachvollziehbar, dass bei zunehmendem Mond auch die Intensität unserer Gefühle wächst. Deshalb neigen wir dazu, bei Vollmond immer ein wenig verrückt zu wirken, stimmt's? – Außerdem solltest du Folgendes wissen:

- Der Neumond ist dunkel und verborgen und wird mit Hexen in Verbindung gebracht; er hat etwas mit dem Geheimnisvollen und mit verborgenen Mysterien zu tun.

- Der Vollmond hingegen wird mit der runden, üppigen, wunderschönen und erleuchtenden Göttin assoziiert.

Seit wann beobachten Menschen den Mond?

Viele Historiker meinen, dass wir den Mond beobachten, seit unsere Vorfahren Rücksicht auf die veränderlichen Jahreszeiten nehmen mussten. Mit Beginn der Sesshaftigkeit und dem Auftreten der bäuerlichen Landwirtschaft haben die Menschen versucht vorherzusagen, ob das Wetter heiß oder kalt, trocken oder nass sein würde. Sie mussten Ebbe und Flut berechnen können und wissen, welche Pflanzen wann blühen oder Früchte tragen würden. Die Beschäftigung mit dem Mond gehörte dazu, wenn es darum ging, den Planeten Erde für die Menschheit nutzbar zu machen.

Sehr rasch sind unsere Vorfahren darauf gekommen, dass sie die wiederkehrenden Zyklen der Sonne und des Mondes als Ausgangspunkt für ihre Berechnungen nutzen konnten. Den Funden von Archäologen nach zu schließen, achtet die Menschheit seit mehr als 25 000 Jahren auf Neu- und Vollmond.

Was ist ein Mond auf leerer Bahn?

Um diese Frage beantworten zu können, muss ich dir zunächst ein paar grundlegende Astrologiekenntnisse vermitteln. Wie du weißt, beschäftigen sich Astrologen mit den Bewegungen der Gestirne, und das bedeutet im Wesentlichen, dass wir die Winkelbeziehungen – die sogenannten Aspekte –, in denen sie zueinander stehen, bewerten.

Wenn also zwei Gestirne auf der 360-Grad-Grafik des Horoskops in einem Winkel von 90 Grad zueinander stehen, dann sagt man, sie bilden ein Quadrat (eine auf Kollision und Spannung gebürstete Beziehung, die Probleme schaffen kann, welche behoben werden müssen).

Wenn die Winkelbeziehung zwischen zwei Gestirnen 60 Grad beträgt, dann bilden sie ein Sextil (ein harmonischerer Aspekt); 120 Grad bezeichnet man als »Trigon« (harmonisch); und 0 Grad, wenn beide Gestirne ungefähr hintereinanderstehen, nennt man »Konjunktion« (abhängig von der jeweiligen Situation kann sich die Beziehung harmonisch oder konfliktreich auswirken). Stehen die Gestirne in einem 180-Grad-Winkel zueinander, dann wirkt sich diese Opposition spannungsreich aus.

Jetzt kann ich die drei Hauptdefinitionen für den Mond auf leerer Bahn präsentieren:

- Der Mond bildet, bis er in das nächste Zeichen im Tierkreis vorrückt, mit keinem Planeten irgendeinen Aspekt.
- Der Mond bildet innerhalb der nächsten 30 Grad seiner Reise mit keinem Gestirn einen exakten Aspekt.
- Der Mond bildet innerhalb der zulässigen Abweichung von 10 Grad mit keinem Gestirn einen exakten Aspekt.

Die erste Definition ist die gebräuchlichste und sollte auch dir als Richtlinie dienen. Letztlich besagt sie: *Wenn der Mond mit keinem Planeten irgendeinen Aspekt bildet, dann kann nichts, was wir tun, Früchte tragen.* In einer solchen Leerlaufphase sollte man auf keinen Fall ein neues Unternehmen aus der Taufe heben oder eine Hochzeit planen. In dieser Zeit ist es am besten, sich einfach »sein« zu lassen – wenn du kannst, meditiere oder mach Yoga. Bedenke aber, dass diese Definition nicht für einen Mond ohne Aspekte in deinem Geburtshoroskop gilt – dieses Thema hier zu behandeln würde über den Umfang dieses Buches hinausgehen.

Wo ist »mein« Mond?

In jedem Geburtshoroskop gibt es auch einen Mond, doch das ist ein eigenes Thema, das ich hier nicht abdecken kann. Ich beleuchte die Position und Bedeutung des Mondes im Geburtshoroskop in einem meiner anderen Bücher.

Was ist ein Mond ohne Kurs?

Wenn du wirklich alles über den Mond erfahren möchtest, dann wirst du früher oder später auf Monde ohne Kurs stoßen und wissen wollen, was dieser Begriff bedeutet. Es war die großartige K. T. Boehrer, in Fachkreisen auch als »Declination Lady« bekannt, die diesen Begriff geprägt hat. Ich hatte das Glück, vor ihrem Tod 2004 mit ihr zu korrespondieren. Sie war eine äußerst inspirierende Frau, und ich werde ihr für alles, was sie mich gelehrt hat, dankbar sein.

»Ohne Kurs« bedeutet etwa »Zutritt verboten« oder »Außerhalb des zulässigen Bereichs«. Wenn sich der Mond vom gedachten Himmelsäquator um mehr als 23 Grad und 28 Minuten südlich oder nördlich entfernt, dann befindet er sich außerhalb des zulässigen Bereichs und wird magisch. Der Mond ohne Kurs ist spontan, ungebremst, progressiv, frei und ungebändigt. Er steht ganz und gar unter der Kontrolle seines eigenen Genies und seiner Kühnheit und interessiert sich nicht im Geringsten dafür, was irgendjemand denkt. Für jeweils etwa zehn Jahre überschreitet der Mond den ihm zugestandenen Bereich des Himmelsäquators nicht. Dann aber, im Rahmen eines Neun- oder Zehnjahreszyklus, ist er mehrmals im Monat *ohne Kurs* – außer Rand und Band. (Zwischen 2011 und 2020 trat dieser Fall nicht ein.)

Was ist eine »Große Mondwende«?

Eine »Große Mondwende« ereignet sich, wenn der Mond seine maximale Deklination (Abweichung vom Himmelsäquator) von plus/minus 28 Grad nördlich und südlich erreicht. Zuletzt geschah dies im Jahr 2006. Die nächste »Große Mondwende« erwarten wir 2024/25.

Was ist ein Supermond?
Dieser Ausdruck bezeichnet einen Voll- oder Neumond, der sich nah beim oder im Perigäum befindet, also auf dem erdnächsten Punkt seiner monatlichen Erdumlaufbahn. Pro Jahr gibt es vier bis sechs Supermonde. Sie sind wirkungsvoller, wenn sie Einfluss auf den Mond in deinem Geburtshoroskop nehmen.

Was ist ein »Blauer Mond«?
Im Englischen gibt es die Redewendung *Once in a Blue Moon,* mit der man etwas äußerst Seltenes bezeichnet, was nur »alle Jubeljahre einmal« stattfindet. Normalerweise fallen in die Zeit zwischen Tagundnachtgleiche und Sonnenwende (beziehungsweise umgekehrt) drei Vollmonde. Manchmal jedoch fallen in eine Jahreszeit vier Vollmonde. Wenn das geschieht, dann wird der dritte Vollmond innerhalb der Jahreszeit mit vier Vollmonden als »Blauer Mond« bezeichnet. Dieser Definition zufolge ereignete sich zum Beispiel ein »Blauer Mond« am 18. Mai 2019.

So lautete die ursprüngliche Definition für den »Blauen Mond«, doch seither hat sich eine neue eingebürgert: Als »Blauer Mond« kann auch der zweite Vollmond innerhalb eines Monats bezeichnet werden, was sehr viel häufiger vorkommt. Weder nach der einen noch nach der anderen Definition ist der »Blaue Mond« von besonderer astrologischer Bedeutung.

Gelegentlich kann es auch vorkommen, dass zwei aufeinanderfolgende Vollmonde in einem Zeichen auftreten, doch auf sie wird der Begriff »Blauer Mond« nicht angewendet. Dennoch ist dies ein seltenes Ereignis, das sehr wohl von astrologischer Bedeutung sein könnte. Man könnte die beiden Vollmonde als doppelte Aufforderung in deinem Geburtshoroskop an dich verstehen, aktiv zu werden.

Wann ist die beste Zeit, um …?

Schneide dein Haar während der abnehmenden Mondsichel, wenn du erreichen möchtest, dass es nicht zu rasch nachwächst. Gleiches gilt für Fingernägel und fürs Unkrautjäten. Säen und pflanzen solltest du in der Zeit des anstehenden Neumonds. Chirurgische Eingriffe während dieser Mondphase sind weniger traumatisch und verzeichnen geringeren Blutverlust. Außerdem steht ja der heilende Neumond kurz bevor.

Welche Rolle spielen Finsternisse?

Eine Sonnenfinsternis kann nur bei Neumond und eine Mondfinsternis nur bei Vollmond stattfinden. Eines Tages würde ich gern ein Buch über Finsternisse schreiben, weil ich sie so aufregend finde. Doch hier musst du erst einmal nur wissen, dass du, falls du in deinem Horoskop irgendwo eine Sonnen- oder eine Mondfinsternis hast, in den Genuss verdoppelter beziehungsweise verstärkter Wirkung kommst.

Finsternisse wirken in unserem Leben wie Türöffner zu einer neuen Zukunft. Wir selbst entscheiden, ob wir das Angebot annehmen oder nicht. Das Universum wechselt die Gänge, und wir werden durch die Ereignisse zurück auf unseren Weg geschubst, ob es uns nun passt oder nicht.

Man kann sich leicht vorstellen, dass Finsternisse früher gefürchtete Ereignisse waren. Wenn der Himmel sich verdunkelte und die Hunde zu heulen anfingen, dann gerieten die Menschen verständlicherweise außer sich. Hinterher machten sie die Finsternis für mehr oder weniger alles Schlechte verantwortlich, was sich in ihrem Verlauf »an diesem schrecklichen Tag, als der Himmel schwarz wurde«, ereignete.

Mittlerweile können wir vorhersagen, wann Finsternisse stattfinden, also wird niemand mehr von ihnen überrascht. Und tatsächlich betrachten zahlreiche Astrologen Finsternisse als mächtige Vorzeichen für potenzielle Veränderungen in unserem Leben. Du kannst es dir folgendermaßen vorstellen: Du bist mit einer Aufgabe hierher auf die Erde gekommen. Deine Seele hat also irgendeine Mission zu erfüllen, und dein Leben hat einen ganz bestimmten Zweck. Doch leider fällt es uns Menschen leichter, auf unsere Egos statt auf unsere Seelen zu hören.

Wir lassen uns vom Leben (und von der Liebe) leicht ablenken und in die Irre führen, und noch bevor wir uns darüber im Klaren sind, haben wir den uns bestimmten Weg verlassen. Für gewöhnlich kommt uns in der Folge das Leben so richtig schwer vor. Wir wissen, dass wir nicht so leben, wie wir es sollten. Wir verstricken uns in giftigen Beziehungen oder lassen uns in aufzehrenden Jobs ausbeuten. Wir sind *nicht* im Fluss!

Und dann? Eine Finsternis kommt daher, und wir werden dorthin zurückgeschubst, wo wir hingehören. So einfach ist das. Leider können sich unsere Egos nur eben oft nicht mit diesen äußerplanmäßigen Veränderungen abfinden. Deshalb kann das, was während einer Finsternis geschieht, eine so große Herausforderung sein. Und trotzdem entwickelt sich letztlich häufig alles zu unserem Besten. (Leichter kann man sich eine Finsternis machen, indem man sich nicht an die Vergangenheit klammert.)

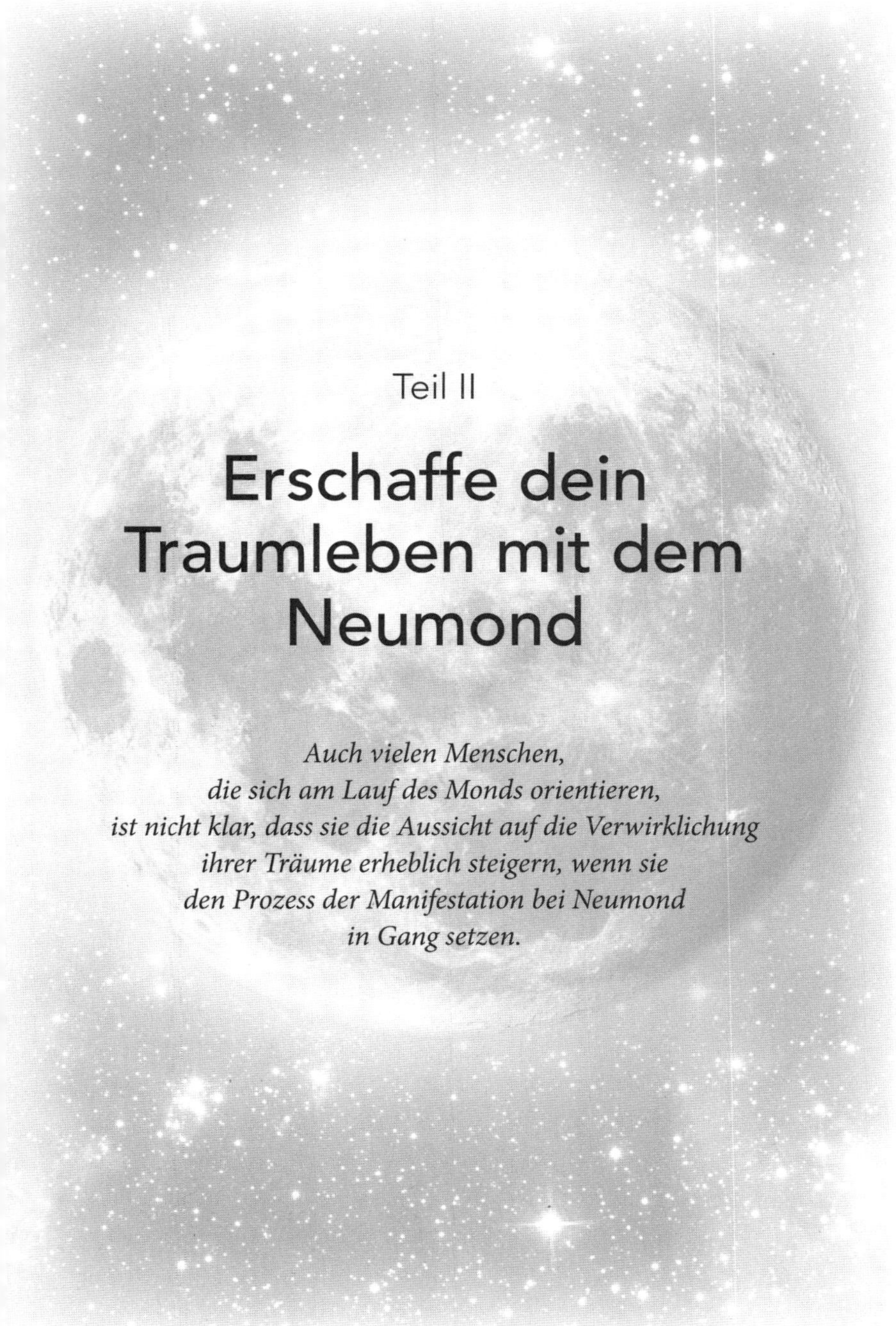

Teil II

Erschaffe dein Traumleben mit dem Neumond

Auch vielen Menschen,
die sich am Lauf des Monds orientieren,
ist nicht klar, dass sie die Aussicht auf die Verwirklichung
ihrer Träume erheblich steigern, wenn sie
den Prozess der Manifestation bei Neumond
in Gang setzen.

Kapitel 3

Manifestieren mit dem Neumond

Nun haben wir einen der aufregendsten Abschnitte des Buchs erreicht: das Manifestieren mit dem Neumond. Du bist im Begriff, eine äußerst vielversprechende Praxis zu erlernen.

Im Wesentlichen erinnert uns das Manifestieren während der Neumondphase daran, uns einmal im Monat unserer Träume und Ziele zu vergewissern, indem wir sie aufschreiben oder zeichnen. Ich nenne das gern »mein Neumondwünschen«. Doch manche Menschen finden das Wort »wünschen« zu unklar und sprechen lieber davon, »Vorsätze zu fassen«, was sich tatsächlich erwachsener und »professioneller« anhört.

Ich persönlich empfinde Wünsche und Intentionen beziehungsweise Vorsätze als etwas Unterschiedliches, aber sie passen natürlich gut zusammen. Ich wünsche gern *und* fasse Vorsätze, am liebsten jeweils für den kommenden Monat. Außerdem gefällt mir die Vorstellung, an Neumond verbindliche *Verpflichtungen* einzugehen.

Wie du dein Neumond-Manifestieren etikettierst, ist nicht wirklich wichtig und steht dir völlig frei. Viel bedeutsamer ist, dass du dich mit ihm wohlfühlst und dich an deine Pläne hältst. Ich ziehe es wie gesagt vor, *Wünsche* zu formulieren, und deshalb werde ich in diesem Kapitel hauptsächlich diesen Begriff nutzen.

Das Geheimnis des Neumond-Manifestierens

Das wichtigste Geheimnis, wenn du Wünsche formulierst und Vorsätze fasst, ist, darauf zu achten, *dass du vom Herzen ausgehst und dich so fühlst, als seien deine Wünsche und Vorsätze bereits verwirklicht.* Bitte lies diesen Satz noch einmal: Das wichtigste Geheimnis, wenn du Wünsche formulierst und Vorsätze fasst, ist, darauf zu achten, *dass du vom Herzen ausgehst und dich so fühlst, als seien deine Wünsche und Vorsätze bereits verwirklicht.*

Diese entscheidende Voraussetzung jedes Manifestierens vermögen viele Menschen nicht nachzuvollziehen. Wir können endlos Affirmationen (das sind Beteuerungen oder Bekräftigungen) sprechen und Traumcollagen anfertigen, doch wenn unsere Wünsche ihren Ursprung nicht im Herzen haben und wir uns *nicht* so fühlen, *als seien unsere Wünsche und Vorsätze bereits verwirklicht,* dann haben wir nur unsere Zeit verschwendet. Es ist entscheidend, dass du diese Zusammenhänge von Anfang an berücksichtigst. Andere Schlüssel zum erfolgreichen Wünschen sind die folgenden:

- Tu so, »als ob«, bis du es hast. Anders gesagt: Verhalte dich so, als seien deine Träume bereits wahr geworden. Spüre, wie es sich anfühlt, wenn deine Wünsche erfüllt sind. Schwelge in den damit einhergehenden Gefühlen.
- Denk über das nach, was du *willst,* nicht über das, was du *nicht* willst. Das ist eine wichtige, eine goldene Regel. Halt dich an sie!

- Schreib das auf, was du *willst,* oder zeichne es; verschwende keine Gedanken an das, was du *nicht* willst.

Uns ist nicht immer bewusst, wie mächtig wir sind. Doch sobald wir uns mit dem Mond verbinden und im Einklang mit seinem Zyklus handeln, wird unsere Macht auf atemberaubende Weise unübersehbar. Wenn es um Neumondwünschen geht, dann ist es möglicherweise am wichtigsten, sich daran zu erinnern, *dass du nur dann bekommst, was du willst, wenn du weißt, was du willst.* So und nicht anders funktioniert das Leben nun einmal.

Sobald uns auf allen Ebenen klar ist, was wir wollen, haben wir es unendlich viel leichter, es geschehen zu lassen, indem wir uns mit dem Universum zusammentun. Ja, wenn wir einmal im Monat bei Neumond unsere Wünsche aussprechen beziehungsweise unsere Vorsätze fassen, dann tun wir eigentlich nichts anderes, als uns absolute Klarheit über unser Wollen zu verschaffen. So wie uns ein Einkaufszettel beim Einkaufen unterstützt, so hilft uns eine Wunschliste dessen, was wir wollen, beim Manifestieren.

Und wenn ich nicht weiß, was ich will?

Die Antwort auf diese Frage ist »nicht leicht, aber einfach«: Die Lösung besteht darin, sich nach innen zu wenden. Bitte das Universum, Gott, die Göttin, dein höheres Selbst, deine Erzengel und Geistführer, jeden, von dem du guten Rat erhoffst, um Führung, damit du zur Klarheit gelangst. Und/oder frag dich selbst: »Was will ich?«, und zwar immer wieder im Verlauf deines Alltags oder am Anfang beziehungsweise am Ende deiner Meditation. Wenn du dranbleibst, dann wird die Antwort kommen. Achte auf Botschaften, Gedanken und Vorstellungen, die intuitiv in dir aufsteigen. Und falls du zu dem Schluss gelangen solltest, dass du das Rätsel auf eigene

Faust nicht lösen kannst, bitte darum, dass ein spiritueller Lehrer in dein Leben treten möge.

~

Neumondwünschen: Die goldenen Regeln

Bevor ich dir erkläre, wie du es mit dem Wünschen am besten hältst, will ich dir die goldenen Regeln nahebringen, die ich in dem Zusammenhang im Laufe der Jahre entwickelt habe. Sie haben bei mir und bei Tausenden Menschen, die ich damit bekannt gemacht habe, stets gute Ergebnisse hervorgebracht. Ich kann nicht behaupten, dass deine Wünsche nur dann erfüllt werden, wenn du dich an die nachfolgenden »Dos and Don'ts« hältst. Auf jeden Fall wirst du aber rasch erkennen, dass es hier vor allem darum geht, sich und anderen Gutes zu wünschen.

◗ Wünsch dir unbedingt alles, was du willst

Du darfst dir alles wünschen, was dir nur in den Sinn kommt, vorausgesetzt, du glaubst wirklich daran, dass es wahr werden kann.

◗ Mach kleine Schritte, aber mach sie

In deinem Wünschen bist du vollkommen frei: Woran du glaubst, das kannst du erreichen. Doch achte darauf, mit kleinen Schritten auf ein Ziel zuzugehen, statt gleich mit der Tür ins Haus zu fallen.

In meinen Workshops fordere ich die Teilnehmer auf, ihre Wünsche in der Gruppe zu äußern. Dabei kommt es vor, dass sich jemand, der arbeitslos ist, ein eigenes Haus wünscht oder einen Lottogewinn.

Im ersten Fall rate ich dem Teilnehmer: »Such dir erst Arbeit, damit du das Geld verdienen kannst, um ein Haus zu kaufen.« Im zweiten sage ich: »Nun, du kannst dir natürlich einen Lottogewinn wünschen, aber glaubst du auch daran, dass es klappt? Im Hinterkopf weißt du, wie schlecht deine Chancen stehen. Deine Aussichten, Arbeit zu finden, sind viel, viel besser. Also könntest du dir ja wünschen, einen Job zu finden und im Lotto zu gewinnen.« So kommt er also schon eher einen Schritt weiter.

Wir wollen uns ähnliche »materielle« Wünsche ansehen. Stell dir vor, es sei dein Traum, eine nagelneue Limousine zu haben, aber derzeit fehlt dir leider das nötige Kleingeld dafür. Es ist in der Regel nicht so leicht, den Sprung vom Pleitier zum Luxuskarossenbesitzer zu schaffen – nicht unmöglich, aber eine äußerst anspruchsvolle Herausforderung. Du weißt ja, eines der Geheimnisse erfolgreichen Neumondwünschens ist der *feste Glaube* an die *Erfüllbarkeit* deines Wunsches. Das Beispiel mit der Limousine könnte man aber in folgende kleine Schritte unterteilen: Ausgangspunkt mittellos → Besitz eines Fahrrads → Besitz eines günstigen Gebrauchtwagens → Besitz einer gebrauchten Limousine → Besitz eines fabrikneuen schicken Schlittens.

Damit will ich verdeutlichen, dass viel Zeit erforderlich sein kann, um einen ganz bestimmten Traum zu verwirklichen – und eine ganze Anzahl von Neumonden. Auf dem Weg von der Mittellosigkeit hin zum Besitz einer neuen Luxuskarosse müssen Schritte absolviert werden, die man normalerweise nicht einfach überspringen kann. Mit einem Wort: Wenn wir wünschen, dann manifestieren wir – und das ist etwas Magisches –, aber unser Wünschen und all die Magie befähigen uns nicht, physikalische Gesetze auszuhebeln. Außerdem sind uns Grenzen gesetzt durch das, was wir selbst für möglich halten.

Wenn du anfängst, bei Neumond Wünsche zu manifestieren, wirst du vermutlich Situationen anziehen, in denen du dein Ziel knapp verfehlst, und die solltest du nicht ignorieren. Angenommen, du hast dir gewünscht, deinem ersehnten Wagen ein Stück »näher zu kommen«, und in deinem Briefkasten einen Werbeprospekt von einem Händler genau derselben Automarke gefunden, dann ist das ein Zeichen! Es bedeutet, dass die Erfüllung deines Traums in nicht mehr ganz so weiter Ferne liegen wird. Oder Freunde fahren in Urlaub und leihen dir für die Zeit ihrer Abwesenheit ihre Limousine. Dein Traum rückt also noch konkreter in greifbare Nähe. Geduld und Vertrauen sind auf dieser Reise unverzichtbar.

Wünsch dir ein »Gefühl«

Doch solltest du überhaupt ein Auto (oder andere materielle Gegenstände) ersehnen? Man könnte argumentieren, dass das Herbeiwünschen von Dingen, sei es ein Auto, ein Haus auf dem Land und dergleichen, eine fehlgeleitete und gierige Verschwendung deiner Manifestationskraft ist. Jeder Reiche wird dir bestätigen können, dass materieller Besitz allein nicht glücklich macht. Natürlich wirst du dich ein paar Tage lang über deinen neuen großen Flachbildschirm freuen, aber dann wird er einfach, im wahrsten Sinn des Wortes, zu einem Bestandteil deines Mobiliars.

Auf lange Sicht macht uns also materieller Besitz nicht glücklich, richtig? Oder doch falsch? Vielleicht bist du ja am liebsten zu Hause, und nichts genießt du mehr, als mit deiner Katze, deinem Partner oder mit ihm und deinen Kindern am Freitagabend auf dem Sofa zu sitzen und gemeinsam einen Film im Fernsehen anzusehen? Ist es dann nicht doch okay, sich einen größeren Bildschirm zu wünschen …?

Meiner Meinung kannst du dir wünschen, was immer du möchtest, und die Kritik ignorieren, wenn du dir die Tatsache bewusst machst, dass Besitz allein nicht glücklich macht. Andererseits wünschen wir uns, wenn wir einen größeren Bildschirm haben wollen, nicht das Gerät im eigentlichen Sinne, sondern das *Gefühl,* das wir haben, wenn wir etwa gemeinsam einen Film sehen. Für einige von uns könnte es das Gefühl sein, dass sich all die Arbeit, die wir investiert haben, um das Geld für den Fernseher zusammenzubekommen, gelohnt hat, für andere könnte es das Glück gemeinsamer Zeit mit der Familie sein.

Wenn du also bereits weißt, dass es dir eigentlich darum geht, dich besser mit dir selbst zu fühlen, ein größeres Selbstwertgefühl zu haben oder schöne Zeit mit der Familie zu genießen, dann wünsch dir lieber *dieses Gefühl* als irgendwelche Produkte.

Du könntest beim Blick auf dein monatliches Neumondwünschen sogar ein bisschen Selbstanalyse betreiben. Welche Motivation steckt hinter deinem Wunsch nach einer bestimmten Sache? Bist du hinter einem Gefühl her, oder versuchst du, eine Leere zu füllen? Im Idealfall sollten deine Wünsche eine Erweiterung deiner Lebensfreude sein, also Zugaben, die dich glücklicher machen.

Ist es alles in allem also in Ordnung, sich ein großes luxuriöses Haus zu wünschen, in dem man Familie und Freunde empfangen kann? Auf jeden Fall, vorausgesetzt, das ist es, was du *wirklich* willst. Und vorausgesetzt, du wünschst es dir, weil dich die Vorstellung beflügelt, dass es dich glücklich machen wird.

Doch wenn dein Wunsch nach einem großen Haus seinen Ursprung in Neid hat – weil du das willst, was ein anderer hat –, dann ist das nicht so gut. Zum einen ist Neid einfach ungesund, arbeite also daran. Zum anderen verhindert Neid Dankbarkeit, und Dankbarkeit ist eine Voraussetzung für das Manifestieren. Ganz egal, was du dir wünschst, am wichtigsten ist es, *dankbar* für das zu sein, was du bereits hast – darauf komme ich aber noch an späterer Stelle zurück.

Wünsch dir keine bestimmte Person

Darf man sich den Partner eines anderen wünschen, also seine Freundin, ihren Ehemann und so weiter? Klare Antwort: »Nein.« Kann man sich jemanden wünschen, der zu haben ist? Ja, du kannst dir sicherlich wünschen, dass diese Person dich wahrnimmt. Doch letztendlich musst du dir darüber im Klaren sein, dass jeder Mensch einen freien Willen hat und dass du dir niemanden gegen seinen Willen mit Neumondwünschen in dein Leben holen kannst. Der andere muss es selbst gleichfalls wollen.

Man könnte sich vorstellen, dass du deine Energie investierst, um eine zufällige Begegnung mit einer bestimmten Person zu manifestieren, damit du eine Verabredung mit ihr treffen kannst. Doch ihre Entscheidung kannst du letztlich wieder nicht beeinflussen.

Was ist mit dem Wunsch nach einer Romanze mit Leonardo DiCaprio, Justin Bieber oder Jennifer Lawrence? Den Wunsch kannst du gern hegen, vorausgesetzt, du glaubst an seine Realisierbarkeit, und das, was euch trennt, ist nur eine Kleinigkeit. Ansonsten verschwendest du mit solchen Wünschen eher deine Zeit und Energie.

Wünsch dir nicht, dass jemand sich verändert

Leider kann man mit Neumondwünschen keinen Frosch in einen Prinzen verwandeln. Das zu wissen ist eine wichtige Voraussetzung, bevor du das »Unternehmen Manifestation« startest. Es ist auch unmöglich, durch Wünschen einen sprichwörtlichen Tunichtgut in einen Engel zu verwandeln, es sei denn, er selbst *will* diese Wandlung. Neumondwünschen beeinflusst nicht den freien Willen eines anderen.

All das trifft umso mehr zu, falls du dich in einer verbal und/oder körperlich gewaltbasierten Beziehung befindest. Statt dir zu wünschen, dass sich dein Partner beziehungsweise deine Partnerin ändert, solltest du dir den Mut wünschen, ihn oder sie zu verlassen. Tatsache ist, dass man einen anderen Menschen nicht ändern kann – er muss sich selbst ändern wollen. Leider tappen wir trotzdem immer wieder in diese Falle.

Glaub daran, dass du die Erfüllung deiner Wünsche wert bist

Eine wichtige Frage, die du dir regelmäßig stellen solltest, lautet: »Bin ich die Erfüllung meiner Wünsche wert?« Es ist eine traurige Tatsache, dass viele Menschen mit Eltern aufgewachsen sind, die ihnen keine gute Stütze waren, und jetzt als Erwachsene nicht glauben können, dass ihnen auch nur *irgendetwas* zusteht.

Stell dir die folgenden Fragen. Emotional: Glaubst du daran, dass du die großartige Freundschaft und/oder die wunderbare Beziehung *verdienst,* um die du auf deiner Wunschliste bittest? Finanziell: Glaubst du, dass Geld etwas Schlechtes ist? (Wenn ja, dann kannst du es natürlich auch nicht herbeilocken.)

Nutze unbedingt das Gesetz von Absicht und Wunsch

Wenn du dich in Übereinstimmung mit dem Neumond bringst, um zu wünschen, dann setzt du damit das Gesetz von Absicht und Wunsch in Gang – so hat der New-Age-Lehrer Deepak Chopra es genannt. Er wollte damit zum Ausdruck bringen, dass die Zukunft in der Gegenwart erschaffen wird.

Es gibt viele kluge Menschen, die nichts von Astrologie halten, doch auch sie würden Chopras Konzept zustimmen. Meiner Meinung ist der Neumond ein ausgezeichneter Zeitgeber, der uns wie ein Uhrwerk einmal im Monat daran erinnert, uns wieder in Übereinstimmung mit unseren Wünschen und Intentionen zu bringen.

~

◗ Meditiere regelmäßig

Wenn du weiter unten in diesem Buch zu meiner Einführung ins Neumondwünschen kommst, dann wirst du feststellen, dass Meditation der entscheidende Schritt des Gesamtprozesses ist. Noch bevor du wirklich durchstartest, möchte ich an dieser Stelle erklären, warum Meditation so wichtig ist. Der Grund ist einfach: Wenn wir Neumondwünsche äußern, dann manifestieren wir. Und am wirkungsvollsten manifestieren wir dann, wenn wir uns über unsere geplanten Vorhaben vollkommen im Klaren sind.

Stell dir vor, deine ausgesprochenen Wünsche wären wie Radiowellen, die von dir ausstrahlten – sie wären deine Art, dem Universum (es ist wohlmeinend und dir zugeneigt) mitzuteilen, was du willst. Wenn du meditierst, nachdem du deinen Wunsch ausgesprochen hast, wird das Signal sogar noch deutlicher, denn Meditation verringert alle störenden Nebengeräusche wie Ängste und Sorgen, macht dich glücklicher und restrukturiert auf positive Weise sogar dein Gehirn. Wenn du dafür einen Beweis willst, dann musst du nur weiterlesen.

Eine im Jahr 2011 durchgeführte Studie des Massachusetts General Hospital – es ist an Harvard angebunden – konnte zeigen, dass Meditation tatsächlich das Gehirn positiv verändert. Im Verlauf von acht Wochen verbrachten die Teilnehmer durchschnittlich 27 Minuten mit Meditation. Am Ende der Studie zeigten Magnetresonanzbilder, dass die Meditation Veränderungen in der Dichte der grauen Zellen im Hippocampus verursacht hatte, in jenem Bereich des Gehirns, der mit Lernen, Gedächtnis, Selbstbewusstsein, Mitgefühl und Innenschau in Zusammenhang gebracht wird.

Außerdem berichteten die Teilnehmer der Studie, dass sie weniger unter Stress litten, was mit einer Dichteverringerung der grauen Zellen in der Amygdala korrelierte, dem Teil des Gehirns, der eine wichtige Rolle bei der Regulierung von Angst und Stress spielt.

Und was haben die Ergebnisse dieser Studie mit dem Neumondwünschen zu tun? Nun, je entspannter und stressfreier wir sind, umso besser und leichter können wir manifestieren. Es reicht nicht aus, sich einmal im Monat bei Neumond hinzusetzen, seine Neumondwünsche zu formulieren, nur um dann wieder in das normale Chaosleben einzutauchen. Vielleicht findest du das überraschend. Doch irgendwo auf einer tieferen Ebene in dir entstand der Wunsch, dieses Buch zu kaufen, weil du intuitiv wusstest, dass du genau diese Informationen brauchst.

Indem wir ein harmonisches Leben führen, das auf die schönste und bestmögliche Weise im Einklang mit dem Leben anderer besteht, kommen wir unserer Wunschvorstellung von unserem Dasein am nächsten. Du wirst staunen über die wunderbaren Dinge, die geschehen, sobald du dich deinem göttlichen Selbst zuwendest – genau das nämlich tust du, wenn du meditierst.

Dein göttliches Selbst ist der Teil von dir, der noch immer – mehr oder weniger – mit dem Himmel verbunden ist. Vielleicht hast du schon einmal irgendwo gelesen, dass wir »multidimensionale Wesen« sind. Damit ist gemeint, dass wir uns zwar hier in der dritten Dimension befinden, aber dennoch über unser höheres Selbst auch mit den höheren Dimensionen in Kontakt stehen. Je intensiver und häufiger wir Zugang zu unserem höheren oder göttlichen Selbst suchen, umso besser ist das, und umso leichter gelingt es uns, unsere Bedürfnisse in der physischen Welt zu manifestieren.

Kannst du also mit deinen Neumondwünschen ohne Meditation gute Ergebnisse erzielen? Vielleicht, doch der Prozess wird sich weniger begnadet anfühlen. Außerdem hilft dir die Meditation herauszufinden, was du konkret und wirklich willst, und bewahrt dich davor, nur irgendwelche x-beliebigen Wünsche zu äußern.

Meditieren leicht gemacht in zehn Schritten

Für den Fall, dass du noch keine Erfahrung mit Meditation hast, folgt hier eine kurze Einführung, mit der du deine Neumondwünsche ergänzen kannst. Wenn dir eine geführte Meditation lieber ist, kannst du im Internet auf entsprechende Videos oder Audiodateien zugreifen. Oder aber du tust dich mit einer Freundin oder einem Freund zusammen, und der eine meditiert, während der andere den unten stehenden Text vorliest. Es gibt heutzutage mehr Meditationsmethoden und -lehrer als jemals zuvor, doch tatsächlich ist die Meditation ein äußerst einfacher Vorgang, der dich bei der Manifestation deiner Träume wirklich unterstützen wird.

Geh nach dem folgenden Zehn-Schritte-Programm vor, etwa ein- oder zweimal täglich für 15 Minuten:

1. Stell dein Telefon aus, und such dir einen Platz, an dem du bequem und still sitzen kannst.
2. Schließ die Augen, und mach dir das Aus- und Einfließen deines Atems bewusst.
3. Nimm die Geräusche im Raum wahr, richte deine Aufmerksamkeit aber immer wieder zurück auf deinen Atem.
4. Nimm die Geräusche außerhalb des Raums wahr, richte deine Aufmerksamkeit aber immer wieder zurück auf deinen Atem.
5. Nimm aufsteigende Gedanken wahr, richte deine Aufmerksamkeit aber immer wieder zurück auf deinen Atem.
6. Erinnere dich an ein Mantra, und wiederhole es entweder stumm in deinem Kopf, oder sprich es laut.
7. Nachdem du dich eine Viertelstunde lang bei den Schritten 1 bis 6 aufgehalten hast, denkst du an jemanden oder an etwas, für den oder für das du wirklich dankbar bist.
8. Dann stell dir die Frage: »Was will ich wirklich?«, und warte ab, was dir in den Sinn kommt.

9. Öffne die Augen, reib deine Hände aneinander, und leg sie auf dein Gesicht oder aufs Herz.
10. Finde zurück in deinen Alltag.

~

Löse dich von deinen Wünschen

Ein Letztes musst du dir noch bewusst machen, bevor du mit dem Neumondwünschen beginnen kannst: Es ist zwar wichtig, Klarheit über die eigenen Wünsche zu erlangen, dennoch, und das ist paradox, darfst du dich nicht an deinen Träumen festklammern. Denn – du wirst es kaum glauben – das Universum könnte für dich noch etwas Besseres im Sinn haben, als dir selbst einfällt.

Ist es dir nicht auch schon mal passiert, dass du dir mit verzweifelter Dringlichkeit X gewünscht hast, aber unerwartet Y eingetroffen ist, dass Y aber tatsächlich noch besser war als X und sich letztlich alles zum Guten gewendet hat? So läuft es ab, wenn das Universum etwas noch Besseres für dich im Sinn hat. Und deshalb entkoppeln wir uns von unseren Wünschen, sobald wir sie benannt haben, indem wir den Satz anhängen: »Zum Wohle aller oder gar nicht.« Damit teilst du dem Universum mit, was du willst, aber nur, wenn es zum allgemeinen Wohl ist.

Im Anschluss an meine Wünsche chante ich immer: *Om Namo Narayanaya.* Die Worte aus dem Sanskrit – angeblich die älteste Sprache der Welt und die Sprache der Erzengel – heißen auf Deutsch wie gesagt: »Om. Ehre sei Gott im Menschen.« Das bedeutet so viel wie: »Ich ergebe mich dem Göttlichen.« Oder genauer: »Ich ergebe mich der göttlichen Mutter.« (Schließlich weiß Mutter es ja am besten …)

Du kannst *Om Namo Narayanaya* als Sprechgesang chanten, sagen oder auch nur denken, entweder im Anschluss an deine

Wünsche oder an deine Meditation. Du kannst das Mantra auch auf deine Neumondwunschliste oder auf die Liste deiner Vorsätze schreiben.

Ein anderer meiner persönlichen Favoriten lautet: »Dies oder etwas Besseres manifestiere für mich, im Namen der Gnade auf vollkommene Weise.« Wenn wir bekräftigen, was wir wollen, und uns im Anschluss auf diese Weise von unseren Wünschen frei machen, dann gelangen sie hinaus ins Universum, und etwas Gleichwertiges oder noch Besseres kommt zu uns zurück.

Sich so von seinen Wünschen zu entkoppeln muss nicht zwangsläufig an Neumond geschehen. Du kannst es jeden Tag ausführen. Je weniger wir uns an Gegenstände und Menschen klammern, umso leichter fließt unser Leben. Wenn wir von etwas (oder jemandem) besessen sind, dann erzeugen wir eine Art Energieanker, der uns festhält. Das Loslassen eines Wunschs kommt dem Einholen eines Ankers gleich.

Mach dir außerdem bewusst, dass dringliches Sehnen oft gerade das in weite Ferne schiebt, was du dir am meisten wünschst. Mit unserem dringlichen Sehnen bekräftigen wir ständig die Tatsache, dass wir es *nicht* haben. Und je mehr wir sie bestätigen, umso mehr zementieren wir unser »Nichthaben«! An diesem Beispiel wird deutlich, wie das Gesetz der Anziehung auch funktioniert.

Was also läuft hier ab? Einerseits formulieren wir unseren Neumondwunsch, und andererseits verzichten wir auf alles Sehnen? Genau, so ist es. Ich bin davon überzeugt, dass wir selbst unsere Wirklichkeit erschaffen und dass dieses Erschaffen eine unserer Herausforderungen in diesem physischen Leben ist. Dem allem übergeordnet gibt es jedoch eine höhere Macht, die uns führt – ob wir sie nun »höheres Selbst«, »den Schöpfer«, »das Universum«, »die Quelle« oder »Gott« nennen, bleibt uns überlassen.

Solange wir dem Universum unsere Wünsche in aller Klarheit mitteilen und wir uns in starken Bildern vorstellen, dass sich die Dinge genau so entwickeln werden, wie wir sie uns wünschen, wird in der Folge dann *auf jeden Fall* etwas geschehen, was uns zum Wohl gereicht, also zu unserem Besten ist – was immer es auch sei. Davon bin ich überzeugt.

Es ist äußerst schwierig, stets alle Vorbedingungen im Blick zu haben, und das Universum beschreitet in der Tat zuweilen äußerst mysteriöse Wege. Ich spreche die Worte *Om Namo Narayanaya* folglich in der Gewissheit aus, dass die göttliche Mutter letzten Endes am besten weiß, was gut für mich ist. Damit trete ich einesteils etwas an Verantwortung ab und beweise anderenteils Ergebung. Ergebung heißt, darauf zu vertrauen, dass das Beste geschehen wird.

Neumondwünschen und wie es geht

So bald wie möglich nach dem monatlichen Neumond (im Idealfall maximal acht Stunden, aber auch bis zu drei Tage danach geht noch) kannst du dem im Anschluss beschriebenen Prozess folgen. Die genauen Neumondtermine erfährst du von diversen Mondkalendern im Internet oder beispielsweise auf meiner Webseite www.moonologybook.com/moontimes oder auf der ausgezeichneten Seite www.timeanddate.de/Mond/Phasen.

Neumondwünschen Schritt für Schritt

1. Nimm dir als Erstes die Zeit, um Dankbarkeit für all das Gute in deinem Leben zu empfinden. Dann richte dein Denken auf die Menschen, Umstände und Gegenstände, die dich am glücklichsten ma-

chen. Schreib fünf bis zehn Leute und Gegebenheiten auf, die dich glücklich machen oder/und für die du im zurückliegenden Monat dankbar warst. Sende allen diesen Personen auf der Liste in Gedanken deine Liebe.

2. Stell schöne spirituelle Musik an (siehe auch Hilfsquellen im Anhang, da mache ich ein paar Vorschläge). Zünd eine Kerze an, und verbrenne Räucherwerk. Entspann und zentrier dich, indem du tiefe, reinigende Atemzüge machst.
3. Wähle die für dich wichtigsten zehn Wünsche oder Intentionen für die kommenden vier Wochen aus. Sei dabei so genau oder vage, wie es dir angemessen erscheint. Entscheide außerdem, wozu du dich verpflichten kannst, um deine Wünsche wahr werden zu lassen.
4. Nun schreibst du deine wichtigsten zehn Wünsche auf ein Blatt Papier oder skizzierst sie. Entweder du nimmst einen einfachen blauen oder schwarzen Stift, oder du probierst Farbstifte aus: Je mehr Energie du hier investierst, umso besser werden deine Ergebnisse aller Wahrscheinlichkeit nach sein.
5. Als Nächstes liest du dir deine Wünsche einen nach dem anderen durch. Dann – und das ist der entscheidende Punkt – *visualisierst* du jeden einzelnen Wunsch so, als habe er sich bereits verwirklicht. Nutze deine Vorstellungskraft, um ihn tatsächlich so zu *sehen*, als sei er erfüllt. Und dann stellst du dir vor, wie du dich *fühlst,* wenn dein Wunsch wahr geworden ist. Halt dieses Empfinden fest; es macht die Magie aus. Mach dir ein Bild von der Freude, die du empfinden würdest. Sieh vor deinem inneren Auge, wie es geschieht – *sieh es wirklich. Spür* die Folgen in deinem Körper – *spür,* wie es sich für dich *anfühlt,* wenn dein Wunsch wahr wird. Fühlt es sich gut an?
6. Lass dir eine Affirmation einfallen, die deinen Wunsch unterstützt, und schreib sie auf. Wenn du dich etwa nach Liebe sehnst, könnte deine Affirmation »Ich bin verliebt« lauten. Oder falls du deinen Arbeitsplatz wechseln willst: »Ich mag meine neue Arbeit sehr.« Lass dir genug Zeit, um passende Formulierungen zu finden.

7. Sieh dir jeden einzelnen Wunsch auf deiner Liste an, und bewerte ihn mit bis zu hundert Punkten abhängig davon, für wie wahrscheinlich du seine Verwirklichung hältst. Sei wirklich ehrlich mit dir. Die Höhe der Punkte, die du vergibst, bezeichnet ziemlich genau die Wahrscheinlichkeit, mit der er sich manifestiert. Wenn du also einem Wunsch sechzig von hundert Punkten gibst, dann wird er sich mit sechzigprozentiger Wahrscheinlichkeit manifestieren. Bei denjenigen deiner Wünsche, die von dir weniger als fünfzig Punkte erhalten, musst du besonders stark an deinen Überzeugungen arbeiten.
8. Als Nächstes untersuchst du bei jedem einzelnen deiner Wünsche, wie du ihn wahr machen willst. Wenn du beispielsweise einen neuen Job suchst, dann musst du dich als Erstes in deinen sozialen Netzwerken umhören und/oder entsprechende Anzeigen online oder in der Presse studieren. Suchst du einen neuen Partner, könntest du deine Freunde bitten, dich auf passende potenzielle Kandidaten aufmerksam zu machen, oder dich auf einer entsprechenden Online-Plattform registrieren. Mach dir genaue Notizen dazu, wie du deine jeweiligen Wünsche verwirklichen willst.
9. Abschließend meditierst du für fünfzehn Minuten. Entlasse deine Wünsche dabei ins Universum.
10. Beende deine Meditation, indem du dich von deinen Wünschen entkoppelst. Tu dies mit den Worten »Zum Wohl aller oder gar nicht« oder mit dem Sprechgesang *Om Namo Narayanaya,* und wiederhole ihn dreimal. Oder sprich die Worte: »Dies oder etwas Besseres manifestiere sich jetzt für mich, im Namen der Gnade auf vollkommene Weise.« Intoniere die Worte überschwänglich und voller Vertrauen. Hab dabei ein Gefühl, als manifestiere sich dein Traum bereits, oder antizipiere ihn wenigstens möglichst intensiv – *hurra!*
11. Setz deine Woche fort in dem Wissen, dass du dem Universum alle deine gerade aktuellen Wünsche mitgeteilt hast. Tu, was in deiner Macht steht, um sie zu verwirklichen.

12. Beim nächsten Neumond nimmst du dir deine Wunschliste vom vorhergehenden Neumond wieder vor und liest sie durch, um festzustellen, was sich erfüllt hat, und bedankst dich beim Universum. Selbstverständlich wird es Wünsche geben, die sich noch nicht manifestiert haben. Zieh in Betracht, sie zu überarbeiten. Bei welchem der Wünsche auf deiner Liste bist du der Verwirklichung näher gekommen?

~

Zusammenfassung

Hier eine kleine, leicht zu verwendende Zusammenfassung für deine Neumondwünsche:

- Schreib deine wichtigsten zehn Wünsche für den Monat auf.
- Visualisiere deine Wünsche, und empfinde sie in deinem Körper. Schreib Affirmationen auf, mit denen du sie unterstützt.
- Schreib auf, wie du die Verwirklichung jedes einzelnen Wunsches tätig zu unterstützen gedenkst.
- Meditiere und entkopple dich zum Schluss von deinen Wünschen, indem du die Worte »Zum Wohle aller oder gar nicht« sagst oder das Mantra *Om Namo Narayanaya* sprichst.

Fokussiere, fokussiere, fokussiere!

Du wünschst dir irgendetwas wirklich besonders dringend? Dann visualisiere und empfinde es *jeden Tag* oder am besten *zweimal täglich* 68 Sekunden lang zu 100 Prozent, und du setzt den Schöpfungsprozess mit Sicherheit in Gang. Besonders wirkungsvoll ist es, Affirmationen zu »schreiben« – ein bisschen so wie früher, als Schulkinder die gleichen Zeilen wieder und wieder abschreiben mussten, um sie zu verinnerlichen. Schreib deine Affirmationen Dutzende Male ab.

Ich bediente mich dieser Vorgehensweise, als einmal der Flug zu unserem Urlaubsziel aufgrund einer Naturkatastrophe annulliert wurde und es ursprünglich hieß, dass wir unser Geld nicht zurückbekämen. Ich schrieb den nachfolgenden Satz eine Stunde lang wieder und wieder: »Ich bin überglücklich, da wir für unseren Flug und unser Hotel eine Rückerstattung erhalten haben.« Und was, glaubst du, ist dabei herausgekommen? Genau, wir haben die gesamte Summe zurückbekommen!

Bediene dich dieser Vorgehensweise bei deinem wichtigsten Neumondwunsch. Schreib die dazugehörige Affirmation wiederholt mindestens 68 Sekunden lang auf, einfach deshalb, weil wir uns schreibend auf das Geschriebene besser konzentrieren können. Stell dir beim Schreiben vor, wie du einer Freundin die gute Nachricht überbringst.

~

Beispiele für Neumondwünschen

Es folgen einige Beispiele dafür, wie man Wunsch, Visualisierung, Affirmation und tätiges Handeln zu erfolgreichem Manifestieren zusammenfügen kann. Satzanfänge wie »Ich bin …« oder »Ich möchte …« sind bei einer Affirmation besonders wirkungsvoll. Gestalte sie also möglichst so, dass sie mit diesen oder ähnlichen Worten anfängt.

Beispiel 1: Du wünschst dir ein neues Auto

Dein *Wunsch* könnte lauten:

- »Ich möchte ein neues Auto besitzen.« – Zur Verdeutlichung könntest du einen Markennamen oder andere Details wie etwa Farbe, Motorleistung, elektrische Fensterheber, Gangschaltung oder Automatik und so weiter hinzufügen.

Deine *Visualisierungen* könnten sein:

- Du siehst dich in deinem neuen Auto umherfahren, vielleicht bei heruntergelassenen Fenstern und mit laufendem Radio – was immer dir gefällt.
- Falls du das Auto brauchst, um deine Kinder umherzufahren, dann sieh sie, wie sie mit einem Lächeln im Gesicht und gut erzogen auf der Rückbank sitzen.
- Mal dir etwas aus, wobei du ein gutes Gefühl hast, etwa wie du jemandem anbietest, ihn in deinem neuen Auto zum Flughafen zu fahren, oder wie du eine Freundin vom Einkaufen abholst.

Deine *Affirmationen* könnten lauten:

- »Ich mag mein wunderbares neues Auto sehr!«
- »Ich fahre mein fantastisches neues Auto!«
- »Ich habe das ideale Auto gefunden!«

Dein *tätiges Handeln* oder deinen *Einsatz* könntest du so formulieren:

- »Ich höre mich bei meinen Freunden um, ob sie jemanden kennen, der ein Auto zu verkaufen hat.«

- »Ich suche online nach passenden Angeboten.«
- »Ich lege jede Woche Geld beiseite, um alles, etwa Steuern und Versicherungen, zu bezahlen, was in Beziehung zu meinem neuen Auto steht.«

Erinnere dich: Es ist entscheidend, *schon jetzt die Gefühle tatsächlich zu empfinden, die aufkommen, wenn sich dein Wunsch erfüllt.*

Entwickelst du bereits eine Vorstellung davon, wie Neumondwünschen funktioniert? Hier noch ein paar weitere Beispiele.

Beispiel 2: Du bist unglücklich als Single

Deine *Wünsche* könnten lauten:

- »Ich wünsche mir eine(n) neue(n) Partner(in) oder Liebste(n).«
- »Ich wünsche mir mehr Wahlmöglichkeiten in der Liebe.«
- »Ich wünsche mir, einen Ehemann zu finden.«

Deine *Visualisierungen* könnten sein:

- Du siehst dich bei einer Verabredung mit deiner Liebsten. Welche *Empfindungen* löst das in deinem Körper aus?
- Sieh dich, wie du an der Seite deiner Liebsten auf dem Mittelgang in der Kirche zum Altar gehst (falls du überhaupt heiraten möchtest).
- Achte darauf, wie du dich in energetischer und spiritueller Hinsicht *fühlst. Schmecke* die Freude und Liebe.

Deine *Affirmationen* könnten lauten:

- »Ich bin so aufgeregt, weil ich einen Partner gefunden habe!«
- »Ich bin total verknallt in meine Liebste!«
- »Ich habe meinen idealen Partner gefunden.«

Dein *tätiges Handeln* oder deinen *Einsatz* könntest du so formulieren:

- »Ich nehme mir vor, für meinen Körper zu sorgen, damit ich mich mit mir richtig gut fühle.«
- »Ich verpflichte mich, auszugehen und mich online umzusehen, um meine Aussichten zu vergrößern.«
- »Ich will jeden Tag ein paar Minuten lang visualisieren, wie ich glücklich in den Armen von meinem neuen Schatz liege.«

Beispiel 3: Du willst abnehmen

Deine *Wünsche* könnten lauten:

- »Ich möchte fünf Kilo abnehmen.«
- »Ich möchte, dass mir Konfektionsgröße 38 passt.«
- »Ich möchte körperlich topfit sein.«

Deine *Visualisierungen* könnten sein:

- Du siehst dich in einem Kleid mit deiner idealen Konfektionsgröße.
- Du stellst dich dir mit deinen Lieblingskleidern im Kreis von Freunden vor.
- Mach dir bewusst, wie du dich *fühlst,* sowohl in energetischer als auch in spiritueller Hinsicht. So leicht und beweglich.

Deine *Affirmationen* könnten lauten:

- »Ich freue mich, dass ich fünf Kilo abgenommen habe!«
- »Mir gefällt meine neue Figur so sehr!«
- »Ich habe die für mich ideale Konfektionsgröße.«

Dein *tätiges Handeln* oder deinen *Einsatz* könntest du so formulieren:

- »Ich will jeden Tag wenigstens zwanzig Minuten lang Sport treiben.«
- »Ich nehme mir vor, zu den Mahlzeiten kleinere Portionen zu essen.«
- »Ich verpflichte mich, mir gesündere Mahlzeiten zuzubereiten.«

Beispiel 4: Du willst im Beruf erfolgreich sein

Deine *Wünsche* könnten lauten:

- »Ich will ein Betriebspraktikum machen, das meine Karriere voranbringt.«
- »Ich will einen großartigen neuen Job finden!«
- »Ich will meinen eigenen Laden eröffnen und führen.«

Deine *Visualisierungen* könnten sein:

- Du siehst dich, wie du selbstbewusst an einem Vorstellungsgespräch teilnimmst.
- Du stellst dir vor, wie du durch das Eingangsportal deiner Wunschfirma schreitest.
- Du malst dir aus, wie du die Tätigkeiten ausführst, die mit deinem idealen Job in Zusammenhang stehen.
- Achte darauf, wie du dich sowohl in energetischer als auch in spiritueller Hinsicht *fühlst*. *Schmecke* deine Freude und Leidenschaft.

Deine *Affirmationen* könnten lauten:

- »Ich bin so aufgeregt, weil ich meinen Traumjob gefunden habe!«
- »Ich bin begeistert von meiner neuen Arbeitsstelle!«
- »Ich bin einfach großartig in meinem neuen Job!«

Dein *tätiges Handeln* oder deinen *Einsatz* könntest du so formulieren:

- »Ich suche in Stellenangeboten nach Positionen, die mir zusagen.«
- »Ich überarbeite meinen Lebenslauf und bringe mein Outfit auf den neuesten Stand, damit ich beim Vorstellungsgespräch einen guten Eindruck mache.«
- »Ich informiere mich genau über die Firma, bevor ich mich dort bewerbe.«
- »Ich verpflichte mich dazu, mich jeden Tag ein paar Minuten lang an meinem neuen Arbeitsplatz in der Firma meiner Wahl zu visualisieren.«

Geist, Körper, Seele – darum geht es:

- *Denk* es in deinem Geist.
- *Fühl* es in deinem Körper.
- *Feiere* es in deiner Seele.

FAQs: Neumondwünschen

Nachfolgend findest du wieder ein paar häufig gestellte Fragen, die dir weitere Details des Neumondwünschens verdeutlichen sollen.

◗ **Was soll ich hinterher mit meiner Wunschliste anfangen?**
Im Grunde kannst du damit machen, was immer du möchtest. Einige raten dazu, die einmal geschriebene Wunschliste zu verbrennen. Mir gefällt diese Idee, weil sie so schön dramatisch ist. Außerdem kann man sich beim Verbrennen der Wunschliste vorstellen, dass die Energie der Wünsche (selbstverständlich haben Wünsche eine eigene Energie!) in den Äther eingeht, wo sie in Wirklichkeit umgewandelt wird. Mir erscheint diese Vorgehensweise auf der energetischen Ebene absolut schlüssig. Und nichts sonst könnte die Entkopplung von den eigenen Wünschen besser verdeutlichen, als die Liste zu verbrennen. (Falls du diese Methode anwenden möchtest, dann rate ich dazu, das Verbrennen über dem Küchenwaschbecken vorzunehmen, damit du dabei nicht auch noch versehentlich dein Haus in Brand steckst!) Außerdem kannst du deine Liste natürlich auch in kleine Schnipsel zerreißen, was auf gleiche Weise entkoppelnd wirkt.

Dennoch schreibe ich meine Wünsche in ein kleines Büchlein, einfach weil ich zu den Leuten gehöre, die gewisse Dinge gern dokumentieren. Nichts ist befriedigender, als einige Wochen, Monate oder Jahre später in einem Notizbuch ein paar alte Neumondwünsche zu finden, die sich bereits materialisiert beziehungsweise erfüllt haben.

◗ **Kann ich etwas für einen anderen Menschen wünschen?**
Selbstverständlich, das ist möglich. Doch solltest du dabei zweierlei im Hinterkopf behalten.

Erstens, warum wünschst du nicht etwas für dich selbst? Gibt es wirklich nichts in deinem Leben, was du verbessern möchtest? Oder hast du vielleicht das Gefühl, die Erfüllung deiner Wünsche nicht wert zu sein? Diese Fragen musst du dir im Vorfeld beantworten. Es ist wunderbar, an deine Mitmenschen zu denken, doch es ist ebenso wichtig, dass du an dich selbst denkst und die eigene Person ehrst.

Zweitens musst du dir darüber im Klaren sein, dass du dir alles Mögliche für jemanden wünschen kannst, doch wenn diese Person selbst das nicht will, kannst du nichts daran ändern und solltest es auch nicht versuchen. Falls du und deine beste Freundin jedoch beide entscheidet, dass ihr einen gemeinsamen Wunsch formulieren wollt, dann verstärkt ihr damit seine Kraft.

Was kann ich tun, wenn meine Wünsche sich nicht erfüllen?

Wenn du wieder und wieder das Gleiche wünschst und dein Wunsch trotzdem nicht wahr wird und du auch nicht das Gefühl hast, wenigstens in der richtigen Richtung unterwegs zu sein, dann ist es an der Zeit, dich zu fragen, ob das, was du dir wünschst, überhaupt das Richtige für dich ist.

Einmal erhielt ich eine E-Mail von einem Leser, der sich länger als ein Jahr lang wünschte, dass sich die Liebe seines Lebens in ihn verlieben möge, doch sie zeigte keinerlei Interesse an ihm. In diesem Fall war meiner Meinung eindeutig ein Überdenken des Wunsches erforderlich.

Manche Dinge sollen einfach nicht geschehen. Deshalb sagen wir »Zum Wohle aller oder gar nicht« oder sprechen das Mantra *Om Namo Narayanaya* nach jedem Wünschen – wir überlassen die Verantwortung dem Universum, das unser Bestes will.

Einmal bewarb ich mich um einen Job, von dem ich überzeugt war, dass ich ihn unbedingt haben wollte – ein wunderbarer, gut bezahlter Auftritt in einem Magazin. Zugleich war auch noch ein ebenfalls großartiger Online-Auftritt im Spiel, der aber weniger gut bezahlt war. Ich sprach: *Om Namo Narayanaya* – und bekam den Online-Job. Das Magazin ging kurz danach in Konkurs, doch der Online-Job läuft auch viele Jahre später immer noch weiter.

Soll ich schreiben »Ich will …« oder »Ich wünsche …«?
Du kannst deine Wünsche so formulieren, wie es sich für dich passend anhört – es gibt keine geheime Formel, die du »richtig« hinbekommen müsstest. Am wichtigsten ist, dass du dir darüber im Klaren bist, *was du willst* – sobald dir das gelungen ist, hast du das Ziel schon halb erreicht. Und das Wichtigste danach ist, deine Wünsche aufzuschreiben, die Gefühle zu empfinden, die du haben würdest, wenn sie wahr geworden sind, und einen Monat später zu überprüfen, wie du klargekommen bist.

Kann ich gemeinsam mit anderen wünschen?
Ja, das geht. Es ist sogar eine gute und nützliche Übung, weil die Gruppenenergie deine eigene Manifestationskraft spürbar steigern kann. Ich halte in den Städten, in denen ich mich gerade aufhalte, am Abend nach Neumond gern Abende zum Neumondwünschen ab.

Oder du kannst eine Party zum Neumondwünschen veranstalten. Bitte am Abend nach Neumond ein paar Freunde zu dir, halt einen kleinen Imbiss bereit, und folg den Schritten der obigen Anleitung zum Neumondwünschen. Ihr könnt Farbstifte verwenden, um die Wunschlisten sogar noch prächtiger zu gestalten. (Mach dir bewusst, dass Neumond morgens, mittags oder nachts stattfinden kann; deshalb verlegst du dein Wünschen am besten auf einen Zeitpunkt, der so nah wie möglich am eigentlichen Termin ist.)

◗ Beeinflusst mein persönliches Horoskop meine Wünsche?

Ja. Vielleicht hast du es noch nicht in Betracht gezogen, dass dein Horoskop sich auf deine Manifestationsfähigkeit auswirken kann. Falls du dich mit Astrologie beschäftigst oder dein Horoskop studierst, kann es sinnvoll sein, dich daran zu erinnern, dass die Ereignisse in deinem Horoskop jederzeit deine Manifestationskraft zu Zeiten des Neumonds beeinflussen können.

Falls sich etwa dein Saturn belastend auf deine Sonne auswirkt, dann könnte es sein, dass es dir am nötigen Selbstvertrauen mangelt, um dein Traumleben zu erschaffen. Astrologen ist bekannt, dass Saturn ein hohes Maß an Negativität und viele Selbstzweifel im Gepäck haben kann. Doch beim Saturn geht es auch darum, etwas Echtes und Dauerhaftes zu schaffen – das darf nicht vergessen werden. Außerdem sollst du danach streben, alle Aspekte deines Horoskops und alle gerade aktuellen Transite möglichst als etwas Positives zu manifestieren.

◗ Spielt es eine Rolle, ob ich mich in der nördlichen oder südlichen Hemisphäre befinde?

Nein. Auch wenn der Mond etwas anders aussehen wird oder anders ausgerichtet zu sein scheint abhängig davon, wo du dich auf dem Planeten Erde befindest, ist der Neumond der Neumond und ein großartiger Manifestationshelfer!

Kapitel 4

Plane dein Leben mit dem Neumond

Nun weißt du also, wie man in der Phase des Neumonds Wünsche formuliert und manifestiert. Das kann und wird dein Leben positiv verändern. Doch halt: Mit dieser Mondphase kann man noch mehr Erstaunliches anfangen. Du kannst dich außerdem jeden Monat gezielt auf den Neumond einstimmen, um dich noch besser in den kosmischen Fluss einzubringen. Anders ausgedrückt, du kannst dir die himmlischen Energien zunutze machen.

Wie die Zeichen den Neumond »würzen«

Im Lauf eines Jahres fallen die Neumonde in jeweils andere Zeichen des Zodiaks, und in der Folge ist jeder Neumond ein wenig anders »gewürzt« durch die Eigenschaften des betreffenden Tierkreiszeichens.

Beispielsweise sind die Zwillinge ein äußerst kommunikatives Zeichen. Wenn also der Mond in den Zwillingen steht, dann erhält er eine mitteilsame Note. Deshalb ist dieser Neumond besonders geeignet, um sich darauf zu konzentrieren, was wir sagen, wie gut wir zuhören, wie wirkungsvoll unsere Mitteilungen ausfallen, und so weiter. Der Neumond in der Jungfrau hingegen macht das Aufräumen zum Thema (Jungfrauen geht Ordnung über alles). Die Phase eignet sich also, wenn man seine systematischen Vorgehensweisen verbessern möchte. Und wenn sich der Neumond im Steinbock befindet, dann ist die beste Zeit für Karriereplanung angebrochen (der Steinbock ist äußerst ehrgeizig).

Nachfolgend erkläre ich den Einfluss jedes Zeichens auf den Neumond, doch im Wesentlichen musst du dir vor allem vergegenwärtigen, dass jeder Neumond seine eigene Energie hat, die wir uns zunutze machen können. Wenn man »bewusst leben« will, dann gehört es dazu, sich jeweils auf diese Energien einzustimmen – wenn wir sie uns vor Augen halten, dann stimmen wir uns besser auf den Kosmos ein.

Der Neumond in den zwölf Zeichen

Neumond ist dann, wenn Sonne und Mond in Konjunktion zueinander stehen (einen Aspekt von 0 Grad bilden) beziehungsweise wenn sie die gleiche geozentrische ekliptikale[6] Länge haben. Die Sonne braucht einen Monat, um durch einen Abschnitt des Tierkreises zu reisen, und ein Jahr, um alle zwölf Zeichen zu durchlaufen. Im Vergleich dazu braucht der schnelle Mond nur etwa zwei Tage und ein paar Stunden, um ein Zeichen zu durchlaufen, und einen Monat für alle zwölf.

Einmal im Monat holt folglich der Mond die Sonne ein, und wir haben Neumond. Wenn also deine Krebs-Freundin ihren Geburtstag feiert, dann befindet sich die Sonne im Krebs, und der Neumond im Krebs steht entweder kurz bevor oder hat gerade stattgefunden. Das Gleiche gilt für alle zwölf Zeichen.

Um zu erkennen, in welchem Tierkreiszeichen sich der Mond gerade befindet, brauchst du keinerlei astrologisches Wissen. Du kannst die Positionen auf diversen Mondkalendern im Internet ermitteln oder über meine Webseite www.moonologybook.com/moondates erfahren.

Neumond in jedem Zeichen

Im Folgenden findest du nun einen Leitfaden für die fünf geeignetsten oder besten Aktivitäten abhängig von dem Zeichen, in dem der Neumond sich gerade befindet. Wenn du dein Leben nach dem Neumond planst, dann wirst du feststellen, dass du vom Fluss des Lebens getragen wirst. Bedenke, dass dieser Leitfaden für *uns alle* gilt und nicht von unserem persönlichen Horoskop abhängig ist. Betrachtet wird die Beziehung des Mondes zur Sonne, und sie ist unabhängig von unserem eigenen Tierkreiszeichen.

Wenn du dich im Laufe eines Jahres mit allen zwölf Neumonden beschäftigst, dann lässt du deine Magie in praktisch jedem Lebensbereich wirken – der Neumond und das Gesetz der Anziehung und Intention sind großartige Partner.

Mach dir auch bewusst, dass die nachfolgenden zeichenbedingten Neumond-Informationen ebenso auf alle Sonnenfinsternisse anzuwenden sind, da sie ja nur bei Neumond stattfinden können. Um diese Zusammenhänge näher zu erklären, stell dir vor, dass sich der Neumond im Widder befindet – eine Zeit im Jahr, zu der wir uns gut mit unserem Mut befassen und ihn steigern können. Eine Sonnenfinsternis im Widder ist aber nicht nur geeignet, sondern ausgezeichnet, ja, es drängt sich geradezu auf, um das Thema »Mut« anzugehen! Finsternisse wirken so, als ob der Neumond Wachstumshormone geschluckt hätte. Sie sind es wirklich wert, dass wir ihren Weg durch die Zeichen und durch die Häuser (damit beschäftigen wir uns später) verfolgen.

Achtung: Die Monatsangaben zu jedem Neumond sind ungefähre Angaben, weil sich die Daten jedes Jahr ein wenig verschieben.

Neumond (oder Sonnenfinsternis) im Widder ♈
(Ende März bis Ende April)

1. Tritt in Aktion

Wenn der Neumond im Widder steht, dann beginnt damit ein neuer Mondzyklus, da Widder das erste Zeichen im Tierkreis ist. Die Zeit des Träumens ist nun vorüber, und die Zeit des Handelns ist gekommen. Der Neumond gibt dir die Gelegenheit, in Sachen Wünschen einen Neuanfang zu machen. Falls du dich bisher nicht so richtig eingebracht hast, jetzt kannst du dich mit ganzer Kraft auf das Neumondwünschen konzentrieren.

2. Erstell einen Plan für die nächsten zwölf Monate

Da wir uns am Anfang des Tierkreises befinden, lohnt es sich, Pläne für das kommende Jahr zu machen. Falls du bereits auf den Mond eingestimmt bist, dann erstell einen Plan für dich und einen weiteren für dich und deinen Partner als Paar. Es kann auch nicht schaden, dein berufliches Jahr zu planen. Widder-Energie ist äußerst impulsiv, und du meinst deshalb vielleicht, dass die Zeit zum Pläneschmieden jetzt energetisch zu aufgeladen ist, doch mit ein wenig Selbstdisziplin ist alles möglich. Die feurige, begeisterungsfähige Widder-Energie kann deinen Plänen Schwung und Entschlossenheit einflößen.

◗ 3. Nur Mut!

Falls du bisher zu zaghaft warst und für deine nächsten Schritte Mut brauchst, dann nimm Mut in deine Wunschliste auf. Der Widder ist verbunden mit dem heldenhaften Mars, und die Energien rund um den Widder-Neumond spiegeln dies wider. Entscheide dich, im Leben couragierter zu sein, und dann arbeite daran. Der Widder ist nicht nur einfach kühn, sondern auch bereit, bei allem und jedem mitzumischen, ohne allzu viele Gedanken an die Konsequenzen zu verschwenden. Falls dir für dein Leben noch ein wenig Impulsivität abgeht, dann ist jetzt der ideale Zeitpunkt, sie dir zu eigen zu machen.

◗ 4. Hab Spaß!

Kommt bei dir auch das Vergnügen nicht zu kurz? Bist du oft genug spontan? Denk darüber nach, und falls die Antwort Nein lautet, dann nimm dir für die kommende Woche vor, mehr Spaß zu haben. Der Widder ist das »Kind« im Tierkreis, deshalb ist jetzt der ideale Zeitpunkt, dich mit deinem inneren Kind zu verbinden.

◗ 5. Nimm dich selbst in den Fokus

Außerdem ist dies die Phase, in der du dich auf die eigene Person und deine Bedürfnisse im Zusammenhang mit deinen Zielen konzentrieren solltest. Falls du dir selbst, deinem Kleiderschrank und deiner Webseite nur eine Runderneuerung pro Jahr zugestehst, dann ist jetzt der beste Zeitpunkt. Der Widder wird nicht zuletzt deshalb traditionell als das erste Zeichen im Tierkreis gesehen, weil er das Kind im Tierkreis repräsentiert. Er platzt geradezu vor Elan und Vitalität, während er am Start mit den Hufen scharrt; er macht sich keine Sorgen darüber, ob sich die Dinge vielleicht zu schnell oder nicht entwickeln. Er ist ein Macher. Ran an den Speck!

Neumond (oder Sonnenfinsternis) im Stier ♉
(Zwischen Ende April und Ende Mai)

1. Erstell einen langfristigen Finanzplan

Wenn der Neumond im Stier steht, dann ist es an der Zeit, dass du dich mit deiner finanziellen Situation beschäftigst. Bargeld, Vermögen und Besitz stehen bei dieser Konstellation im Rampenlicht. Geld ist auf keinen Fall eine schmutzige Angelegenheit, es sei denn, du machst es dazu. Also ermittle deinen finanziellen Istzustand, und vergleiche ihn mit dem, den du dir zum Jahresende wünschst. Kannst du den Betrag, denn du jede Woche als Sparpfennig beiseitelegst, noch erhöhen?

2. Liebe dich selbst

Ein weiteres zentrales Thema zu dieser Zeit ist dein Selbstwertgefühl. Denk darüber nach, was du selbst an dir und ganz allgemein zu schätzen weißt. Wenn du dich nicht für einen wertvollen Menschen hältst, dann ist zu erwarten, dass andere es auch nicht tun. Erstell eine Liste mit den fünf Punkten, die für dich am wertvollsten sind. Führst du dein Leben so, dass es dir gestattet ist, dich auf diese Dinge zu konzentrieren? Falls nicht, was kannst du dann ändern, um dorthin zu gelangen? Kleiner Hinweis: Die Antwort auf die letzte Frage lautet keineswegs »Nichts«.

3. Sei sinnlich

Jetzt ist auch der richtige Zeitpunkt für Entspannung. Der Stier ist zwar manchmal angriffslustig, aber seine Energie ist auch die des zufriedenen Bullen auf der Weide, der wiederkäut und die Wärme der Sonne auf seinem Rücken genießt. Nutze diesen Neumond im Stier, um dich in deinem Leben umzublicken. Frag dich: »Was würde mein Leben noch verbessern?« Findest du eine Möglichkeit, um ein wenig zusätzliches »leibliches Wohl« in deinen Alltag zu integrieren? Der Stier-Neumond ist außerdem sinnlich, nutze den Monat also, um dich und deine Sinne anzuregen. Lass dich massieren. Iss gut. Schlaf aus. Beim Stier geht es darum, sich im eigenen Körper wohlzufühlen. Es geht auch um köstliche physische Freuden und Empfindungen in den Bereichen Geschmack, Berührung und Duft.

◗ 4. Check deinen Charakter

Bist du zu dickköpfig oder zu träge? Es ist sehr vernünftig, sich diese Fragen wenigstens einmal im Jahr zu stellen, und der Neumond im manchmal bockigen oder faulen Stier kommt daher wie gerufen. Oder vielleicht bist du nicht faul genug? Beschäftige dich in diesem Fall noch einmal mit dem dritten Punkt.

◗ 5. Bleib dran

Die Kehrseite seiner liebenswerten Gemütlichkeit ist, dass der Stier manchmal auch ein wenig zu träge sein kann (und vergiss nicht, wir alle haben die Energie des Stiers irgendwo in unserem Horoskop). Er ist außerdem geduldig und erdig. Womit auch immer du dich jetzt gerade beschäftigst, sei es in deinem Privatleben oder in beruflicher Hinsicht, dieser Neumond rät dir, die Dinge ein wenig gemächlicher anzugehen, dabei aber nichts von deiner Zielstrebigkeit einzubüßen. Die Kapitelüberschrift für diesen Monat lautet: »Dranbleiben!« Sei außerdem verlässlich.

Neumond (oder Sonnenfinsternis) in den Zwillingen ♊
(Zwischen Ende Mai und Ende Juni)

◗ 1. Teil dich mit

Denk darüber nach, wie gut du mit den Menschen kommunizierst, die dir am wichtigsten sind. Bei den Zwillingen geht es genau um dieses Thema, und du hast somit die Gelegenheit, dein Kommunikationsverhalten zu überprüfen. Du könntest dich etwa fragen, ob du aufrichtig über deine Gefühle sprichst? Oder ob du jammerst und dich dann wunderst, warum niemand so auf deine »Anfragen« reagiert, wie du es dir vorstellst.

◗ 2. Meditiere

Reflektiere den Zustand deines Geistes. Falls du wie die meisten Menschen das Gefühl hast, dass dein Gehirn ohne Unterbrechung im Stressmodus durchrattert, dann könnte diesen Monat einer deiner Neumondwünsche zum Inhalt haben, dass du dir mehr geistige Auszeiten zugestehen mögest. Wie gesagt, Meditation ist eines der besten Verfahren, um den Geist von überflüssigem »Müll« zu befreien und zu entspannen. Selbst an einem sehr geschäftigen Tag wirst du ein paar Minuten Zeit dafür finden.

◗ 3. Geh unter Leute

Stell dir die Frage, wie gut du deine Sozialkontakte pflegst. Das Zeichen Zwillinge liebt den Flirt (und wir alle haben in unserem Horoskop irgendwo etwas mit den Zwillingen zu tun). Wie also verhältst du dich etwa, wenn du auf einer Party eingeladen bist, wenn du an der Schule deiner Kinder einer Schar eifrig plaudernder Mütter begegnest oder wenn du bei der Arbeit bist und gar nicht anders kannst, als mit anderen zu kommunizieren? Jetzt hast du die Gelegenheit, auch an deinen Small-Talk-Fähigkeiten zu feilen. Das ist durchaus ernst gemeint. Falls es dir nicht bereits von Natur aus leichtfällt, dich unbeschwert zu unterhalten, dann ist jetzt die beste Gelegenheit, sich darin zu üben.

◗ 4. Verabrede dich mit deinen Geschwistern

Vereinbare ein Treffen mit deinen Geschwistern oder mit deinen Nachbarn. Das hört sich vielleicht trivial an, doch falls ihr nur einmal im Jahr zusammenkommen solltet, dann am besten bei Neumond in den Zwillingen – so bleibt ihr auf jeden Fall in Verbindung. Solltest du mit einem deiner Geschwister im Streit liegen, dann kannst du diese Mondphase für Veränderungen nutzen. Mach einen Anfang, denn das ist typisch für Zwillinge: Geh den ersten Schritt, und sprich mit deinem Bruder, oder schreib deiner Schwester, um die Angelegenheit in Ordnung zu bringen.

◗ 5. Lies mehr

Das Lesen wird eng mit Zwillingen assoziiert, also bring deine Literaturliste auf den neuesten Stand. Wofür interessierst du dich wirklich? Beschäftigst du dich mit deinen Themen? Es ist leicht, kostbare Lebensjahre damit zu verschwenden, dass man mehr oder weniger wahllos im Internet surft oder sich durch die Fernsehprogramme zappt. Stell dir wenigstens einmal im Jahr – der ideale Zeitpunkt ist, wenn der Neumond in den Zwillingen steht – eine kluge Lektüreauswahl zusammen. Ordne die Bücher, staple sie irgendwo sichtbar, und gib dich dann dem Schmökervergnügen hin, indem du eins nach dem anderen liest. Dein Leben wird durch die kostbaren Anregungen bereichert.

Neumond (oder Sonnenfinsternis) im Krebs ♋

(Zwischen Ende Juni und Ende Juli)

◗ 1. Familienzeit

Melde dich bei deinen Eltern, um zu erfahren, ob alles bei ihnen in Ordnung ist. Bei der Krebs-Energie geht es um Familie und Heim, und nichts ist dem Krebs wichtiger. Solltest du in den letzten Monaten nicht viel Zeit für deine Verwandtschaft gehabt haben, dann kümmere dich jetzt um sie. (Falls du keine Angehörigen in der Nähe hast, dann zählen auch Menschen, die für dich wie Familienangehörige sind.) Vor allem dann, wenn es Spannungen zwischen dir und Mitgliedern deiner »Sippe« geben sollte, nutze diesen Neumond für klärende Gespräche. Das Leben ist einfach zu kurz!

2. Überwinde Unsicherheit

Sei aufrichtig dir selbst gegenüber, und mach dir bewusst, ob du in irgendeinem Bereich deines Lebens unsicher, ängstlich und besitzergreifend bist. Der Krebs ist ein kleines Tier mit einem sehr harten Panzer, der ein weiches und verletzliches Inneres beschützt. Das ist die Schwingung, die von diesem Symboltier ausgeht, und wir alle tragen sie in uns: Wir sind manchmal zu sehr auf unseren eigenen Schutz bedacht und verhalten uns entsprechend abwehrend. Stell dir diesen Monat die Frage, ob du vielleicht zu hart bist, etwa weil du Sorgen in Schach zu halten versuchst. Mach dir ein paar von deinen »inneren Absperrungen« bewusst, und bau sie ab. Im Anschluss wirst du dich besser fühlen. Überprüfe außerdem, ob du nicht zu launisch bist. Dabei kann dir Meditation helfen.

3. Sorg gut für dich

Nimm Verbindung mit deiner fürsorglichen Seite auf. Die Krebs-Energie ist sehr warm und behaglich: Stell dir eine weißhaarige Großmutter mit rundlichen, vollen Formen vor, die dich in den Arm nimmt, wenn du aufgebracht bist, und deren Tee oder heiße Schokolade dir so sehr hilft, dich besser zu fühlen. Die Krebs-Energie impliziert weit mehr, als dieses Klischee symbolisiert, aber es ist ein wichtiger Aspekt: Versprich dir diesen Monat, gut für dich zu sorgen. Und kümmre dich auch um andere, insbesondere um Kinder.

◗ 4. Überdenk deine Ziele

Der Krebs ist außerdem eines der dynamischsten und beharrlichsten Zeichen. Vielleicht befähigt ja all das Sorgen und Pflegen Menschen dazu, hinaus in die Welt zu gehen und etwas zu erreichen. Beschäftige dich also diesen Monat mit den Zielen, die du dir für das Jahr gesetzt hast. Mit dem Krebs-Neumond hast du auf deinem Weg durch das Jahr in etwa die Hälfte erreicht, es ist also ein guter Zeitpunkt, um eine Bestandsaufnahme zu machen und um dir darüber Klarheit zu verschaffen, wo noch ein wenig nachjustiert werden muss, damit du auf Kurs bleibst oder wieder in die Spur kommst.

◗ 5. Gönn dir ein besonderes Bad

Eine der besten Maßnahmen, die man an einem Krebs-Neumond ergreifen kann, ist, ein wunderbares heißes Wannenbad bei Kerzenschein zu nehmen. Es heißt, ein heißes Bad erinnere uns an unseren Aufenthalt in der Gebärmutter – kein Wunder also, dass manche Menschen es so sehr genießen. Ich zum Beispiel habe einige meiner besten Ideen in der Badewanne. Krebs ist ein Wasserzeichen, also wird sich jetzt alles günstig auswirken, was etwas mit Wasser zu tun hat. Falls du das Glück haben solltest, in der Nähe eines Sees, Flusses, Bachs oder Ozeans zu leben, dann nutze die Gelegenheit. Entspann dich im Wasser. Entspannung schafft Raum für großartige Einfälle!

Neumond (oder Sonnenfinsternis) im Löwen ♌

(Zwischen Ende Juli und Ende August)

◗ 1. Lass es mal so richtig krachen!

Der Löwe-Neumond fordert uns auf, das Leben zu feiern. Die Löwe-Energie ist großzügig, amüsant, hochherzig und auch ein wenig prahlerisch. Aber du weißt ja, wie von den übrigen Zeichen haben wir alle irgendwo auch ein wenig Löwe-Energie in unserem Horoskop, und dieser Anteil steht nun im Rampenlicht. Wir alle kommen also in diesen Genuss, egal, welches Tierkreiszeichen wir haben. Da passt doch Oprah Winfreys sinniger Spruch: »Je mehr wir das Leben preisen und feiern, umso mehr haben wir zu preisen und zu feiern.« Diese Zeit eignet sich außerdem für einen Urlaub, lass also deine Fantasie spielen.

◗ 2. Lass dich auf einen Flirt ein

Die Löwe-Energie unterstützt dich außerdem bei einem prickelnden Flirt, und zum Poussieren ist man schließlich nie zu alt! Am Tag nach dem Löwe-Neumond stehen die Chancen für ein bisschen Kribbeln gut. Ob du diese Stimmung mit deinem Liebsten nutzt oder Lust hast, dich auf die Pirsch zu begeben, Erotik liegt in der Luft. Genieß einen romantischen Abend zu zweit mit einem edlen Tropfen und einem exquisiten Mahl. Falls du alleinstehend bist, dann verabrede dich mit einer Freundin oder einem Freund für solch einen genussvollen Abend.

◗ 3. Sei kreativ

Viel zu viele Menschen vernachlässigen ihre Kreativität! Wir alle sind schöpferisch begabt; bei manchen äußert es sich in Kunstwerken. Andere toben sich in der Küche aus, fertigen Handarbeiten an, erträumen wunderbare Reiserouten oder entwickeln selbst atemberaubende Tabellenkalkulationen. Was immer Kreativität für dich bedeutet, jetzt ist der Moment, um mit diesem Teil deiner selbst wieder in Berührung zu kommen. Sich das einmal im Jahr vorzunehmen, am besten bei Neumond im Löwen, bewirkt, dass deine Schaffenskraft in der Folge nie allzu lange ungenutzt bleibt. Erwachsene sind oft so ernst. Der Löwe-Neumond schafft Gelegenheiten, sich zu lockern.

◗ 4. Liebe dich selbst

Geh in Vorleistung. Sei großzügig. Öffne dein Herz. Löwen werden viel kritisiert, weil sie vor anderen großtun, aber du verstehst schon, was ich meine. Gut gemacht! Das Beste, was wir für unser Wohlergehen tun können, ist, uns selbst zu lieben. Nutze die Energie des Neumonds in diesem Monat, um dich an alles zu erinnern, was großartig an dir ist. Das muss nichts mit Arroganz zu tun haben. Gemeint ist Selbstliebe, und Liebe ist nie arrogant. Arbeite an deinem Selbstvertrauen und an deinen Führungsqualitäten.

◗ 5. Verwöhn dich …

… und dann auch jemanden, den du liebst. Sorg für Genuss! Sei lebendig! Den Löwen repräsentiert die helle, heiße Sonne. Wenn der Neumond im Löwen steht, dann ist es für dich an der Zeit, »dein Ding zu machen«, authentisch zu sein, mit den Hüften zu wackeln und dich daran zu erinnern, dass du ein heißer Feger bist, der der Welt einiges zu bieten hat. Es gibt keine Preise für die, die ihr Licht unter den Scheffel stellen, stimmt's?

Neumond (oder Sonnenfinsternis) in der Jungfrau ♍

(Zwischen Ende August und Ende September)

◗ 1. Mach eine Bestandsaufnahme

Achte auf die Details. Nimm den Lagerbestand deines Lebens auf. Find heraus, was klappt und was nicht. Die Jungfrau steht im Ruf, wählerisch zu sein – und das hat einen guten Grund: Sie wird oft dargestellt als Mädchen, das ihr Urteilsvermögen einsetzt, um auch im wahrsten Sinne des Wortes die Spreu vom Weizen zu trennen, was zurückreicht bis in die Tage, als die Landwirtschaft noch von der Mitarbeit vieler Menschen abhing. Setz also die Energie dieses Monats ein, um darüber nachzudenken, wo in deinem Leben Veränderungen notwendig sind. Achte dabei besonders auf deine Alltagsroutinen.

◗ 2. Mach dich nützlich

Falls du auf New-Age-Pfaden wandeln solltest, dann bist du bestimmt schon auf die Auffassung vieler spiritueller Lehrer gestoßen, dass die beste Arbeit jene ist, bei der wir uns für andere als nützlich erweisen. Mach dir insbesondere Gedanken über die Abläufe an deinem Arbeitsplatz. Wie kannst du deine Kollegen besser unterstützen? Lächelnd Dienst an anderen zu leisten bringt karmische Pluspunkte ein. Einem Kollegen unter die Arme greifen, die Kinder von Freunden von der Schule abholen – es geht um die kleinen Dinge.

◗ 3. Bleib gesund

Die Jungfrau beschäftigt sich intensiv mit alternativen Gesundheitsthemen. Der Neumond in der Jungfrau fordert dich dazu auf, über deine Ernährung und deine Alltagsgewohnheiten nachzudenken. Es wurde schon viel über die Bedeutung von Morgen- oder Abendroutinen geschrieben – wie hältst du's denn damit? Die Jungfrau unterstützt die Etablierung neuer Angewohnheiten, leg dir also diesen Monat ein paar förderliche neue »Rituale« zu wie Morgen- oder Abendyoga, tägliches Meditieren, nährstoffreiche Frühstückssmoothies, oder geh frühzeitig ins Bett, damit du ausreichend Schlaf bekommst. Und sieh zu, dass du sie lange beibehalten kannst.

◗ 4. Sei nicht zu pingelig

Bist du vielleicht zu kritisch? Nutze den Neumond in der unübersehbar mäkeligen Jungfrau, um das zu überprüfen. Liebe und Kritik zum Beispiel passen nicht gut zusammen, überprüf also, ob du dir auch nicht angewöhnt hast, ausgerechnet die

Menschen zu kritisieren, die du am meisten liebst. Tu das auch dir selbst nicht an! Dein Bestes zu geben ist eines, aber Perfektionismus ist etwas vollkommen anderes. Sei nicht zu streng mit dir. Behandle dich so, wie du auch von anderen behandelt werden willst – eine äußerst »jungfräuliche« Lebenseinstellung.

◗ 5. Organisier dich

Die Jungfrau ist der Teil von dir, der in die Puschen kommt – sie ist also pünktlich und gut organisiert. Wenn der Neumond in der Jungfrau steht, dann sieh zu, dass du deine Rechnungen bezahlst, deine Ablage machst und zu Hause aufräumst.

Neumond (oder Sonnenfinsternis) in der Waage ♎
(Zwischen Ende September und Ende Oktober)

◗ 1. Stell echte Beziehungen her

Wie leicht fällt es dir, zu anderen Menschen in Beziehung zu treten? Die Waage ist das Zeichen der Partnerschaft, also solltest du diesen Monat nutzen, um dich zu fragen, wie gut du mit den wichtigen Menschen in deinem Leben zurechtkommst und an welcher Stelle ein wenig Harmonisieren und Verhandeln dir besser dienen würde. Die Waage steht für Harmonie und Kooperation, also integriere diese Maximen wieder in dein Leben, falls sie nicht angemessen vertreten waren. Die Waage-Energie ist Geben und Nehmen, mehr jedoch Geben. Es geht mehr um das Du als um das Ich. Wie gehst du mit deiner Rolle als Freundin, Partnerin, Kollegin oder sogar als Ex um?

◗ 2. Tu dich mit jemandem zusammen

An diesem Neumond befindet sich die Partnerschaft im Zentrum der Aufmerksamkeit. Falls du an deiner Ehe oder an einer Geschäftsbeziehung zu arbeiten hast, dann kann es jetzt zu Schwierigkeiten kommen – umso besser, wenn du Dissonanzen gleich ausräumst. Die Waage ist äußerst sozial und diplomatisch, also pflege diese Eigenschaften jetzt, da der Neumond in diesem entzückenden und charmanten Zeichen steht.

◗ 3. Verhandle

Jetzt ist der beste Zeitpunkt gekommen, um alle Regelungen, mit denen du vielleicht nicht glücklich bist, neu zu verhandeln. Die Waage lebt dafür, Dinge ins Gleichgewicht zu bringen. Sie zu, dass du Übereinstimmungen findest. Mach den Satz »Ich stimme zu« für einen Tag zu deinem Motto, und find heraus, wie sich das auswirkt.

◗ 4. Sieh einfach hinreißend aus

Die Waage ist außerdem kultiviert und wunderschön. Falls du also irgendetwas ins Gleichgewicht bringen musst, um ein schöneres und kultivierteres Leben zu führen, werde diesen Monat aktiv, solange dir die Waage-Energie die Segel füllt. Ich möchte nichts Triviales sagen, aber das Bild, das wir in der Welt abgeben, sagt eine Menge über uns aus. Die Waage hat viel mit Schönheit zu tun. Bist du mit dir und deinem Aussehen weitestgehend zufrieden? Wie steht es mit der Kunst – ist sie in deinem Leben vertreten, um deinen Alltag schöner zu gestalten? Falls nicht, dann aber los!

◗ 5. Erobere dir deine Identität zurück

Denk darüber nach, ob du dich in irgendeiner Co-Abhängigkeit[7] befindest und dich im Hinblick auf dein Wohlergehen zu sehr von anderen bestimmen lässt. Bei der Waage dreht sich alles um die Partnerschaft, aber manchmal kann das Zusammensein auch zu weit gehen. Lässt du es zu, dass ein anderer über deine Identität bestimmt? Wenn ja, dann ist jetzt der beste Zeitpunkt, um dagegen vorzugehen.

Neumond (oder Sonnenfinsternis) im Skorpion ♏
(Zwischen Ende Oktober und Ende November)

◗ 1. Sei sexy
Die Energie des Skorpion-Neumonds hat viel mit sexuellem Begehren zu tun. Die Ursache hierfür ist der Skorpion als das Zeichen, das keine Angst vor seiner dunklen Seite hat und auch nicht davor, sich in einem unbedachten Augenblick zu zeigen. Natürlich klappt es mit dem Sex besser, wenn Menschen sich vergessen und aufhören, sich über ihr Aussehen Sorgen zu machen. Viele sind mit der Vorstellung aufgewachsen, Sex wäre etwas Schmutziges. Doch der Skorpion hat da gar keine Hemmungen und garniert seine Laszivität noch mit einem genüsslichen Lächeln. Vergiss nicht: Die Skorpion-Energie wohnt jedem von uns inne.

◗ 2. Investiere wohlüberlegt
Finanzielle Partnerschaften, also alle Bereiche, in denen dein Geld auf das eines anderen trifft oder mit ihm zusammenarbeitet, gehören zur Kompetenz des Neumond-Skorpions. Zu den offensichtlichen Szenarien zählen Gehalt, Kreditkarten und Schulden sowie Kredite, Testamente und Erbschaften. Solltest du eine solche finanzielle Kooperation beenden oder anknüpfen wollen, dann ist jetzt eine gute Zeit dafür (obgleich der Skorpion-*Voll*mond unter Umständen für das Beenden besser geeignet sein könnte).

◗ 3. Suche inneren Frieden

Besitzgier und Eifersucht gehören ebenfalls zum energetischen Repertoire des Skorpions. Machst du gerade etwas durch, wobei solche Regungen im Spiel sind? Trägst du zum Beispiel einen Machtkampf mit irgendjemandem aus? Ursache ist die dunkle Seite des Skorpions. Lehne diesen Teil von dir nicht ab; nutze lieber die Energie des Skorpion-Neumonds, die jetzt gerade durchkommt, um mit ihr Frieden zu schließen. Je weniger du sie unterdrückst, umso weniger Schwierigkeiten wird sie dir bereiten. Damit hast du allerdings keinen Freifahrtschein, um dich in ein rasend eifersüchtiges Untier zu verwandeln! Stattdessen sollst du deine Gefühle anerkennen und mit ihnen auf eine für alle Beteiligten sichere Weise umgehen.

◗ 4. A-t-m-e!

Bei all der für den Skorpion typischen Intensität wird es dich nicht wundern zu erfahren, dass der Neumond in diesem Zeichen ideal geeignet ist, um Beziehungen zu vertiefen, seien sie sexuell oder platonisch. Du musst nur darauf achten, dass die Anziehung – in körperlicher oder geistiger Hinsicht – nicht zu sehr ins Zwanghafte abgleitet. Es mag ja ganz amüsant sein, wenn man ein bisschen besessen von jemandem oder von etwas ist, aber dabei kann man auch weit übers Ziel hinausschießen. Überprüfe dein Handeln, und wenn du feststellst, dass du zu obsessiv bist, dann bring die Angelegenheit auf freundliche Weise in Ordnung. Mit Verpflichtungen, die man während des Skorpion-Neumonds eingegangen ist, hält man in der Regel lange durch.

◗ 5. Sei nicht nachtragend

Jetzt ist auch der Moment gekommen, emotionales Gepäck abzuwerfen und sich von jeglichem lang gehegten Groll zu verabschieden. Beides kann giftig und destruktiv sein, und der Neumond im Skorpion erlaubt es dir, das eine wie das andere klar als das zu erkennen, was es ist. Leichter kommt man in dieser Phase auch mit Misstrauen, Schuldgefühlen und Rachegedanken zurande: Schaff sie aus der Welt. Das Leben ist zu kurz, um es mit solchem Kram zu verschwenden. Und das Karma wäre dann kein Klotz am Bein mehr. O ja, Karma ist auch etwas typisch Skorpionisches. Vergiss nicht, der Neumond ist eine Wendezeit hin zum Besseren. Arbeite mindestens einmal im Jahr an diesen Eigenschaften.

Neumond (oder Sonnenfinsternis) im Schützen ♐
(Zwischen Ende November und Ende Dezember)

◗ 1. Brich auf

Unternimm eine Reise, oder mach etwas, was sonst am ehesten Freiheit für dich bedeutet – das ist es, was dir jetzt am meisten Spaß macht. Wenn du das Gefühl hast, dass dich das Leben einengt, und du eine Auszeit brauchst, dann nutze die Macht des Neumonds, der sich gerade im freiheitsliebenden und wanderlustigen Zeichen des Schützen befindet. Der Schütze weiß, dass sich alles nur zum Besseren wenden kann, und manchmal brauchen wir eine neue Perspektive, um zu erkennen, wie gesegnet unser Leben ist.

◗ 2. Lerne

Lernen ist ebenfalls eine lohnenswerte Beschäftigung in diesem Monat. Sich etwas anzueignen kann mühsam sein, doch tatsächlich bringt es Freiheit, denn es eröffnet uns neue Arbeitsmöglichkeiten, die ihrerseits wieder mehr Geld in die Kasse bringen und damit auch mehr Freiheit, wenigstens in gewissem Maße.

◗ 3. Such nach Sinn

Die große kosmische Suchwanderung rückt diesen Monat gleichfalls ins Blickfeld. Anders ausgedrückt, es ist an der Zeit, das Leben auf der Suche nach Sinn zu durchforsten. Wie kommst du damit zurecht? Der Schütze ist der Wächter der Lebensphilosophien. Der Neumond in diesem Zeichen gestattet es dir zu checken, ob du nicht ein wenig zu engstirnig zu werden drohst.

◗ 4. Lache!

Spaß zu haben und Risiken einzugehen gehören in den Aufgabenbereich des Schütze-Neumonds. Wenn das Leben ein bisschen zu grau geworden ist, frag dich selbst, ob du genug von beidem in deinem Alltag hast. Ich schlage nicht vor, dass du einen Hochseilakt zwischen zwei Wolkenkratzern vollziehen sollst, aber setz die Macht des Neumonds im Schützen ein, um das Glücksrad für dich zu drehen. Große Gewinne sind jetzt nicht nur möglich, sondern werden auch aktiv gefördert. Dabei solltest du aber wissen, dass der Schütze auf legalen Vorgehensweisen besteht. Der Schütze-Neumond bringt neue Energie in sämtliche laufende Auseinandersetzungen.

◗ 5. Sei dankbar

Du solltest dir bewusst machen, dass du gesegnet bist! Der Schütze kann uns eine neue Sichtweise eröffnen. Falls du dich ständig beklagst oder dich zu sehr auf Negatives konzentrierst, dann nutze diese Zeit zu einer Kehrtwende. Mein indischer Lehrer hat dazu den folgenden sehr klugen Satz gesagt: »Das Geheimnis des Lebens besteht darin, zu wissen, dass du gesegnet bist, und dein Leben auf der Basis dieses Wissens zu führen.«

Neumond (oder Sonnenfinsternis) im Steinbock ♑
(Zwischen Ende Dezember und Ende Januar)

1. Schmiede Pläne

Zwar geht das Kalenderjahr zur Neige, dennoch ist das zentrale Thema des Steinbocks das Planen. Nutze die Zeit, um eine Vorstellung davon zu entwickeln, was du *nächstes* Jahr erreichen willst. Es stimmt, dieses Buch handelt insgesamt vom Planen und Aufschreiben, weil beides das Hauptgeheimnis erfolgreichen Manifestierens ist. Der Steinbock weiß aber darüber hinaus, dass Ziele in Ruhe und stetig angesteuert werden müssen. Check jetzt also noch mal alles durch, und überprüfe, inwieweit du mit deinen Plänen zurechtkommst.

2. Sei ambitioniert

Ehrgeiz ist jetzt besonders angesagt, insbesondere im Hinblick auf deine Ziele. Überleg dir genau, womit du in Verbindung gebracht werden willst. Der Steinbock ist keineswegs »schlampig«. Er weiß, dass Langzeitziele nur mit harter Arbeit erreicht werden. Hast du bisher vielleicht zu sehr in zwanghaften Bahnen gedacht? Dann nutze den Steinbock-Neumond, und nimm dir vor, dich in Zukunft auf reifes, gemäßigtes, strategisches Denken zu verlegen. Wenn du dich für das, was du tust, nach sozialem Status und nach Anerkennung verzehrst, dann hast du mit diesem Neumond die Chance, deine Sache – was immer das auch ist – voranzubringen.

3. Bleib freundlich

Bedacht werden muss in dieser Zeit, dass die Steinbock-Energie, die mit dem ernsten Planeten Saturn verbunden ist, leicht unterkühlt wirken kann. Nutze jetzt die Gunst der Jahreszeit und die Energie des Steinbock-Neumonds, um jemandem zu zeigen, wie viel er dir bedeutet. Mach nur Versprechungen, die du auch hältst. Lass die Leute wissen, dass du bei gemeinsamen Vorhaben auch auf Dauer mitmachen willst.

◗ 4. Sei kein Kontrollfreak

Aber lass dich auch nicht kontrollieren. Der Steinbock ist in vielerlei Hinsicht ein äußerst robustes Zeichen. Und wie alle anderen Zeichenenergien trägt jeder auch diese irgendwo in sich. Falls du weißt, dass du zur Unnachgiebigkeit neigst, dann nutze den Steinbock-Neumond, um in diesem Zusammenhang eine Veränderung einzuplanen. Niemand mag gern unter der Fuchtel eines anderen stehen.

◗ 5. Etabliere Traditionen

Zu dieser Jahreszeit neue Traditionen festzulegen ist etwas Wunderbares, egal ob es noch in Zusammenhang mit Weihnachten steht oder nicht. Über deine Reputation nachzudenken und an ihr zu arbeiten lohnt sich jetzt gleichfalls. Du bist gut beraten, wenn du dich bei deinem Chef bedankst oder bei deinen Angestellten. Am Jahresende scheint das etwas vollkommen Normales zu sein, doch der Neumond im Steinbock ist eine so gewinnbringende Unterstützung, dass es die Anstrengung allemal wert ist.

Neumond (oder Sonnenfinsternis) im Wassermann ♒
(Zwischen Ende Januar und Ende Februar)

◗ 1. Befrei dich

Mach dich frei, und lös dich an diesem Neumond von allen möglichen Abhängigkeiten beziehungsweise Anhaftungen. Der Wassermann ist das unabhängigste Zeichen von allen. Viele finden es verwirrend, dass er symbolisch ein Wasserträger ist, aber zugleich auch ein sogenanntes Luftzeichen, deren Vertreter viel Zeit in ihrem eigenen Kopf zubringen. Das hat natürlich Nachteile, aber insgesamt gesehen, sollte uns dieser Umstand dazu veranlassen, pragmatisch zu sein in dem Bereich, in dem wir den Wassermann in unserem Horoskop haben, statt uns zu sehr unseren Gefühlen zu unterwerfen oder uns ausschließlich von ihnen führen zu lassen. Manchmal ist eben Logik gefragt.

2. Sei authentisch

Nutze die Zeit des Neumonds im Wassermann, um dich zu fragen, ob du dir genug Raum für die Verwirklichung deines wahren, einzigartigen Selbst lässt. Es ist das Zeichen, das sich weniger um Konventionen schert als der Rest der Menschheit. So scheint es sinnvoll zu sein, dass der Valentinstag genau in die Wassermann-Periode fällt, weil die Leute sich dann in einer Zeit verlieben, in der sie das wahre Selbst des jeweils anderen erkennen können – seine Schrullen und alles …

3. Sei innovativ

Wenn's dir die Sprache angesichts eines Menschen oder einer Begebenheit verschlägt und du nicht mehr weiterweißt, dann nutze den Wassermann-Neumond, um auf neue Ideen, Erfindungen oder Lösungen zu kommen. Die Wassermann-Energie blickt voraus in die Zukunft und auf das, was als Nächstes geschieht. Es ist ein trendbewusstes Zeichen, das im Hinblick auf Technologie und Fortschritt etwas zu sagen hat. Falls du dich festgefahren hast, dann eignet sich diese Jahreszeit, um es dir einzugestehen und Veränderungen einzuleiten. Halt es wie die Wassermann-Energie, und gib weniger auf gesellschaftliche Normen (innerhalb eines vernünftigen Rahmens und natürlich ohne anderen zu schaden).

◗ **4. Betätige dich gemeinnützig**

Falls du nur einmal im Jahr etwas spendest, dann erledige das, während sich der Neumond im Wassermann befindet. Die Wassermann-Energie will sich für das Wohl der Menschheit einsetzen, und deshalb ist jetzt auch für uns der beste Zeitpunkt, um unseren Anteil zu leisten.

◗ **5. Vernetz dich**

Sei diesen Monat außerdem gesellig. Der Wassermann ist in der Hinsicht merkwürdig, als er fast leichter in Beziehung zu einer Gruppe treten kann als zu einer einzelnen Person. Deshalb ist er ein so überaus humanitäres Zeichen. Wenn also der Neumond im Wassermann steht, dann ist das Zusammentreffen mit Freunden und in sozialen Kreisen ideal. Der Wassermann weiß, wie man Menschen im Sinne eines gemeinsamen Ideals zusammenbringt, also such dir deinen »Stamm«.

Neumond (oder Sonnenfinsternis) in den Fischen ♓

(Zwischen Ende Februar und Ende März)

◗ **1. Träum schön**

Welch wunderbarer Ort des Träumens die Fische doch sind! In diesem Zeichen sind alles Mystische und Mitgefühl zu Hause. Denk darüber nach, worüber du nachdenkst. Denk darüber nach, wovon du träumst. Setzt du deine Vorstellungskraft zu deinem Wohl ein – also um all das anzuziehen, was du dir wünschst? Dieser Neumond eignet sich, um Ängste abzubauen.

◗ **2. Stell dich deinen Ängsten**

Beim Neumond in den Fischen geht es außerdem um Geheimnisse, manchmal auch um Lügen. Thema sind die Dinge, die wir vor uns selbst und anderen nicht gern zugeben. Mach jetzt eine Bestandsaufnahme deiner Ängste, und du wirst erfahren, dass du dich auf diesem Weg von einigen befreien kannst. Diese rückgratlosen kleinen Kreaturen namens Ängste ergreifen gern die Flucht, wenn man sich direkt mit ihnen konfrontiert.

◗ 3. Werde kosmisch

Wenn die mystische Fische-Energie wie jetzt ihren Höhepunkt erreicht hat, dann ist der beste Zeitpunkt gekommen, um deine intuitiven Fähigkeiten aufzupolieren. Schreib für dich auf, wenn dir dein Bauchgefühl zu etwas rät oder wenn du Ahnungen hast. Beschäftige dich ein wenig mit Tarot- oder Erzengel-Karten, und überprüf die Ergebnisse deiner Divinationen.

◗ 4. Sorg für Heilung

Solltest du in emotionaler oder spiritueller Hinsicht leiden, dann wisse, dass der Zugang zu Heilenergien während des Fische-Neumonds leichter ist. Es besteht eine enge Verbindung zwischen den Fischen und dem Planeten Neptun, der ätherische Ideenbruchstücke in Tagträume verwandeln kann; und wir alle wissen, dass Tagträume – dem Gesetz der Anziehung sei Dank! – wahr werden können. Falls du spiritueller Heilung bedarfst, dann mach dich auf die Suche nach einem entsprechenden Heiler. Bitte Freunde und Bekannte um Empfehlungen. Erstell außerdem eine Liste davon, was »geheilt sein« für dich bedeutet, und hak auf deiner Liste das ab, was sich für dich verwirklicht hat.

◗ 5. Gib deinen Widerstand auf

Da die Fische in engem Zusammenhang mit Träumen stehen, notier diesen Monat deine Träume. Was wünschst du dir? Welche Fantasien hast du, in sexueller oder anderer Hinsicht? Such das Glück. Ergib dich dem Universum, und vertrau darauf, dass deine Bedürfnisse erfüllt werden. Solange sich der Neumond in den Fischen befindet (und auch darüber hinaus), sind Yoga und andere spirituelle Körperpraktiken sehr empfehlenswert. Jetzt ist die beste Zeit, um Zugang zu deinem höheren Selbst zu erlangen, zu jenem Teil von dir, der weiß, dass du mit allem Leben immer und überall verbunden bist.

Kapitel 5

Schau mit dem Neumond in deine Zukunft

Den meisten Menschen gefällt an der Astrologie, dass man damit einen Blick in die Zukunft werfen kann. Das ist auch dann möglich, wenn man sich mit dem Neumond beschäftigt, einfach indem man feststellt, in welches Haus der Neumond fällt. Jedes Geburtshoroskop gliedert sich in zwölf Segmente, die man als »Häuser« bezeichnet, und jedes dieser Häuser beherrscht einen anderen Bereich deines Lebens. Ja, tatsächlich kann der Neumond als erstaunlicher Lebensführer und Vorhersager dienen. Er trifft Aussagen für den kommenden Monat darüber:

- was zu erwarten ist,
- worauf du dein besonderes Augenmerk richten kannst, wirst und sogar solltest,
- wo es dir leichterfallen wird, reinen Tisch zu machen und einen Neuanfang zu starten,
- in welchen Bereichen du dich aktiv einbringen solltest und
- welche Schwerpunktthemen auf dich zukommen.

Tierkreiszeichen, Aszendenten und die Häuser

Du musst wissen, in welchem Tierkreiszeichen die Sonne bei deiner Geburt stand. Und du brauchst dein aufsteigendes Zeichen beziehungsweise deinen Aszendenten, um mithilfe des Neumonds Vorhersagen zu treffen. Deshalb wollen wir, bevor wir tiefer einsteigen, erst diese beiden Voraussetzungen klären.

Such in der nachfolgenden Tabelle dein Geburtsdatum. Dort sind Mittelwerte angegeben: Für den Fall, dass dein Geburtsdatum auf den Übergang von einem Tierkreiszeichen zum nächsten fällt, musst du es überprüfen, weil die Übergänge der Sonne von einem Abschnitt des Zodiaks zum nächsten von Jahr zu Jahr um wenige Tage von den Daten in der Tabelle abweichen können. Gern kannst dazu meine Internetseite www.moonologybook.com/freechart oder eine andere nutzen.

Tierkreiszeichen		**Geburtsdatum**
♈	Widder	21. März bis 19. April
♉	Stier	20. April bis 20. Mai
♊	Zwillinge	21. Mai bis 20. Juni
♋	Krebs	21. Juni bis 22. Juli
♌	Löwe	23. Juli bis 22. August
♍	Jungfrau	23. August bis 22. September
♎	Waage	23. September bis 22. Oktober
♏	Skorpion	23. Oktober bis 21. November
♐	Schütze	22. November bis 21. Dezember
♑	Steinbock	22. Dezember bis 19. Januar
♒	Wassermann	20. Januar bis 18. Februar
♓	Fische	19. Februar bis 20. März

Wenn du nur mit deinem Tierkreiszeichen weitermachen möchtest, dann ist das kein Problem. Du kannst dem Neumond auch so jeden Monat folgen und ausreichend genaue Vorhersagen im Hinblick auf die nachfolgende vier Wochen bis zum nächsten Neumond treffen. Die zusätzliche Verwendung deines Aszendenten wird dir jedoch genauere Vorhersagen ermöglichen.

Deinen Aszendenten finden

Dein Aszendent[8] ist *dein persönlichster Punkt* in deinem Horoskop, weil er anhand deiner Geburtszeit, deines Geburtsdatums und -orts berechnet wird. Auch eine andere Person, die zum genau gleichen Zeitpunkt, jedoch an einem anderen Ort – entweder auf der anderen Seite des Planeten oder auch nur fünf Kilometer entfernt – geboren wurde, stimmt nicht in allen Einzelheiten ihres Aszendenten mit dem deinen überein.

Wenn dir Stunden und Minuten deiner Geburt bekannt sind,[9] kannst du deinen Aszendenten ermitteln. Genau erfährst du ihn von verschiedenen Anbietern im Internet, auch über meine Webseite www.moonologybook.com/freechart.

Um dir eine erste Vorstellung zu verschaffen, reicht die Tabelle mit den Tierkreiszeichen und den Uhrzeiten aus. Die Ermittlung des Aszendenten funktioniert damit ganz gut, doch legt sie eine Sonnenaufgangszeit von 6 Uhr zugrunde. Sollte dir zufällig bekannt sein, dass die Sonne am Tag deiner Geburt beispielsweise um 6.35 Uhr aufgegangen ist, dann musst du jeweils 35 Minuten hinzuzählen.

Dein Aszendent ist entweder das Zeichen, das deine Nachprüfung in der Tabelle ergibt, oder das benachbarte, das deiner Geburtsstunde am nächsten liegt. Solltest du im Sommer geboren worden sein, dann musst du möglicherweise die Sommerzeit berücksichtigen und eine Stunde abziehen.

Um den *wahrscheinlichen* Aszendenten zu ermitteln, suchst du in den zweistündigen Zeitabschnitten in der linken Spalte nach deiner Geburtsstunde und folgst dann der Tierkreiszeichenspalte, bis du auf dein Tierkreiszeichen triffst. Folge dieser

Tierkreis-zeichen	**Widder**	**Stier**	**Zwillinge**	**Krebs**	**Löwe**	**Jungfrau**
4–6 Uhr	Widder	Stier	Zwillinge	Krebs	Löwe	Jungfrau
2–4 Uhr	Fische	Widder	Stier	Zwillinge	Krebs	Löwe
24–2 Uhr	Wasser-mann	Fische	Widder	Stier	Zwillinge	Krebs
22–24 Uhr	Steinbock	Wasser-mann	Fische	Widder	Stier	Zwillinge
20–22 Uhr	Schütze	Steinbock	Wasser-mann	Fische	Widder	Stier
18–20 Uhr	Skorpion	Schütze	Steinbock	Wasser-mann	Fische	Widder
16–18 Uhr	Waage	Skorpion	Schütze	Steinbock	Wasser-mann	Fische
14–16 Uhr	Jungfrau	Waage	Skorpion	Schütze	Steinbock	Wasser-mann
12–14 Uhr	Löwe	Jungfrau	Waage	Skorpion	Schütze	Steinbock
10–12 Uhr	Krebs	Löwe	Jungfrau	Waage	Skorpion	Schütze
8–10 Uhr	Zwillinge	Krebs	Löwe	Jungfrau	Waage	Skorpion
6–8 Uhr	Stier	Zwillinge	Krebs	Löwe	Jungfrau	Waage

Spalte nach unten, bis du die Zeile mit deiner Geburtszeit kreuzt, und schon hast du das Zeichen, das mit großer Wahrscheinlichkeit dein Aszendent ist.

Tierkreis-zeichen	**Waage**	**Skorpion**	**Schütze**	**Steinbock**	**Wasser-mann**	**Fische**
4–6 Uhr	Waage	Skorpion	Schütze	Steinbock	Wasser-mann	Fische
2–4 Uhr	Jungfrau	Waage	Skorpion	Schütze	Steinbock	Wasser-mann
24–2 Uhr	Löwe	Jungfrau	Waage	Skorpion	Schütze	Steinbock
22–24 Uhr	Krebs	Löwe	Jungfrau	Waage	Skorpion	Schütze
20–22 Uhr	Zwillinge	Krebs	Löwe	Jungfrau	Waage	Skorpion
18–20 Uhr	Stier	Zwillinge	Krebs	Löwe	Jungfrau	Waage
16–18 Uhr	Widder	Stier	Zwillinge	Krebs	Löwe	Jungfrau
14–16 Uhr	Fische	Widder	Stier	Zwillinge	Krebs	Löwe
12–14 Uhr	Wasser-mann	Fische	Widder	Stier	Zwillinge	Krebs
10–12 Uhr	Steinbock	Wasser-mann	Fische	Widder	Stier	Zwillinge
8–10 Uhr	Schütze	Steinbock	Wasser-mann	Fische	Widder	Stier
6–8 Uhr	Skorpion	Schütze	Steinbock	Wasser-mann	Fische	Widder

Finde das Haus, in dem der Neumond steht

Nun kennst du sowohl dein Tierkreiszeichen als auch deinen Aszendenten und bist fast so weit, um herauszufinden, was der Neumond (und natürlich auch der Vollmond, der Halbmond und der täglichen Mond) für dich persönlich bedeutet. Doch zunächst musst du noch auf die nachfolggende Tabelle von Seite 114 schauen, um festzustellen, welches Haus[10] der Neumond für dich persönlich jeweils Monat für Monat öffnet. Nachfolgend ein paar Beispiele dafür, wie die Tabelle funktioniert:

- Wenn du Stier oder Aszendent Stier bist, dann befindet sich der Skorpion-Neumond in deinem siebten Haus.
- Wenn du Fische oder Aszendent Fische bist, dann befindet sich der Wassermann-Neumond in deinem zwölften Haus.
- Wenn du Schütze oder Aszendent Schütze bist, dann befindet sich der Waage-Neumond in deinem elften Haus.

Wenn du es genauer wissen willst: Anhang B führt die zwölf Häuser und ihre Bedeutung auf. Ansonsten kannst du einfach weiterlesen, um diese Zusammenhänge zu erfahren.

Es folgt ein immerwährender Wegweiser, den du bei jedem Neumond ab sofort bis in alle Ewigkeit verwenden kannst. Zu diesem Zweck müsstest du zuerst ermitteln, in welchem Zeichen sich der Neumond befindet – hierzu steht dir meine Internetseite www.moonology.com zur Verfügung –, und dann in der nachfolgenden Tabelle auf Seite 114 nachschauen, in welchem *Haus* der Neumond für *dich* persönlich steht. Als Nächstes kannst du die folgenden Ausführungen lesen, um zu erfahren, was all das für dich bedeutet. Der Wegweiser gewährt dir Zugang zu:

- den Themen, die jeder neue Neumond dir präsentiert,
- dem, was du an jedem neuen Neumond und in den darauffolgenden vier Wochen erwarten kannst,
- meinen Empfehlungen für deine Wünsche an jedem neuen Neumond,
- meinen Empfehlungen dafür, was du an jedem neuen Neumond visualisieren könntest,
- den Ideen, die du während jedes Neumonds und in den darauffolgenden vier Wochen im Hinterkopf behalten solltest,
- der wesentlichen Botschaft jedes neuen Neumonds,
- einer Methode, um deine regelmäßige Meditationspraxis zu fördern,
- einem Ritual für jeden neuen Neumond,
- dem, was du am besten mit den vier Wochen nach dem jeweiligen Neumond anfängst, um die dazugehörigen Energien optimal zu nutzen, und zu
- den günstigsten Affirmationen für jeden neuen Neumond.

Außerdem enthält der Wegweiser Angaben zu allem, was ich unter dem Begriff »kosmische Extras« (siehe Anhang C) zusammenfasse, wie etwa:

- ätherische Öle: Ich erkläre, welche Öle bei jedem neuen Neumond am besten wirken.
- die numerologische Energie eines jeden Neumonds: Auf diese Zahlen solltest du besonders achten.
- 3D- und 5D-Chakras: Ich empfehle Chakras, an denen man während jedes neuen Neumonds und der anschließenden vier Wochen arbeiten sollte.
- Mantras: Ich nenne die besten, die man während des jeweiligen Neumonds und der anschließenden vier Wochen chanten kann; sie verstärken die jeweiligen Chakras des Monats.

- Göttinnen und Erzengel: Du erfährst, welche von ihnen den jeweiligen Neumond lenken.
- die universellen Gesetze: An jedem neuen Neumond und in den anschließenden vier Wochen solltest du über eines von ihnen nachdenken.

Dein Tierkreiszeichen oder Aszendent	Der Widder-Neumond ist in deinem	Der Stier-Neumond ist in deinem	Der Zwillinge-Neumond ist in deinem	Der Krebs-Neumond ist in deinem	Der Löwe-Neumond ist in deinem	Der Jungfrau-Neumond ist in deinem
Widder oder Aszendent Widder	1. Haus	2. Haus	3. Haus	4. Haus	5. Haus	6. Haus
Stier oder Aszendent Stier	12. Haus	1. Haus	2. Haus	3. Haus	4. Haus	5. Haus
Zwillinge oder Aszendent Zwillinge	11. Haus	12. Haus	1. Haus	2. Haus	3. Haus	4. Haus
Krebs oder Aszendent Krebs	10. Haus	11. Haus	12. Haus	1. Haus	2. Haus	3. Haus
Löwe oder Aszendent Löwe	9. Haus	10. Haus	11. Haus	12. Haus	1. Haus	2. Haus
Jungfrau oder Aszendent Jungfrau	8. Haus	9. Haus	10. Haus	11. Haus	12. Haus	1. Haus
Waage oder Aszendent Waage	7. Haus	8. Haus	9. Haus	10. Haus	11. Haus	12. Haus
Skorpion oder Aszendent Skorpion	6. Haus	7. Haus	8. Haus	9. Haus	10. Haus	11. Haus
Schütze oder Aszendent Schütze	5. Haus	6. Haus	7. Haus	8. Haus	9. Haus	10. Haus
Steinbock oder Aszendent Steinbock	4. Haus	5. Haus	6. Haus	7. Haus	8. Haus	9. Haus
Wassermann oder Aszendent Wassermann	3. Haus	4. Haus	5. Haus	6. Haus	7. Haus	8. Haus
Fische oder Aszendent Fische	2. Haus	3. Haus	4. Haus	5. Haus	6. Haus	7. Haus

- die himmlischen Strahlen: Ich nenne dir die Strahlen, die zum jeweiligen Neumond gehören, und erkläre, wie du sie dir zunutze machen kannst.

Dein Tierkreiszeichen oder Aszendent	Der Waage-Neumond ist in deinem	Der Skorpion-Neumond ist in deinem	Der Schütze-Neumond ist in deinem	Der Steinbock-Neumond ist in deinem	Der Wassermann-Neumond ist in deinem	Der Fische-Neumond ist in deinem
Widder oder Aszendent Widder	7. Haus	8. Haus	9. Haus	10. Haus	11. Haus	12. Haus
Stier oder Aszendent Stier	6. Haus	7. Haus	8. Haus	9. Haus	10. Haus	11. Haus
Zwillinge oder Aszendent Zwillinge	5. Haus	6. Haus	7. Haus	8. Haus	9. Haus	10. Haus
Krebs oder Aszendent Krebs	4. Haus	5. Haus	6. Haus	7. Haus	8. Haus	9. Haus
Löwe oder Aszendent Löwe	3. Haus	4. Haus	5. Haus	6. Haus	7. Haus	8. Haus
Jungfrau oder Aszendent Jungfrau	2. Haus	3. Haus	4. Haus	5. Haus	6. Haus	7. Haus
Waage oder Aszendent Waage	1. Haus	2. Haus	3. Haus	4. Haus	5. Haus	6. Haus
Skorpion oder Aszendent Skorpion	12. Haus	1. Haus	2. Haus	3. Haus	4. Haus	5. Haus
Schütze oder Aszendent Schütze	11. Haus	12. Haus	1. Haus	2. Haus	3. Haus	4. Haus
Steinbock oder Aszendent Steinbock	10. Haus	11. Haus	12. Haus	1. Haus	2. Haus	3. Haus
Wassermann oder Aszendent Wassermann	9. Haus	10. Haus	11. Haus	12. Haus	1. Haus	2. Haus
Fische oder Aszendent Fische	8. Haus	9. Haus	10. Haus	11. Haus	12. Haus	1. Haus

Neumond (oder Sonnenfinsternis) in deinem ersten Haus

(auch bekannt als deine Imagezone)

Darum geht's

Das Bild, das du der Welt von dir zeigst.

◗ **Was dich erwartet**

Die Gelegenheit, die Art zu verändern, wie jemand – oder alle Welt – dich sieht.

◗ **Was du dir wünschen kannst**

Mut, einen Neuanfang, ein besseres Selbstbild und bessere Selbstausrichtung.

◗ **Was du visualisieren solltest**

Stell dir dich selbst so vor, wie du gern aussehen möchtest.

◗ **Achtung: im Hinterkopf behalten!**

Dies ist der Anfang meines neuen Zwölf-Monate-Zyklus, und ich beginne so, wie ich weitermachen will.

◗ **Botschaften**

Dieser Neumond gehört zu den aufregendsten Neumonden, weil er von dir als ewig wandelbarem und wunderbarem Menschen handelt. Er bezeichnet eine Zeit der Weiterentwicklung und Selbstoptimierung. Dein persönliches Erscheinungsbild sollte diesen Monat Vorrang vor allem anderen haben – du darfst sogar ein bisschen eitel sein.

Bring dich so in Form, wie du es dir schon immer erträumt hast, und beschäftige dich mit dem Bild, das du nach außen lieferst. Dein Image empfindest du vielleicht zunächst als etwas zu

Oberflächliches, um ihm große Aufmerksamkeit zu schenken, doch Stolz auf deine äußere Erscheinung und ein Bewusstsein deiner Ausstrahlung sind Schlüssel für den Erfolg. Du kannst dich kleiden, wie immer du willst, doch nutze diesen Monat, um dich mit diesem Thema intensiver zu befassen.

Diese Neumondphase gibt dir außerdem die Chance, einmal im Jahr deinen Kleiderschrank auszumisten, dir einen sterbensschönen Haarschnitt zu holen, dir neue Visitenkarten drucken zu lassen oder deinen Internetauftritt zu aktualisieren. Alles in allem geht es darum, wie du dich der Welt gegenüber präsentierst.

Diesen Monat kennt deine Beliebtheit keine Grenzen, nimm also möglichst alle Einladungen an, und genieß die Aufmerksamkeit. Außerdem gibt es im ganzen Jahr keine bessere Zeit, um neue Projekte in Gang zu setzen.

Jetzt stehst du im Mittelpunkt. Mach die Zeit zu deinem Selfie-Monat. Falls du es nötig hast, an deinem Selbstvertrauen im Hinblick auf deine äußere Erscheinung zu arbeiten, wird dich dieser Neumond dabei unterstützen.

◗ Meditationsverstärker

Sprich dir den nachfolgenden Satz vor, unmittelbar bevor du mit deiner regulären Meditation beginnst: »Ich gestatte es mir, mich zu entwickeln und mich zu verändern.«

◗ Ritual

Gleich nachdem du deine Neumondwünsche geäußert hast, stell dich vor den Spiegel, hauch deinem Spiegelbild einen Kuss zu, und sag: »Ich liebe dich.«

◗ Aktivitäten

- Entsorge dein ganzes altes Make-up, und stell dir eine neue Auswahl zusammen.

- Kauf dir ein neues Kleidungsstück in einer strahlenden Farbe.
- Gönn dir eine kosmetische Gesichtsbehandlung.
- Überrasch die Freunde mit deinem neuen Erscheinungsbild.
- Jetzt ist der ideale Zeitpunkt, um zu heiraten oder um jemanden kennenzulernen.
- Außerdem eignet sich der Monat für einen Umzug.
- Lass deine Augen überprüfen.

Die drei besten Neumond-Affirmationen

Wiederhole eine oder alle drei während dieses Neumonds und den nachfolgenden vier Wochen täglich:

- »Heute ist der erste Tag meines künftigen Lebens.«
- »Ich bin stolz auf mein Aussehen.«
- »Ich bin mutig.«

Ätherisches Öl

Verwende Angelikasamenöl mit Beginn deiner Reise und für die folgenden vier Wochen, um etwaige Zweifel zu lindern, dein Selbstbewusstsein zu steigern und ein positives Lebensgefühl in dir zu wecken. Du kannst es in einer Duftlampe nutzen, ins Badewasser geben oder direkt auf den Körper auftragen.

Numerologische Energie

Die Zahl, die zu diesem Monat gehört, ist die 1, es ist also deine Aufgabe, ein wenig mehr als sonst über dich selbst nachzudenken. Welche Träume, Absichten und Ziele hast du? Find deine Mitte. Mach dir bewusst, dass du dich am Anfang eines neuen Zwölf-Monate-Neumondzyklus befindest. Vergiss die Vergangenheit, und konzentrier dich auf das, was du dir für deine Gegenwart wünschst und in der Zukunft zu erschaffen hoffst.

◗ Neumond-Mantra

Verwende diesen Monat das Mantra *Ram*. Sing es jeden Tag laut oder still im Inneren, wenn du unter der Dusche stehst, vor oder nach der Meditation oder zu jedem anderen Zeitpunkt, der dir angemessen erscheint. Mit diesem Mantra stärkst du die Chakras des Monats.

◗ 3D-Chakra

Da du dich in deinem neuen Mondzyklus befindest und dein Neumond in deinem ersten Haus steht, kannst du dich mit deinem Kraftzentrum verbinden: dem Solarplexuschakra *(Manipura)*. Das erste Haus ist der Ursprung deines Strahlens. Es ist der Bereich deines Horoskops, der der Welt zeigt, wer du bist.

Was willst du in den kommenden zwölf Monaten bewirken, während du der Neumondbahn durch dein Horoskop folgst? Erstelle jetzt eine Liste. Dieses Chakra ist gelb und befindet sich zwischen deinem Nabel und dem unteren Ende deines Brustbeins. Es wird mit Macht, Freiheit und Kontrolle in Verbindung gebracht.

◗ 5D-Chakra

Der Erdstern, der schwarz-weiß ist und sich unter deinen Füßen befindet, ist dein Chakra für diesen Monat. Dort ist alles gespeichert, was du im Leben erreichen kannst. Dieses Chakra in einem guten Zustand zu erhalten wird dir helfen, dich wohl und fähig zu fühlen, damit du dein Potenzial, mit dem du auf die Erde gekommen bist, in diesem Leben umsetzen kannst.

◗ Leitender Erzengel

Der Erzengel Ariel ist auch bekannt als der himmlische Botschafter göttlicher Magie und wunderbarer Manifestation. Ariel erinnert uns daran, dass alles möglich ist, wenn wir uns dem

Leben mit kindlicher Unschuld zuwenden. Sich darauf zu besinnen kann Wunder bewirken. Um eine Verbindung zum Erzengel Ariel herzustellen, ruf ihn bei seinem Namen, und bitte ihn darum, dich zu unterstützen:

»Liebster Erzengel Ariel, bitte sei diesen Monat, mit dem ich diesen wichtigen neuen Zyklus beginne, an meiner Seite. Mit deiner Hilfe und Leitung kann ich mein Potenzial in allen Bereichen meines Lebens vollständig verwirklichen. Ich danke dir.«

Leitende Göttin

Athene ist eine äußerst mächtige Göttin, die dich beim Neubeginn von Projekten leiten kann. Sie ist die Kriegergöttin und Beschützerin. Rufe sie an, wenn du für deine neuen Projekte Mut brauchst: Sie kennt keine Angst. Um dich mit Athene zu verbinden, sprich einfach ihren Namen, und bitte sie um Unterstützung.

Universelles Gesetz

Das Gesetz dieses Monats ist das Gesetz göttlicher Einheit, das uns vor Augen führt, wie wir alle jederzeit und überall mit allem Leben verbunden sind; alles, was wir denken, tun und sagen, wirkt sich auf uns und andere Menschen aus und, ja, sogar auf die ganze Welt und das Universum.

Himmlischer Strahl

Der himmlische Strahl dieses Monats ist der erste Strahl, der beherrscht wird vom aufgestiegenen Meister El Morya und überwacht vom Manu Allah Gobi. Der Strahl ist rot, diese Farbe solltest du also diesen Monat beim Meditieren im Hinterkopf haben. Der erste Strahl verankert alles, was du zu Beginn deines neuen Zyklus brauchst, bitte also um Mut, Selbstvertrauen, innere Stärke, Kühnheit, Leidenschaft, Antrieb und Begeisterung. Bitte außerdem darum, dass dein Wille sich zusammentun möge mit dem Willen und göttlichen Plan des Schöpfers.

Neumond (oder Sonnenfinsternis) in deinem zweiten Haus

(auch bekannt als deine Bargeld-, Vermögens- und Wertezone)

Darum geht's

Um dein Bargeld und deinen Besitz wie auch um deine Talente und Aktivposten.

Was dich erwartet

In diesem Monat stehen Geld und Eigentum im Mittelpunkt.

Was du dir wünschen kannst

Finanzielle Fülle, gesteigertes Selbstbewusstsein, dieses »Ding«, das du schon so lange haben willst.

Was du visualisieren solltest

Sieh dich selbst in deinem idealen Zuhause, glücklich und von geliebten Menschen umgeben.

Achtung: im Hinterkopf behalten!

Ist mein Leben stabil? Und wenn nicht, welche Schritte muss ich dann in Angriff nehmen, um es zu stabilisieren?

Botschaften

Dieser Neumond unterstützt dich bei einem finanziellen Neuanfang. Die Zeit eignet sich, damit du dich darauf besinnst, wie großartig und einzigartig du bist. Du erhältst die besondere Gelegenheit, deine Aktivposten in Betracht zu ziehen – und damit meine ich nicht nur diejenigen in der Bank. Die Botschaft greift tiefer. Was hast du der Welt zu bieten? Wertschätze dich selbst, und andere werden es dir gleichtun. Außerdem bist du aufgefordert, an deinem Selbstwertgefühl und an deiner Selbstachtung zu arbeiten. Liebe dich selbst. An Selbstliebe gibt es nichts auszusetzen, sie ist vielmehr höchst wünschenswert.

Gehalt, Finanzen und Budgets, all das spielt jetzt eine wichtige Rolle. Wie kannst du in diesen Bereichen eine gewisse Stabilität erlangen? Der Neumond unterstützt dich dabei, wenn du diese Lebensbereiche bearbeitest. Es ist ein erster Schritt, wenn du an dich glaubst. Je positiver du dich selbst bewertest, umso höher schätzen dich auch deine Mitmenschen ein. Hier geht es nicht um Angeberei – gemeint ist der tief wurzelnde Glaube an dich selbst. Mach in diesem Monat dein Finanzmanagement zu deiner Priorität. Besinn dich auf das, was dir wirklich wertvoll ist, und auf das, was du der Welt zu bieten hast.

◗ Meditationsverstärker

Rezitiere den folgenden Satz, bevor du mit deiner Meditationspraxis beginnst: »Ich glaube an mich und an das, was ich der Welt zu bieten habe.«

◗ Ritual

Unmittelbar nachdem du deine Neumondwünsche ausgesprochen hast, fülle einen an dich selbst gerichteten Überweisungsträger mit dem Geldbetrag aus, den du gern empfangen würdest.

◗ Aktivitäten

- Eröffne ein Sparbuch.
- Bezahl deine Rechnungen, Steuern, Schulden und so weiter.
- Such dir einen guten Steuerberater, wenn du dich mit deiner Steuererklärung überfordert fühlst.

- Präsentiere deine Begabungen.
- Lass dir eine Nacken- und Schultermassage verabreichen.
- Investiere dein Geld in eine hochwertige Halscreme.
- Hab Sex auf dem Lande.

Die drei besten Neumond-Affirmationen

Wiederhole eine oder alle drei Affirmationen während dieses Neumonds und der folgenden vier Wochen täglich:

- »Ich bin glücklich, gesund, wohlhabend und klug.«
- »Liebes Universum, ich danke dir dafür, dass alle meine Bedürfnisse erfüllt sind.«
- »Ich bin das wert!«

Ätherisches Öl

Ein wunderbares Öl, das alle deine Befürchtungen im Zusammenhang mit Geld beruhigt, ist Ylang-Ylang-Öl. Es ist äußerst entspannend – genau das, was du brauchst, wenn du Geldsorgen hast. Atme tief ein und aus, und erinnere dich daran, dass Geld eine Energie ist, die auf unsere Gefühle reagiert.

Numerologische Energie

Die mit diesem Monat verbundene Zahl ist 2, und sie erinnert dich daran, dich selbst zu lieben. Solltest du dich bisher viel mit deinen Mitmenschen verglichen haben, dann ist es jetzt an der Zeit, das aufzugeben. Such den Kontakt zu deiner weiblichen Seite, ganz egal, ob du ein Mann oder eine Frau bist.

Neumond-Mantra

Verwende diesen Monat das Mantra *Lam.* Sing es jeden Tag laut oder still im Inneren, wenn du unter der Dusche stehst, vor oder nach der Meditation oder zu jedem anderen Zeitpunkt, der dir angemessen erscheint. Mit diesem Mantra stärkst du die Chakras des Monats.

3D-Chakra

Arbeite diesen Monat an deinem Wurzelchakra *(Muladhara)*, indem du dir einen sich drehenden Wirbel aus rotem Licht am unteren Ende deiner Wirbelsäule vorstellst. Es wird dich dabei unterstützen, Ängste im Hinblick auf die Deckung deiner materiellen Bedürfnisse zu beschwichtigen. In diesem Chakra lagern wir unsere mit Sicherheit und Überleben verbundenen Ängste ein. Sobald es in einen guten energetischen Zustand versetzt wurde, kommen unsere Finanzen in Fluss, und wir können uns wohlig einrichten.

5D-Chakra

Das Basis- oder Wurzelchakra, mit dem Platin assoziiert wird, verströmt Freude: Stell dir ein Kind vor, das zufrieden spielt und frei von allen Sorgen lacht, und du stimmst dich am besten auf das dazugehörige Gefühl ein. Aktiviere dieses Chakra, indem du glänzendes Platin am oberen Ende deiner Beine visualisierst. Deine materiellen Bedürfnisse erfüllen sich mit größerer Leichtigkeit als jemals zuvor.

Leitender Erzengel

Wie jeder Erzengel kann Chamuel dich bei allem leiten, worum du bittest, doch zu seinem »Spezialgebiet« gehört es, Menschen bei ihrer lebenslangen Suche nach Beziehungen, Freundschaften, dem richtigen Beruf und innerem Frieden zu unterstützen. Um eine Verbindung zum Erzengel Chamuel herzustellen, rufe ihn einfach bei seinem Namen, und bitte ihn um Unterstützung:

»Liebster Erzengel Chamuel, bitte sei diesen Monat, in dem ich meinen Weg finde, an meiner Seite. Mit deiner Hilfe und Leitung kann ich mein Potenzial in allen Bereichen meines Lebens vollständig verwirklichen. Ich danke dir.«

Leitende Göttin

Abundantia war die göttliche Personifikation des Überflusses und des Wohlstands in der Religion des antiken Roms. Am häufigsten wird sie mit einem Füllhorn in der Hand und sichtbaren Gaben dargestellt, die sich daraus ergießen – diese Gaben sind Überfluss, Glück, Erfolg und eine endlose Zahl guter Gelegenheiten. Ihr Name bedeutet »Fülle« oder »die vor Reichtümern Überfließende«. Sie ist ohne Zweifel die zuständige Wohlstandsgöttin, wenn du in finanziellen Schwierigkeiten steckst.

Universelles Gesetz

Das zu reflektierende Gesetz dieses Monats ist das Gesetz der Schwingung, dem zufolge alles im bekannten Universum schwingt. Bewegung und Fortbewegung erfolgen in kreisförmigen Mustern. Auch unsere Gedanken, Worte, Gefühle und Begierden sind Schwingungen. Indem wir unsere Frequenz durch Singen, Tanzen, Chanten, schöne Musik oder Meditation anheben, können wir uns an das Universum angleichen.

Himmlischer Strahl

Der zweite Strahl, der blau ist, wird beherrscht von Meister Joshua und überwacht vom Christus Maitreya. Er verankert Quellenweisheit und hilft uns Sterblichen bei unserer spirituellen Entwicklung. Wenn du dein spirituelles Vorankommen unterstützen willst, dann hol dir diesen Monat während der Meditation regelmäßig die Farbe Blau ins Bewusstsein.

Neumond (oder Sonnenfinsternis) in deinem dritten Haus

(auch bekannt als deine Kommunikationszone)

◗ **Darum geht's**

Kommunikation – Zuhören und Reden. Zusätzlich auch um deine kommunikativen Fähigkeiten und um gemeinsame Zeit mit deinen Geschwistern.

◗ **Was dich erwartet**

Ein äußerst geschäftiger Monat!

◗ **Was du dir wünschen kannst**

Die Fähigkeit, dich klar auszudrücken und dich verständlich zu machen.

◗ **Was du visualisieren solltest**

Wie du jemanden in dem Wissen umarmst, dass du deinen Standpunkt liebevoll dargelegt hast.

◗ **Achtung: im Hinterkopf behalten!**

Bringst du deine Wahrheit zum Ausdruck? Und wenn nicht, warum hältst du damit hinterm Berg? Beschäftige dich diesen Monat intensiv mit dieser Frage, und bemüh dich um rückhaltlose Ehrlichkeit dir selbst und anderen gegenüber (aber natürlich ohne dabei grausam zu sein).

◗ **Botschaften**

Es ist an der Zeit, dass du deine kommunikativen Fähigkeiten ausbaust. Wie gut gelingt es dir, deinen Standpunkt darzulegen? Wenn du etwas brauchst, was ein anderer dir geben kann, bist du dann selbstbewusst genug, darum zu bitten (ob in einem Gespräch oder in einer E-Mail)? Es ist unglaublich wichtig, dich selbst und deine Bedürfnisse klar zum Ausdruck zu bringen und nicht zu erwarten, dass der andere dich gut genug kennt, um sie zu erraten. Dieser Neumond gibt dir die Chance, im Hinblick auf geschriebene und gesprochene Kommunikation noch einmal von vorn anzufangen. Er kann auch den Beginn einer sehr ereignisreichen Phase mit zahlreichen schnellen, kurzen Reisen und/oder häufiger mit Geschwistern verbrachter Zeit ankündigen.

Meditationsverstärker

Rezitiere den folgenden Satz, bevor du mit deiner Meditationspraxis beginnst: »Ich lese, höre zu und lerne; bin ich im Stress, dann atme ich tief ein und aus.«

Ritual

Chante das Mantra *Ham,* um dein Halschakra zu stärken.

Aktivitäten

- Beleg einen Rhetorikkurs.
- Lies die Bücher, die sich bei dir stapeln.
- Mach eine Kurzreise.
- Verbring Zeit mit deinen Geschwistern.
- Lern eine Fremdsprache.
- Üb dich darin, anderen wirklich zuzuhören.
- Schreib nun die Briefe, die du schon länger vor dir herschiebst.

Die drei besten Neumond-Affirmationen

Wiederhole eine oder alle drei der folgenden Affirmationen während dieses Neumonds und der folgenden vier Wochen täglich:

- »Ich bringe mich selbst klar, freundlich und ohne Angst zum Ausdruck.«
- »Ich höre ebenso viel zu, wie ich selbst rede.«
- »Meine Beziehung zu meinen Geschwistern/Nachbarn wird von Tag zu Tag besser.«

Ätherisches Öl

Bergamotte ist äußerst hilfreich, um damit die Räder der Kommunikation zu »schmieren«. Verwende es an diesem Neumond und während der nachfolgenden vier Wochen – in deinem Badewasser, in einer Duftlampe oder direkt auf der Haut.

Numerologische Energie

Sieh zu, dass du ein wenig Spaß mit der diesem Monat zugeordneten 3 hast. Die Zahl wird mit Kreativität und Ausdruck assoziiert. Die Energie dieser Zahl wird in Verbindung gebracht mit der Art, wie wir das Leben genießen, wenn wir uns frei zum Ausdruck bringen und im Fluss sind.

Neumond-Mantra

Verwende diesen Monat das Mantra *Ham.* Sing es jeden Tag laut oder still im Inneren, wenn du unter der Dusche stehst, vor oder nach der Meditation oder zu jedem anderen Zeitpunkt, der dir angemessen erscheint. Mit diesem Mantra stärkst du die Chakras des Monats.

3D-Chakra

Arbeite mit dem Hals- oder Kehlkopfchakra *(Vishuddha)*, indem du diesen Monat ein sich drehendes himmelblaues Lichtrad am unteren Ende deines Halses visualisierst. Wir alle müssen uns klar zum Ausdruck bringen, wenn wir das erträumte Leben erschaffen wollen. Geht es darum, etwas zu manifestieren, dann sind Selbstausdruck und das Halschakra eng miteinander verbunden. Dein Wort ist dein Zauberstab. Von diesem Chakra ausgehend, bringst du deinen Willen zum Ausdruck, und dein Wille nimmt Einfluss auf dein Leben. Wie stark ausgeprägt ist dein Wille? Beschäftige dich diesen Monat mit dieser Frage.

◗ 5D-Chakra

In der fünften Dimension ist das Sakralchakra von einem hinreißend weichen, perlmuttartigen Rosa und verströmt transzendente Liebe. Dieses Chakra ist das Tor, durch das du Liebe sexuell zum Ausdruck bringen kannst. Sobald du das Chakra gestimmt hast, wirst du deine Liebespartner klüger wählen oder dein Liebesleben mit deinem gegenwärtigen Partner verbessern.

◗ Leitender Erzengel

Der Erzengel Zadkiel ist für Mitgefühl und Vergebung zuständig – eine Vergebung, die vom Herzen kommt. Außerdem ist er der Erzengel des Gedächtnisses. Um dich mit ihm zu verbinden, entzündest du einfach eine Kerze, rufst ihn bei seinem Namen und bittest ihn um Unterstützung:

»Liebster Erzengel Zadkiel, bitte sei diesen Monat an meiner Seite, wenn ich mich allen meinen Mitmenschen gegenüber offen und aufrichtig zum Ausdruck bringe. Mit deiner Hilfe und Leitung kann ich mein Kommunikationspotenzial vollständig ausschöpfen. Ich danke dir.«

Du kannst Zadkiel auch im Hinblick auf deine Geschwister oder Nachbarn um Leitung bitten, wenn es dir erforderlich erscheint.

Leitende Göttin

Saraswati ist die Hindu-Göttin der Intelligenz und der weiblichen Weisheit. Sie ist außerdem die Göttin, der die Welt die Sprache verdankt. Bitte also Saraswati um Unterstützung, sobald du etwas schreibst, öffentlich sprichst oder etwas präsentieren musst. Wenn dieser Bereich deines Horoskops getriggert wird, dann ist es an der Zeit, darüber nachzudenken, wie du deine Botschaft vermittelst – im privaten wie im beruflichen Bereich. Willst du den Kontakt zu Saraswati herstellen, dann sprich einfach ihren Namen aus, und bitte sie um Leitung.

Universelles Gesetz

Diesen Monat steht das Gesetz des Handelns im Zentrum. Was geschieht, wenn du zahlreiche Hoffnungen und Träume hast, aber zugleich passiv bleibst? Mit großer Wahrscheinlichkeit nichts. Das universelle Gesetz des Handelns muss aktiviert werden, damit wir hier auf Erden das Leben manifestieren können, von dem wir träumen. Bist du bereit, aktiv zu werden? Was kannst du tun, um der Verwirklichung deiner Träume näher zu kommen?

Himmlischer Strahl

Der gelbe dritte Strahl wird beherrscht von Meister Serapis Bey und überwacht vom Mahachohan Saint Germain. Er verankert das Manifestieren mittels Gedankenkraft und bewirkt die Klarheit des Denkens. Dich während dieser Phase in Gelb zu hüllen wird dich daran erinnern, das Licht in Form von Wissen, das ein offener Geist gewährt, in dein Leben zu lassen.

Neumond (oder Sonnenfinsternis) in deinem vierten Haus

(auch bekannt als Heim- und Familienzone)

◗ Darum geht's

Heim und Familie, woher du kommst, wo dein Zuhause ist, was dir Familie bedeutet.

◗ Was dich erwartet

Schwierigkeiten im Zusammenhang mit Heim und Familie könnten sehr wohl in den Vordergrund treten.

◗ Was du dir wünschen kannst

Ein gesundes und zufriedenes Privatleben.

◗ Was du visualisieren solltest

Einen idealen Tag draußen oder drinnen mit deiner Familie oder mit Menschen, die dir wie eine Familie sind.

◗ Achtung: im Hinterkopf behalten!

Dein Zuhause, deine Herkunft und wo du hingehörst.

◗ Botschaften

Was verbindest du mit den Begriffen »Heim« und »Zuhause«? Wie deine Antwort auch lauten mag, sie gibt dir Hinweise auf die Bereiche deines Lebens, die in den nächsten vier Wochen im Zentrum der Aufmerksamkeit stehen werden.

Der Neumond in diesem Feld deines Horoskops deutet oft einen Neuanfang im Hinblick auf dein Heim an – er kann der Vorbote für einen Umzug sein, für jemanden, der bei dir ein- oder auszieht, für großes Entrümpeln, Renovieren oder Umgestalten.

Bei Neumond in diesem Haus tritt häufig die Familie in den Vordergrund. Insbesondere deine Mutter und dein Vater könnten jetzt mehr von deiner Zeit beanspruchen.

◗ Meditationsverstärker

Rezitiere den folgenden Satz, bevor du mit deiner Meditationspraxis beginnst: »Ich weiß, wohin ich gehöre.«

◗ Ritual

Zeichne ein Bild von deiner Familie (oder von Menschen, die für dich wie Familienmitglieder sind). Hierzu bedarf es keines besonderen künstlerischen Talents: Strichmännchen sind völlig ausreichend. Dann umschließe sie mit einem großen Herz der Liebe. Wende dich jeder Person einzeln zu, und sende ihr Liebe.

◗ Aktivitäten

- Sortiere Gegenstände für den Flohmarkt aus.
- Nimm deine Eltern in die Arme.
- Sortiere deine Fotos/Fotoalben/digitalen Fotodateien.
- Lad Freunde ein.
- Renovier deine Wohnung, oder stell die Möbel um, damit du dich zu Hause wohler fühlst.
- Lass dir von deinen Großeltern etwas über deine Familiengeschichte erzählen.

◗ Die drei besten Neumond-Affirmationen

Wiederhole eine oder alle drei Affirmationen während dieses Neumonds und der folgenden vier Wochen täglich:

- »Ich liebe meine Familie, und meine Familie liebt mich.«
- »Ich bin in Sicherheit, und alles ist gut.«
- »Ich liebe mein Heim!« Vergiss nicht, dass Affirmationen etwas manifestieren: Empfinde deine Liebe zu deinem Zuhause,

damit du dich in diese Richtung entwickelst – auch dann, wenn du deinem gegenwärtigen Heim nicht ganz von Herzen zugetan bist.

◗ Ätherisches Öl

Patschuli ist ein erhebendes Aphrodisiakum, das sich positiv auf den Geist auswirkt. Es verringert Depression und stärkt das Immunsystem. Nutze es in deiner Duftlampe, um die Atmosphäre zu Hause ein wenig aufzupeppen.

◗ Numerologische Energie

Die Zahl 4 handelt davon, planvoll, praktisch und produktiv zu sein. Stell sie dir als vier Säulen vor, die die Erde halten. Es geht darum, diszipliniert, stark, zuverlässig und stabil zu sein.

◗ Neumond-Mantra

Verwende diesen Monat das Mantra *Om.* Sing es jeden Tag laut oder still im Inneren, wenn du unter der Dusche stehst, vor oder nach der Meditation oder zu jedem anderen Zeitpunkt, der dir angemessen erscheint. Mit diesem Mantra stärkst du die Chakras des Monats.

◗ 3D-Chakra

Arbeite diesen Monat am Chakra des Dritten Auges *(Ajna),* indem du ein indigoblaues Licht visualisierst, das sich mitten auf deiner Stirn dreht. Wenn du dir diesen Zyklusabschnitt zunutze machst, kannst du deine intuitiven Fähigkeiten enorm steigern. Intuition hilft jedem von uns, im Berufs- wie im Privatleben gleichermaßen.

◗ 5D-Chakra

Das orange Nabelchakra ist warm und einladend. Wenn es sich frei dreht, dann wirst du feststellen, dass sich die Menschen automatisch zu dir hingezogen fühlen. Falls du spüren solltest, dass dein Tag nicht richtig fließt oder du aus dem Takt des Lebens gefallen bist, dann ist dies das Chakra, mit dem du dich beschäftigen solltest. Stell es dir als frei drehenden orangen Lichtwirbel auf der Höhe deines Nabels vor.

◗ Leitender Erzengel

Erzengel Gabriel wird stark mit Familie, Schwangerschaft und Kindererziehung assoziiert. Er führt hoffnungsvolle Eltern zur Empfängnis. Und sobald ihr ein Kind habt, euch in der Elternschaft einrichtet und die damit verbundenen Wunder und Herausforderungen kennenlernt, leitet euch Erzengel Gabriel, wenn ihr ihn darum bittet. Um die Verbindung zu ihm herzustellen, musst du nur eine Kerze anzünden, ihn bei seinem Namen rufen und um Unterstützung bitten:

»Liebster Erzengel Gabriel, bitte sei in diesem Monat an meiner Seite, in dem ich mich mit meinem Privatleben und meinen innerfamiliären Beziehungen und … [füg ein, was hier zutrifft] beschäftige. Mit deiner Hilfe und Leitung kann ich mein Potenzial voll entfalten. Ich danke dir.«

Du kannst Gabriel auch im Hinblick auf dein Zuhause um Unterstützung bitten, falls es dir erforderlich erscheint.

◗ Leitende Göttin

Sprich mit Diana, der Göttin der Jagd und der Hexen, wenn du etwas oder jemandem nachjagst, wenn du alles Formale satthast und einfach frei und du selbst sein willst, um deine Ziele zu verfolgen, wenn du mehr Unabhängigkeit brauchst oder auch wenn du dich zuletzt zu sehr an anderen festgeklammert hast. Um die Verbindung zu Diana herzustellen, musst du nur ihren Namen aussprechen und sie um Hilfe bitten.

◗ Universelles Gesetz

Das Gesetz der Übereinstimmung erinnert uns daran, dass unser äußeres Leben ein Spiegelbild unseres Innenlebens ist. Es ist das Prinzip »Wie oben, so unten; wie innen, so außen« des Hermes Trismegistos (der auch als »Vater der Astrologie« bekannt ist). Unser Leben, unsere Welt, unsere Wirklichkeit ist also das Spiegelbild dessen, was in unserem Inneren vorgeht. Wenn deine äußere Wirklichkeit unordentlich, unglücklich oder unbefriedigend wirkt, dann reflektiert dieses Bild das, wie es in deinem Inneren aussieht.

◗ Himmlischer Strahl

Der vierte Strahl wird beherrscht von Meister Paul dem Venetier und überwacht von Mahachohan Saint Germain. Da draußen im Äther befinden sich Frieden, Ruhe, Gleichgewicht und Harmonie und warten nur darauf, von dir bewahrt zu werden. Dieser Strahl ist grün, du kannst dich also bei der Meditation auf diese Farbe konzentrieren und Saint Germain um Hilfe bitten. Der Strahl fördert deine kreativen, künstlerischen Begabungen zutage und hilft dir, die kreativen Bedürfnisse deiner Seele zum Ausdruck zu bringen und deine innere Schönheit zu offenbaren. Er ist außerdem ein reinigender Strahl.

Neumond (oder Sonnenfinsternis) in deinem fünften Haus

(auch bekannt als deine Spaß-, Kinder-, Romanzen- und Kreativitätszone)

◗ Darum geht's

Kreativität, Kinder und Romanzen – vielleicht um eines davon, vielleicht um alle drei zugleich.

◗ Was dich erwartet

Spaß und Lachen, Zeit mit Kindern, kreative Impulse.

◗ Was du dir wünschen kannst

Dich daran zu erinnern, dass das Leben ein Spiel ist.

◗ Was du visualisieren solltest

Wie du gemeinsam mit anderen Menschen, die du liebst, eine gute Zeit hast.

◗ Achtung: im Hinterkopf behalten!

Das Leben macht so viel Spaß, wie wir selbst uns zugestehen.

◗ Botschaften

Der Teil deines Horoskops, den der Neumond in diesem Monat in Gang setzt, korreliert mit Kreativität, Kindern und sexuellen Romanzen (den flüchtigen – im Gegensatz zu den verbindlichen).

Falls du ein(e) Künstler(in) nur für den Eigenbedarf bist, dann werden dir die kommenden vier Wochen die ausgezeichnete Gelegenheit bieten, deine Fertigkeiten voranzubringen.

Neue romantische Begegnungen liegen jetzt in der Luft, aber auch bereits bestehende können in diesem Monat eine Verjüngungskur erfahren, wenn du den Neumond gut nutzt und nach Wegen suchst, die Erotik frisch zu beleben.

Ob es sich um deine eigenen Kinder oder um die anderer handelt, für gewöhnlich spielen sie eine wichtige Rolle, wenn der Neumond im fünften Haus steht.

◗ Meditationsverstärker

Rezitiere den folgenden Satz, bevor du mit deiner Meditationspraxis beginnst: »Mein inneres Kind wird diesen Monat eine tolle Zeit haben.«

◗ Ritual

Lach laut auf für ein oder zwei Minuten. Mach dir keine Sorgen darüber, ob du dir dabei albern vorkommst. Tu's einfach!

◗ Aktivitäten

- Beleg einen Kurs in Bauchtanzen – das ist erotisch und körperlich, was schon so ziemlich alles über das fünfte Haus sagt.
- Bastle ein Spielzeug für ein Kind.
- Gönn dir einen Liebhaber.
- Nimm deinen Liebsten mit auf ein Abenteuer.
- Schreib eine Kurzgeschichte, mal ein Bild – alles, was sich kreativ anfühlt, passt hier.
- Tu etwas, was dein Verständnis von Vergnügen versinnbildlicht; schmeiß eine Party.

◗ Die drei besten Neumond-Affirmationen

Wiederhole eine oder alle drei Affirmationen während dieses Neumonds und der folgenden vier Wochen täglich:

- »Das Leben ist süß!«
- »Ich lasse jetzt mein inneres Kind frei, um Spaß zu haben.«

- »Ich bin ein kreatives Wesen, und meine Kreativität ist im Fluss.«

◗ Ätherisches Öl

Zimt ist als ätherisches Öl weniger bekannt, aber für das fünfte Haus wirklich nützlich. Zum einen ist es ein Aphrodisiakum, und dieser Bereich des Horoskops hat etwas durchaus Libidinöses. Zum anderen reguliert es den Blutzucker, und wenn du deinem fünften Haus die Zügel zu sehr hast schießen lassen, dann hilft es dir, die Sache wieder in den Griff zu bekommen. Außerdem ist es als eines der beglückenden ätherischen Öle bekannt, und in diesem Segment des Horoskops geht es um nichts anderes als Glück, Freude und Spaß.

◗ Numerologische Energie

Die Zahl 5 handelt von Unabhängigkeit. Sie ist immer in Bewegung und will stetig Veränderungen – ähnlich wie ein Kind. Und natürlich sind Kinder im fünften Haus daheim. Also nimm deine Kinder oder dein inneres Kind diesen Monat viel in die Arme.

◗ Neumond-Mantra

Verwende diesen Monat das Mantra *Vam*. Sing es jeden Tag laut oder still im Inneren, wenn du unter der Dusche stehst, vor oder nach der Meditation oder zu jedem anderen Zeitpunkt, der dir angemessen erscheint. Mit diesem Mantra stärkst du die Chakras des Monats.

◗ 3D-Chakra

Das 3D-Chakra dieses Monats ist das Sakralchakra *(Svadhisthana)*. Es wird mit Nahrung und Sexualität assoziiert – wie passend für den Bereich deines Horoskops, der vom Spaßhaben handelt. Es geht um deine Fähigkeit zu wissen, was du willst – was dir hilft, Freude am Leben zu haben, und dafür sorgt, dass du dich gut fühlst. Außerdem geht es um deine Bereitschaft, deine Emotionen zu spüren und es dir zu gestatten, Spaß zu haben. Orange ist die dem Sakralchakra zugeordnete Farbe.

5D-Chakra

Das Beste am goldfarbenen mit regenbogenfarbenen Lichtern durchsetzten Solarplexuschakra ist, dass es negative Energien aus deinem direkten Umfeld aufnehmen und verwandeln kann. Damit wird dein Selbstvertrauen gestärkt und dir gestattet, dein Potenzial auszuleben. Indem du an dich selbst glaubst, gelingt es dir besser, weise zu werden.

Leitender Erzengel

Der Erzengel Raziel gibt esoterische Informationen an Menschen weiter. Mit seiner Hilfe können wir tiefgründige spirituelle Symbole, vergangene Leben, Trauminterpretationen, heilige Geometrie und so fort besser verstehen.

Stell dir die Tarotkarte »Die Sonne« vor, und du hast ein gutes Bild davon, wie Erzengel Raziel und das fünfte Haus zusammenwirken, um Licht und Verstehen zu schaffen, wo zuvor Verwirrung und Missverständnis herrschten. Um die Verbindung zum Erzengel Raziel herzustellen, brauchst du nur eine Kerze anzuzünden, seinen Namen auszusprechen und ihn um Unterstützung zu bitten:

»Liebster Erzengel Raziel, bitte sei diesen Monat an meiner Seite,
denn ich arbeite daran, mein Licht strahlen zu lassen.
Mit deiner Hilfe und Leitung wird es mir gelingen,
mein Potenzial voll auszuleben. Ich danke dir.«

Du kannst Raziel auch um Hilfe bitten, wenn du Unterstützung in deinem derzeitigen Zuhause brauchst.

Leitende Göttin

Sprich mit Medusa, der Sonnengöttin, wenn du das Leben so sehen willst, wie es wirklich ist, wenn du kühn sein und deinen Träumen nachjagen möchtest, ohne dir Sorgen um die Zustimmung deiner Mitmenschen zu machen. Sprich mit Medusa, wenn du dein Licht in der Welt leuchten lassen möchtest, ohne dich dafür zu fürchten, dass du damit möglicherweise jemandem auf die Zehen trittst. Um die Verbindung zu Medusa herzustellen, brauchst du nur ihren Namen auszusprechen und sie um Leitung zu bitten.

Universelles Gesetz

Das Gesetz dieses Monats ist das Gesetz von Ursache und Wirkung. Find dich damit ab, dass alles, was geschieht, sich aus gutem Grund ereignet. Und es gibt immer eine Ursache und eine Wirkung. Anders ausgedrückt: Es gibt keine Zufälle. Jede Handlung (und auch jeder Gedanke) hat eine Reaktion oder Konsequenz zur Folge. »Wir ernten, was wir säen.« Was bedeuten diese Zusammenhänge für dich? Achte darauf, was sich diesen Monat zuträgt, und frag dich nach dem Warum.

Himmlischer Strahl

Der orangefarbene fünfte Strahl wird beherrscht von Meister Hilarion und überwacht vom Mahachohan Saint Germain. Dieser Strahl ist verbunden mit dem Aufsteigen und mit spirituellen Wachstumsprozessen. Beim fünften Strahl geht es um die Aktivierung und um die Entwicklung der Seele. Er unterstützt die Wissenschaft, doch auf einer höheren Ebene. Außerdem verstärkt er die Fähigkeit der Seele, sich hier in der dritten Dimension mit dem, »was ist«, in unserem Leben zu verbinden.

Neumond (oder Sonnenfinsternis) in deinem sechsten Haus

(auch bekannt als deine Alltags- und Gesundheitszone)

◗ Darum geht's

Deine Alltagsarbeit und deine Gesundheitsroutinen.

◗ Was dich erwartet

Die Gelegenheit, deine alltäglichen Gewohnheiten oder deine Aufgabenstellung zu verändern.

◗ Was du dir wünschen kannst

Die Gelegenheit, andere Menschen zu unterstützen.

◗ Was du visualisieren solltest

Sieh dich dabei, wie du dir neue gesunde Angewohnheiten zu eigen machst oder wie du bereits vorhandene fortsetzt.

◗ Achtung: im Hinterkopf behalten!

Gesunder Körper, gesunder Geist: Eine solche Korrelation besteht tatsächlich, und mit der Aktivierung deines sechsten Hauses ist die Zeit gekommen, um an dieser Verbindung zu arbeiten. Das ist die Gelegenheit des Jahres, dein System grundlegend zu ordnen und in den Genuss eines klareren und entrümpelten Lebens zu kommen.

◗ Botschaften

Hier geht es in deinem Horoskop um deinen Körper, deinen Geist und dein Wohlergehen. Falls du dich nicht ausreichend um dich selbst gekümmert haben solltest, dann steigen Probleme jetzt möglicherweise an die Oberfläche und wollen dich veranlassen, Liegengebliebenes anzugehen.

Nun ist die beste Zeit gekommen, um einem Sportverein beizutreten oder um eine bereits vorhandene sportliche Betätigung wieder aufzugreifen, die du hast schleifen lassen. Außerdem ist die Zeit günstig, um in Sachen Gesundheit einen Neuanfang zu starten, etwa um das Rauchen aufzugeben oder um die Ernährung umzustellen.

Unter dem Mikroskop befinden sich außerdem deine alltäglichen Arbeitsroutinen. Du darfst nicht vergessen, dass der Neumond *immer* etwas mit Neuanfang zu tun hat, also schaff auch diesen Monat ein Fundament dafür, wie du in den nächsten zwölf Monaten bei der Arbeit vorankommen willst.

◗ Meditationsverstärker

Rezitiere den folgenden Satz, bevor du mit deiner Meditationspraxis beginnst: »Mein eigenes Wohlergehen steht diesen Monat an erster Stelle.«

◗ Ritual

Blick auf dein Tagebuch sowie auf die vor dir liegende Woche, und segne beide.

◗ Aktivitäten

- Erneuere deine Mitgliedschaft im Sportverein, oder geh ab sofort einfach wieder hin. Das Angebot dort gefällt dir nicht? Dann nimm dir vor, regelmäßig zu walken oder Yoga zu machen – geeignet ist alles, was dich in Bewegung bringt.
- Befass dich mit deiner Ernährung, von allein wird sich auch da nichts zum Besseren wenden.
- Das fünfte Haus herrscht außerdem über die Dienste, die man den Mitmenschen erweist; also mach dich nützlich.
- Sprich mit deinem Chef über Sorgen, die du möglicherweise bei der Arbeit hast.

- Lies ein Buch über positives Denken.
- Iss mittags oder abends einen Monat lang konsequent gesunde Mahlzeiten. Ausnahmen solltest du dir nicht gestatten.
- Lerne zu meditieren, wenn du es nicht schon praktizierst.

◗ Die drei besten Neumond-Affirmationen

Wiederhole eine oder alle drei Affirmationen während dieses Neumonds und der folgenden vier Wochen täglich:

- »Ich gehe von einem Tag zum anderen planvoller vor.«
- »Ich leiste großartige Arbeit für großartige Bezahlung.«
- »Mein eigenes Wohlergehen ist meine Priorität – ich bringe mich wieder auf Kurs.«

◗ Ätherisches Öl

Falls es dir schwerfällt, dich auszudrücken, oder du dich vom alltäglichen Mühlrad überfordert fühlst, tupfe ein wenig Teebaumöl auf das untere Ende deines Halses oder auf deine Handgelenke, oder gib ein paar Tropfen in dein Wannenbad oder in deine Duftlampe.

◗ Numerologische Energie

Die 6 ist die harmonischste unter den Ziffern von 1 bis 9. Es ist die Zahl von Heim, Familie und Liebe, und sie hat äußerst liebevolle und fürsorgliche Eigenschaften. Sie handelt außerdem davon, für andere auf etwas zu verzichten, von Hege und Pflege, Schutz und Lehren. Das ist der Grund, warum sie so stark mit Familie im Allgemeinen und mit Eltern- und Mutterschaft im Besonderen in Verbindung gebracht wird.

◗ Neumond-Mantra

Verwende diesen Monat das Mantra *Ham.* Sing es jeden Tag laut oder still im Inneren, wenn du unter der Dusche stehst, vor oder nach der Meditation oder zu jedem anderen Zeitpunkt, der dir angemessen erscheint. Mit diesem Mantra stärkst du die Chakras des Monats.

◗ 3D-Chakra

Weil es mit der Jungfrau und daher folglich mit Merkur in Verbindung gebracht wird, ist das Halschakra *(Vishuddha)* auch für diesen Monat zuständig. Wenn du beim Durchwandern der Häuser der vorgegebenen Reihenfolge treu geblieben bist, dann begegnest du diesem wichtigen Chakra hier zum zweiten Mal.

Beim Halschakra dreht sich alles um Kommunikation und Willen und darum, nach dem zu greifen, was du im Leben erreichen willst. Arbeite mit diesem Chakra, indem du an der Basis deines Halses einen sich drehenden himmelblauen Lichtwirbel visualisierst. Bitte die Erzengel um die Unterstützung deiner kommunikativen Fähigkeiten.

◗ 5D-Chakra

Das Herzchakra wird dir, wenn die Zeit zum Aufsteigen gekommen ist, helfen, in die fünfte Dimension zu gelangen. Dieses reinweiße Chakra ist, wo du Liebe empfindest und ausdrückst. Auch wenn du meinst, es gehöre eher zum siebten Haus – falls du dich im Verlauf eines Jahres mit allen zwölf 5D-Chakras befassen willst, dann ist das der Monat, an dem du dir das 5D-Herzchakra vornehmen solltest. Obgleich dies natürlich auch jederzeit möglich ist.

Leitender Erzengel

Metatron ist einer von lediglich zwei Erzengeln, die früher einmal menschliche Propheten waren – der andere ist der Fische-Erzengel Sandalphon. Erzengel Metatron war Henoch, der Autor des Buches Henoch. Er ist auch bekannt als der »Schreiber Gottes« und als Vermittler esoterischer Lehren. Er ist der erste Erzengel des Kabbala-Lebensbaums und hilft insbesondere Menschen, die erst seit Kurzem auf dem spirituellen Weg unterwegs sind.

Deshalb unterstützt Metatron Kinder dabei, ihre spirituellen Gaben zu entdecken, zu verstärken und zu erhalten. Er arbeitet Hand in Hand mit deinem sechsten Haus, wenn du dich energetisch oder zu deiner Heilung reinigst. Um dich mit Erzengel Metatron zu verbinden, brauchst du lediglich eine Kerze anzuzünden, seinen Namen auszusprechen und ihn um Unterstützung zu bitten:

»Liebster Erzengel Metatron, bitte sei an meiner Seite, wenn ich diesen Monat daran arbeite, in allen Aspekten meines Lebens Ordnung zu schaffen. Mit deiner Hilfe und Leitung kann ich mein Potenzial vollständig ausschöpfen. Ich danke dir.«

Leitende Göttin

Ceres ist die römische Göttin der Ernte. Sie ist auch bekannt als die Göttin der Fruchtbarkeit und der mütterlichen Beziehungen. Die Ernte einzubringen macht viel Arbeit, und du befindest dich in dem Bereich deines Horoskops, in dem du vor dieser Aufgabe stehst. Das betreffende Horoskopsegment herrscht auch über unsere Gesundheit, sprich also mit Ceres, falls du Probleme mit deiner Gesundheit haben solltest. Bitte mit Blick auf deine Ernährung um Führung. Wende dich außerdem an sie, wenn Fruchtbarkeit ein Thema für dich ist.

◗ Universelles Gesetz

Das Gesetz, über das du dir diesen Monat Gedanken machen sollst, ist das Gesetz der Kompensation. Es ist interessant zu wissen, dass es für Napoleon Hill, einen der ersten anerkannten Spezialisten für persönlichen Erfolg, die goldene Regel schlechthin war: Was immer wir tun, es wird immer zu uns zurückkommen. Wir ernten, was wir säen. Du gibst, bevor du erhältst. Das immerwährende Gesetz der Kompensation bringt laut Hill alles im Universum ins Gleichgewicht.

◗ Himmlischer Strahl

Der indigofarbene sechste Strahl wird beherrscht von Meister Lanto und überwacht von Mahachohan Saint Germain; dieser Strahl ist reine Hingabe. Es wird Zeit für dich zu akzeptieren, dass des Schöpfers Energie tatsächlich in deinem irdischen Körper und in deiner irdischen Wirklichkeit wohnt.

Diese Energie ist von großer inspirierender Kraft und gestattet es dir, dich enger an das Göttliche anzuschließen, sobald du das Göttliche in dir erkennst. Kleine andächtige Rituale, wie etwa das Anzünden von Räucherwerk und das Praktizieren von Yoga, werden deine Verbindung weiter stärken.

Neumond (oder Sonnenfinsternis) in deinem siebten Haus

(auch bekannt als deine Liebeszone)

◗ Darum geht's

Liebe und Ehe, Beziehungen, Geschäftsbeziehungen, sehr wichtige Personen, Freunde und Feinde.

Was dich erwartet

Schwierigkeiten im Hinblick auf Liebe und Beziehungen können in den Vordergrund treten, im besten Fall, weil ihre Lösung ansteht.

Was du dir wünschen kannst

Die für dich bestmögliche Beziehung zu allen Menschen, die du kennst.

Was du visualisieren solltest

Sieh dich selbst von Angesicht zu Angesicht mit jemandem, den du liebst oder mit dem du dich in einem Konflikt befindest.

Achtung: im Hinterkopf behalten!

»Ich bin du, und du bist ich. Wir alle sind eins.« Auch wenn das siebte Haus von unseren wichtigsten Beziehungen handelt, nutze diesen Monat, um über die Vorstellung nachzudenken, dass wir, verborgen unter all den Egos und Unterschieden, alle eins sind; jeder von uns ist mit allem Leben überall verbunden. Dieser Monat ist dazu da, damit du deine zwischenmenschlichen Beziehungen ordnest.

Botschaften

Deine (vergangenen, gegenwärtigen oder potenziellen) Liebsten stehen während dieses Neumonds im Zentrum der Aufmerksamkeit. Jetzt ist der beste Zeitpunkt, um über alle deine Beziehungen nachzudenken.

Falls du gebunden bist, was kannst du dann tun, um deiner Partnerschaft neues Leben einzuhauchen? Bist du gefangen in deiner Vergangenheit? Wie hoch schätzt du deine eigene Beziehungsfähigkeit ein? Jetzt ist ein guter Zeitpunkt für ein Blind Date, falls du nicht gerade verliebt bist oder bisher kein Glück hattest, auf anderen Wegen jemand Passenden kennenzulernen. Wenn du dich von der Vergangenheit nicht verabschieden kannst, dann ruf deinen Ex an (falls es sich für dich richtig anfühlt), sprich mit ihm, und setz einen Schlusspunkt. Find heraus, ob du jetzt mit deinem (früheren oder gegenwärtigen) Liebsten zusammenarbeiten kannst, da sich beim siebten Haus alles um Gleichgewicht, Kooperation und richtiges Handeln dreht.

Meditationsverstärker

Rezitiere den folgenden Satz, bevor du mit deiner Meditationspraxis beginnst: »Ich tue das, was ich tun zu müssen weiß, damit ich selbstbewusster mit Liebe umgehen kann.«

Ritual

Schick jemandem, den du liebst, einen Liebesbrief (es kann auch eine E-Mail sein).

Aktivitäten

- Sieh deine alten Liebesbriefe durch, und befrei dich wenigstens von einigen.
- Falls du Single und mutig bist, dann probier Online-Dating aus.
- Frag deine Eltern, was sie unter »Liebe« verstehen und wie sie sie aufrechterhalten.
- Verpflichte dich deinem Partner neu.
- Falls du in der Vergangenheit einen Liebsten verletzt hast, gesteh dir dein Fehlverhalten ein, und bitte die betreffende Person um Verzeihung.
- Erstell eine Liste der Eigenschaften, die du dir bei einem Partner wünschst.
- Falls du dich bereits in einer Beziehung befindest, spiel für eine Freundin die Ehestifterin.

Die drei besten Neumond-Affirmationen

Wiederhole eine oder alle drei Affirmationen während dieses Neumonds und der folgenden vier Wochen täglich:

- »Ich liebe dich, und ich liebe mich.«
- »Mit mir kommt man leicht klar – alle meine Beziehungen sind harmonisch.«
- »Ich habe mich von der Vergangenheit befreit. Meine Beziehungen regeln sich nun eigenständig.«

Ätherisches Öl

Jasmin wird empfohlen, um das Herzchakra zu öffnen, und ist daher ein wunderbares Öl, um sich selbst damit zu salben. Du kannst, am besten unmittelbar vor der Meditation, ein paar Tropfen auf die Gegend deines Herzchakras tupfen – mitten auf die Brust –, in dein Badewasser oder deine Duftlampe geben.

Numerologische Energie

Die 7 steht diesen Monat für den Sucher, den Denker und die Person, die für sich selbst herausfinden muss, was Sache ist. An dieser Stelle des Zyklus solltest du in allen deinen Beziehungen und Situationen, ob beruflich oder privat, nach der Wahrheit suchen. Falls du vermutest, dass irgendetwas nicht so ist, wie es zu sein scheint, dann ist jetzt der beste Zeitpunkt, dem nachzugehen.

Neumond-Mantra

Verwende diesen Monat das Mantra *Yam*. Sing es jeden Tag laut oder still im Inneren, wenn du unter der Dusche stehst, vor oder nach der Meditation oder zu jedem anderen Zeitpunkt, der dir angemessen erscheint. Mit diesem Mantra stärkst du die Chakras des Monats.

◗ 3D-Chakra

Mit diesem Monat wird das Herzchakra *(Anahata)* in Verbindung gebracht, weil zwischenmenschliche Beziehungen das Thema des siebten Hauses sind. In der Regel sind damit insbesondere Partner aus gegenwärtigen und zurückliegenden Liebesbeziehungen gemeint, aber es kann sich auch um Menschen handeln, die wir mehr als Feinde statt als Freunde empfinden. Was immer für dich zutreffend sein mag, konzentrier dich in der Meditation auf dein Herzchakra, und nimm es als einzigartige smaragdgrün leuchtende und sich drehende Scheibe wahr. Öffne dein Herzchakra und dein Herz für die Liebe.

◗ 5D-Chakra

Beschäftige dich diesen Monat mit deinem königsblauen 5D-Halschakra, während du zugleich an deinen wichtigsten Beziehungen arbeitest. Du kannst gefahrlos deine Wahrheit aussprechen – diesen Monat erkennen die Menschen instinktiv, dass du aussprichst, was dir auf dem Herzen liegt, und das wird deine Beziehungen verbessern.

◗ Leitender Erzengel

Jophiel ist der Erzengel der Schönheit. Er ist der ideale Führer für dein Nachsinnen über das siebte Haus, denn er hilft uns, andere mit den Augen der Liebe zu sehen. Was könnte besser sein? Sprich mit Erzengel Jophiel, wenn du Unterstützung im Bereich der Beziehungen benötigst. Um mit ihm Verbindung aufzunehmen, brauchst du lediglich eine Kerze anzuzünden, ihn bei seinem Namen zu rufen und ihn um Unterstützung zu bitten:

»Liebster Erzengel Jophiel, bitte sei diesen Monat an meiner Seite. Mit deiner Hilfe und Leitung können meine Beziehungen, privater oder beruflicher Natur, ihr ganzes Potenzial entfalten. Ich danke dir.«

◗ Leitende Göttin

Lakshmi ist die Hindu-Göttin der Liebe, des Reichtums und der Schönheit. Der Name »Lakshmi« kommt aus dem Sanskrit und leitet sich ab von dem Wort *laksya,* was »Absicht« oder »Ziel« bedeutet. An Lakshmi kann man sich wenden, wenn es um Reichtum und Wohlstand geht, sowohl in materieller als auch in spiritueller Hinsicht. Sie ist eine der beliebtesten Göttinnen. Druck dir ein Bild von ihr aus, und sprich diesen Monat mit ihr.

◗ Universelles Gesetz

Das universelle Gesetz, das diesen Monat die Hauptrolle spielt, ist von allen das bekannteste: das Gesetz der Anziehung. Es erinnert uns daran, dass Gleiches Gleiches anzieht. Es zeigt uns, dass wir selbst die Ereignisse und Beziehungen erschaffen, die in unser Leben Eingang finden. Jeder Gedanke, jede Handlung und jedes Gefühl setzt das Gesetz der Anziehung (auch »Resonanzgesetz« genannt) in Gang und bewirkt die Entstehung von Energien, die gleiche Energien anziehen – in positiver wie in negativer Hinsicht.

◗ Himmlischer Strahl

Der siebte Strahl wird beherrscht von Portia und überwacht von Mahachohan Saint Germain. Dieser Strahl ist von größter Bedeutung, da er die berühmte violette Flamme der Umwandlung beherbergt. Weil er das Bewusstsein hebt und ein neues Zeitalter der Achtsamkeit verankert, ist er für uns von immenser Wichtigkeit. Manche haben ihn als den »erweckenden Strahl des Lichts« bezeichnet. Wenn sich der Neumond im siebten Haus befindet, kannst du die Farbe Violett beim Einschlafen visualisieren.

Neumond (oder Sonnenfinsternis) in deinem achten Haus

(auch bekannt als die Zone der Sexualität und der gemeinsamen Finanzen)

◗ Darum geht's

Anderer Leute Geld – und wie es mit deinem interagiert.

◗ Was dich erwartet

Die Gelegenheit, deine Finanzen oder dein Liebesleben mit Neuem zu beleben.

◗ Was du dir wünschen kannst

Mehr Geld! Besseren Sex! Die Überwindung einer Angst.

◗ Was du visualisieren solltest

Was würdest du tun, wenn dir mehr Geld zur Verfügung stünde? Visualisiere! Es bleibt dir überlassen, was du im Hinblick auf deine Sexualität visualisieren willst.

◗ Achtung: im Hinterkopf behalten!

Nun ist es an dir, dir Gedanken über deine finanzielle Aufstellung zu machen und zu entscheiden, wie du dich damit fühlst. Glaubst du, am Ball zu sein? Kannst du die Rechnungen begleichen, von denen du weißt, dass sie auf dich zukommen? Und falls nicht, gibt es etwas, was du dagegen unternehmen kannst?

◗ Botschaften

Jetzt wird es sich lohnen, sich im Hinblick auf die eigenen Finanzen beraten zu lassen, oder vielleicht ein Wochenendseminar zu buchen, in dem du Wissensgrundlagen in finanziellen Angelegenheiten erwerben kannst.

Die Tür, die mit dem Neumond im siebten Haus geöffnet wird, führt außerdem zu tiefgehendem, dunklem und vielleicht auch eigenwilligem Sex. Solltest du Schwierigkeiten mit Intimität haben, dann ist es sinnvoll, sie diesen Monat anzugehen.

◗ Meditationsverstärker

Rezitiere den folgenden Satz, bevor du mit deiner Meditationspraxis beginnst: »Ich gehe meine Geldprobleme direkt an.«

◗ Ritual

Zieh dir einen sexy Fummel an, und begib dich auf die Piste.

◗ Aktivitäten

- Zahl einen Kredit ab (oder lass dich umschulden).
- Eröffne ein Sparbuch, und leiste deine erste Einzahlung.
- Kündige eine Kreditkarte, die du dir nicht leisten kannst.
- Bitte um eine Gehaltserhöhung (aber nur dann, wenn du überzeugt bist, dass du sie auch bekommst).
- Verhandle deinen Hausfinanzierungskredit neu, wenn es dir passt.
- Verführ deine(n) Liebste(n) mit »Dirty Talking«, also indem du ungehemmt deine geheimen sexuellen Gedanken äußerst.
- Probier mit deinem Partner beim Sex eine Stellung aus, die ihr noch nie zuvor eingenommen habt.

◗ Die drei besten Neumond-Affirmationen

Wiederhole eine oder alle drei Affirmationen während dieses Neumonds und der folgenden vier Wochen täglich:

- »Ich bin materiell versorgt.«
- »Meine finanziellen Bedürfnisse werden erfüllt.«
- »Mein Liebesleben ist wunderbar gesund.«

◗ Ätherisches Öl

Myrrhe hilft uns, uns für empfangene Geschenke zu öffnen. Falls du das Öl zum Einsatz bringst, dann bestätige, dass du empfangsbereit bist.

◗ Numerologische Energie

Die 8 ist die Zahl des finanziellen Überflusses und der Sicherheit. Außerdem steht die 8 für Karma: Wir ernten, was wir säen. Weil es im achten Haus um gemeinsame Finanzen geht, thematisiert es auch die Aufrichtigkeit bei unseren Geschäften. Denk diesen Monat über das nach, was du bist und was du für Geld nicht zu tun bereit bist. Die 8 ist außerdem eine äußerst spirituelle Zahl.

◗ Neumond-Mantra

Verwende diesen Monat das Mantra *Vam*. Sing es jeden Tag laut oder still im Inneren, wenn du unter der Dusche stehst, vor oder nach der Meditation oder zu jedem anderen Zeitpunkt, der dir angemessen erscheint. Mit diesem Mantra stärkst du die Chakras des Monats.

◗ 3D-Chakra

Die Themen des Sakralchakras *(Svadhisthana)* sind Kreativität, Nahrung und Sex. Um dieses Chakra im Verlauf des aktuellen Zyklusabschnitts in Form zu bringen, stellst du es dir als sich drehende orange Scheibe vor, die sich auf halbem Weg zwischen deinem Nabel und dem unterem Ende deiner Wirbelsäule befindet.

◗ 5D-Chakra

Dein Drittes Auge (Stirnchakra) ist der Teil deiner selbst, dem nichts entgeht. Folglich kann es dir auch helfen, die Schleier der

Falschheit und der Ängste zu durchdringen. Dieses 5D-Chakra ist kristallklar, ergänzt um eine zarte Grünfärbung. Arbeite im Verlauf dieses Monats mit deinem Dritten Auge, und du wirst mit der Zeit über deine Dimensionen hinaussehen und dich selbst als den energetischen Körper wahrnehmen, der du bist.

Leitender Erzengel

Jeremiel ist einer der sieben Haupterzengel. Es ist seine Hauptaufgabe, neu hinübergegangenen Seelen dabei zu helfen, ihre Leben einer kritischen Überprüfung zu unterziehen. Jeremiel unterstützt und führt Menschen, die vor Kurzem verstorben sind. Er hilft ihnen zu verstehen, wie ihr Handeln das Leben anderer beeinflusste und was sie im Verlauf ihres Lebens gelernt haben. Doch du musst dafür nicht auf deinen Tod warten, du kannst ihn auch jetzt schon mit seinem Namen ansprechen und um Unterstützung bitten:

»Liebster Erzengel Jeremiel, bitte sei diesen Monat an meiner Seite. Mit deiner Hilfe und Leitung kann ich mein Leben überprüfen und eine Bestandsaufnahme machen. Ich danke dir.«

Leitende Göttin

Sich dem zu stellen, was uns Angst macht, ist ein wichtiger Bereich dieses Abschnitts, und Kali – die blaue Hindu-Göttin mit dem unheimlichen Gesicht, der aggressiven Haltung und den Totenköpfen – ist diejenige, die uns dabei helfen kann. Bitte Kali, dich beim Loslassen negativer Menschen aus deinem Leben, dich einschränkender Gedanken und jeglicher Ängste zu unterstützen. Kali sorgt dafür, dass wir von unserem Ego zurücktreten. Außerdem ist sie die Göttin, die unsere Seele aus dem ansonsten endlosen Zyklus von Geburt und Tod befreit.

◗ Universelles Gesetz

In diesem Monat erinnert uns das Gesetz von der immerwährenden Energieumwandlung daran, dass wir die Macht haben, die Bedingungen unseres Lebens zu verändern. Hierzu müssen wir lediglich unsere Ängste und uns einschränkenden Gedanken überwinden – insbesondere unsere negativen Gedanken, die sich gegen uns und andere richten. Hebe deine Schwingungen an, indem du Yoga machst, chantest und meditierst – höhere Schwingungen verwandeln niedrigere. Reine sexuelle Energie ist ein großartiger Verwandler.

◗ Himmlischer Strahl

Der achte, seeschaumgrüne, aquamarinblaue Strahl, wird von Nada beherrscht. Er bringt tiefe spirituelle Reinigung mit sich, die es unserer Seele ermöglicht, sich zu entwickeln. Das funktioniert im achten Haus so gut, dass wir dort sogar an einem Teil dessen, was wir an uns als »unrein« empfinden, festhalten dürfen. Heilung und Reinigung sind erforderlich, um unsere Schwingung anzuheben. Der achte Strahl setzt sich zusammen aus dem vierten, fünften und siebten, verbunden mit etwas weißem Licht.

Neumond (oder Sonnenfinsternis) in deinem neunten Haus

(auch bekannt als die Gesamtbildzone)

◗ Darum geht's

Abenteuer, Reisen und persönliche Entwicklung.

◗ Was dich erwartet

Neue, aufregende Entwicklungen in Bezug auf Reisen, Lernen, das Internet, Veröffentlichungen und die große kosmische Suche.

Was du dir wünschen kannst

Dein Leben im Gesamtzusammenhang zu sehen und entsprechend Dankbarkeit zu empfinden.

Was du visualisieren solltest

Dich selbst und wo du dich gern im Urlaub aufhalten würdest!

Achtung: im Hinterkopf behalten!

Wir alle sind göttliche Wesen. Das neunte Haus wird insbesondere mit der spirituellen Suche assoziiert, und das gilt auch für den dazugehörigen Planeten Jupiter. Gleich wirst du sehen, dass auch das diesem Bereich traditionell zugeordnete Chakra das Göttliche zum Thema hat: Das Kronenchakra stellt die Verbindung zu allem Himmlischen dar.

Botschaften

Das Segment deines Horoskops, das der Neumond ausleuchtet, wird von Jupiter beherrscht, dem Planeten der Entwicklung und Erweiterung. Ob du nun also deinen Geist durch Reisen oder Lernen belebst oder indem du Gespräche mit weit gereisten Menschen führst oder einen Kurs für persönliche Entwicklung buchst, du hast jetzt die Gelegenheit, deinen Horizont zu erweitern.

In diesem Kreissegment geht es außerdem um deinen Glauben und deine Überzeugungen. Falls du dir dessen bewusst bist, dass du, sagen wir, zu unbeweglich warst und dich vielleicht zu sehr an dem festgeklammert hast, was du als Kind gelernt hast, statt eigene Perspektiven zu entwickeln, dann könnte jetzt jemand in dein Leben treten, der dir entweder hilft oder dich zwingt, deine Lebenseinstellung zu überdenken. Die Zeit eignet sich außerdem hervorragend, um aus Routinen auszubrechen und ein wenig mehr Freiheit zu erringen.

◗ Meditationsverstärker

Rezitiere den folgenden Satz, bevor du mit deiner Meditationspraxis beginnst: »Das Leben ist ein Abenteuer, und das liebe ich. Deshalb werde ich diesen Monat … [setz etwas Entsprechendes ein].«

◗ Ritual

Triff eine Entscheidung darüber, wohin du als Nächstes reisen willst. Häng ein entsprechendes Bild auf, das dich an deine Pläne erinnert.

◗ Aktivitäten

- Find einen Weg, um die Welt zu erforschen.
- Lies die Bücher, von denen du weißt, dass du sie lesen solltest.
- Melde dich für einen Kurs zu persönlicher Entwicklung an.
- Manifestiere einen neuen spirituellen Lehrer.
- Denk darüber nach, worauf du vertraust und worauf nicht.
- Such dir einen Brief-(E-Mail-)Freund auf der anderen Seite der Erde.
- Bemüh dich darum, dass etwas, was du geschrieben hast, veröffentlicht wird.

◗ Die drei besten Neumond-Affirmationen

Wiederhole eine oder alle drei Affirmationen während dieses Neumonds und der folgenden vier Wochen täglich:

- »Ich weiß, dass ich gesegnet bin.«
- »Das Leben ist ein Abenteuer!«
- »Die Welt liegt mir zu Füßen!«

◗ Ätherisches Öl

Sandelholz ist ein für diese Zeit gut geeignetes ätherisches Öl. In östlichen Religionen wird es als geheiligt empfunden, und du befindest dich gerade in einem besonders geheiligten Bereich deines Horoskops. Das Öl beflügelt außerdem spirituelles Bewusstsein und bringt dich in Übereinstimmung mit deiner Seelenaufgabe. Im neunten Haus kommen einige der ganz großen Themen zur Sprache. Sandelholz ist außerdem eine ausgezeichnete Meditationsunterstützung, die sich für jeden Tag der Woche eignet.

◗ Numerologische Energie

Die 9 symbolisiert Idealismus – ein Wesenszug, der Potenzial sowohl in positiver wie auch in negativer Hinsicht hat. Idealismus kann uns dabei unterstützen, die Welt zu einem besseren Ort zu machen. Er impliziert den Glauben an eine höhere Art des Seins. Übers Ziel hinauszuschießen kann jedoch auch hier Probleme verursachen. Achte ebenso darauf, in welchen Bereichen du dich im Verlauf dieses Monats engagierst. Die 9 steht für größte Toleranz und größtes Bewusstsein. Lebe beides diesen Monat aus.

◗ Neumond-Mantra

Verwende diesen Monat das Mantra *Ah*. Sing es jeden Tag laut oder still im Inneren, wenn du unter der Dusche stehst, vor oder nach der Meditation oder zu jedem anderen Zeitpunkt, der dir angemessen erscheint. Mit diesem Mantra stärkst du die Chakras des Monats.

◗ 3D-Chakra

Das Chakra, dem diesen Monat deine Aufmerksamkeit gelten sollte, ist das Kronenchakra *(Sahasrara)*. Es ist violett und befindet sich oberhalb des Scheitels deines Kopfes. Das Kronenchakra verbindet uns mit dem Göttlichen. Es ist der Sitz unseres kosmischen Bewusstseins oder, anders ausgedrückt, der Teil von uns, der weiß, dass wir ein Teil Gottes, dass wir spirituelle Wesen sind, die menschliche Erfahrungen machen, und dass wir alle eins und mit göttlicher Gnade und göttlicher Liebe verbunden sind. Um dieses Chakra zu stimulieren, stellst du dir eine sich drehende violette Scheibe über dem Scheitel deines Kopfes vor.

◗ 5D-Chakra

In der fünften Dimension erscheint das Kronenchakra kristallklar und umgeben von einem goldenen Hauch. Es ist das tausendblättrige Lotuschakra, das die Geheimnisse des Universums und unsere Verbindung mit allem Leben offenbart, wenn es sich öffnet.

◗ Leitender Erzengel

Für Erzengel Raguel ist das Leben eine Party, weil er der geselligste von allen Erzengeln ist. Raguels Namen bedeutet »Gottes Freund«, und sein Fokus ist Frieden und Harmonie für alle. Er unterstützt die Auflösung von Konflikten. Um mit ihm in Kontakt zu treten, brauchst du lediglich eine Kerze anzuzünden, ihn bei seinem Namen zu rufen und ihn um Unterstützung zu bitten:

»Liebster Erzengel Raguel, bitte sei in diesem Monat, in dem ich das Leben zur Gänze auskosten will, an meiner Seite. Mit deiner Hilfe und Leitung kann ich mein Potenzial voll ausschöpfen und das große Gesamtbild sehen. Ich danke dir.«

◗ Leitende Göttin

Fortuna ist die Göttin des Schicksals und des Zufalls, und sie begünstigt, wie es das alte lateinische Sprichwort sagt, diejenigen, die mutig und bereit sind, etwas zu riskieren: *Fortis fortuna adiuvat.* Falls du also diesen Monat etwas willst und du meinst, dass du, um es zu erlangen, ein gewisses Risiko eingehen musst, dann ist Fortuna die Göttin, an die du dich um Unterstützung wenden kannst. Sie ist außerdem die Göttin, mit der du sprechen solltest, wenn du reisen oder lernen willst; sie wird dich unterstützen. Bitte sie darum, dass du das Glück auf deiner Seite haben mögest.

◗ Universelles Gesetz

Das Gesetz der Relativität erinnert uns daran, dass alles verhältnismäßig ist – letztendlich sind die Dinge einfach so, wie sie sind. Es wird immer etwas in deinem Leben geben, was du nicht so gut hinbekommst, andererseits aber hast du deine ganz besonderen Talente. Verzichte darauf, dich mit anderen zu vergleichen. Beschäftige dich im Verlauf dieses Monats damit, wie du dich fühlst, wenn du dich nur mit dir selbst vergleichst. Erklär dir dieses Gesetz damit, dass nichts von sich aus gut oder schlecht, heiß oder kalt, schwarz oder weiß ist, bis du es in Beziehung zu etwas anderem setzt.

◗ Himmlischer Strahl

Der blaugrüne neunte Strahl ist der Hüter einer Schatzkiste des Wissens, die der Seele bei ihrer Entfaltung helfen kann. Es geht alles darum, die Freude zu verankern, die wir empfinden, wenn wir jemanden lieben, sei es auf romantische, familiäre oder platonische Weise. Sie fördert unsere Bewegung hin zur Erleuchtung und die Reinigungsarbeiten am achten Strahl. Der neunte Strahl setzt sich aus dem ersten und zweiten sowie aus weißem Licht zusammen.

Neumond (oder Sonnenfinsternis) in deinem zehnten Haus

(auch bekannt als deine Karrierezone)

◗ Darum geht's

Deinen beruflichen Werdegang und dein Ansehen.

◗ Was dich erwartet

Die Gelegenheit, beruflich voranzukommen.

◗ Was du dir wünschen kannst

Anderen mit deiner beruflichen Tätigkeit weiterzuhelfen.

◗ Was du visualisieren solltest

Stell dir vor, wie du eine Rede hältst und ein Experte in deinem Feld bist.

◗ Achtung: im Hinterkopf behalten!

Es ist ein durchaus berechtigtes Ansinnen, in der Welt etwas hinterlassen oder sich einen Namen dank einer Leistung machen zu wollen. Ob du nun das ehrgeizige Ziel verfolgst, eine großartige Mutter oder eine wunderbare Freundin zu sein, oder ob es sich um etwas »Sichtbareres« handelt, es spricht nichts dagegen, sich hohe Ziele zu stecken.

◗ Botschaften

Dieser Neumond und die vier nachfolgenden Wochen sind für karrierebewusste Zeitgenossen wichtig, weil das dazugehörige Thema das Berufsleben ist. Die Zeit ist günstig, um ein neues Unternehmen zu gründen, und deine Überstunden im Büro könnten jetzt belohnt werden – die Aussicht auf eine Beförderung ist gut, sofern du entsprechende Vorleistungen erbracht hast.

Selbst wenn es sich nicht um eine Beförderung im eigentlichen Sinne handelt, die Wahrscheinlichkeit, dass du mit deinem Einsatz wahrgenommen wirst, ist im kommenden Monat sehr hoch. Deshalb solltest du auch über deine Vorstellung von deiner Zukunft nachdenken. Bist du in die richtige Richtung unterwegs, um deine Bestrebungen, Träume und Ziele zu verwirklichen? Und falls nicht, was kannst du dann verbessern?

◗ Meditationsverstärker

Rezitiere den folgenden Satz, bevor du mit deiner Meditationspraxis beginnst: »Engagierte Arbeit beschert mir langfristigen Erfolg.«

◗ Ritual

Formuliere schriftlich deine ideale Tätigkeitsbeschreibung, und lies sie dir jeden Morgen im Verlauf dieses Monats laut vor.

◗ Aktivitäten

- Bitte deinen Chef um ein Gespräch darüber, wie er dich einschätzt.
- Hilf einem Kollegen dabei, sich von seinem alten Trott zu verabschieden.
- Überprüf dich, ob dir Status auch nicht zu wichtig ist.
- Setz dein neues Unternehmen so nah wie möglich an Neumond in Gang.
- Bewirb dich mit Selbstvertrauen um neue Jobs.
- Wenn du ein Lob verdient hast, dann nimm es an.
- Plane deinen nächstmöglichen Karriereschritt.

◗ Die drei besten Neumond-Affirmationen

Wiederhole eine oder alle drei Affirmationen während dieses Neumonds und der folgenden vier Wochen täglich:

- »Ich bin erfolgreich.«
- »Es ist wunderbar, so erfolgreich zu sein!«
- »Ich freue mich darüber, wenn sich meine Pläne verwirklichen lassen und funktionieren.«

Ätherisches Öl

Lorbeer ist als ätherisches Öl wunderbar geeignet für den Neumond im zehnten Haus und kann im Bad oder in der Duftlampe zur Anwendung kommen. Es unterstützt dich in deiner Konzentration bei harter Arbeit. Außerdem fördert es Motivation und Selbstvertrauen.

Numerologische Energie

Die Ziffern der Zahl 10 ergeben zusammen 1, was dich daran erinnert, dass du die Nummer 1 sein kannst. Außerdem wird dir ins Bewusstsein gehoben, dass es eine gute Sache sein kann, allein und für sich zu arbeiten. Sollte dir jedoch klar sein, dass du in professioneller Hinsicht zu viel in die Rolle des einsamen Wolfes schlüpfst, dann könntest du die Kraft des Neumonds nutzen, um eine Wende herbeizuführen.

Neumond-Mantra

Verwende diesen Monat das Mantra *Ram*. Sing es jeden Tag laut oder still im Inneren, wenn du unter der Dusche stehst, vor oder nach der Meditation oder zu jedem anderen Zeitpunkt, der dir angemessen erscheint. Mit diesem Mantra stärkst du die Chakras des Monats.

3D-Chakra

Diesen Monat solltest du deine Aufmerksamkeit auf das Solarplexuschakra *(Manipura)* richten. Es ist ein weiteres der Chakras, die dich strahlen lassen. Du bist am oberen Ende deines

Horoskops angelangt, wo du dein Zeichen in der Welt setzen kannst. Dieser Teil deines Horoskops handelt von deiner Karriere und deinen Ambitionen. Das ist es, worin du dir in der Welt einen Namen machen wirst, womit du sozialen Status und Ansehen erwerben kannst.

◗ 5D-Chakra

Du wirst dieses weiß strahlende Kausalchakra über und an deinem Hinterkopf spüren. Wenn es sich frei dreht, erwarten dich innerer Frieden und Gelassenheit. Außerdem öffnet es uns für göttliche Inspiration. Eine weitere wunderbare Eigenschaft dieses Chakras ist, dass es uns Ruhe bringt, wenn das Leben auf dem Kopf steht oder die Arbeitsbelastung zu hoch wird. Es wird durch Meditation unterstützt.

◗ Leitender Erzengel

Erzengel Azrael heilt gramvolle Herzen, die Verlust – welcher Art auch immer – erfahren haben. Solltest du in der Vergangenheit Probleme mit deiner Karriere gehabt haben (und wer hat das schon nicht?), dann bitte Azrael, dir bei der Heilung deiner Schmerzen zu helfen. Je mehr emotionales Gepäck du diesen Monat, während der Neumond im zehnten Haus steht, ablegen kannst, umso besser wirst du nächstes Jahr um diese Zeit dastehen. Um mit Azrael in Kontakt zu treten, brauchst du nur eine Kerze anzuzünden, ihn bei seinem Namen zu rufen und um Unterstützung zu bitten:

»Liebster Erzengel Azrael, bitte sei diesen Monat an meiner Seite, wenn ich danach strebe, meine irdischen Ambitionen zu erfüllen. Mit deiner Hilfe und Leitung kann ich in beruflicher Hinsicht mein höchstes Potenzial erfüllen. Ich danke dir.«

◗ Leitende Göttin

Juno ist die Göttin der Zeit und Hingabe. Wenn du eine Verpflichtung eingehst, sei es persönlich oder beruflich, und du dich an sie hältst, dann befindest du dich auf der Überholspur zum Erfolg. Juno kann dich bei deinem Vorhaben unterstützen und leiten. Das hört sich vielleicht nicht gerade spektakulär an, doch in einer Welt voller Unzuverlässigkeit ist Juno eine Göttin, die zu kennen sich lohnt. Positive Auswirkungen können auch in deinem Privatleben spürbar werden, etwa wenn du dir bewusst gemacht hast, dass du an Beziehungen arbeiten und deine Zusagen einhalten musst. Diesen Monat ist »Hingabe« dein Thema.

◗ Universelles Gesetz

Das Gesetz der Polarität steht diesen Monat im Vordergrund. Alles in der irdischen Welt hat zwei gegensätzliche Pole. Polarität steht immer für zwei Extreme einer Sache oder für die beiden gegensätzlichen Enden eines Spektrums. So können Temperaturen etwa von heiß bis kalt reichen, Maße von niedrig bis hoch, und Dinge können in sein oder out. Wenn du mit deiner Platzierung auf der Skala nicht zufrieden bist, dann setz dich in Bewegung, um etwas zu verändern. Mach dir bewusst, was du willst, und beschäftige dich weniger mit dem, was du nicht willst.

◗ Himmlischer Strahl

Der golden-perlmuttartige Strahl dieses Monats ist eine Kombination aus erstem, zweitem und drittem Strahl. Er wird beherrscht von Lady und Meisterin Andromeda und überwacht vom göttlichen Direktor der Strahlen. Er unterstützt unsere Seele dabei, sich zu integrieren und sich mit dem Schöpfer zu vereinen. Außerdem gestattet er es Menschen, die ersehnten Veränderungen an sich selbst vorzunehmen.

Neumond (oder Sonnenfinsternis) in deinem elften Haus

(auch bekannt als deine Freundeszone)

◗ **Darum geht's**

Deine Freunde und dein soziales Netzwerk (und deine diesbezüglichen Hoffnungen und Träume).

◗ **Was dich erwartet**

Die Chance, dass sich ein Wunsch erfüllt oder eine Freundschaft erblüht.

◗ **Was du dir wünschen kannst**

Alles, was du nur willst!

◗ **Was du visualisieren solltest**

Dich selbst, nachdem sich dein Wunsch erfüllt hat, oder umgeben von Freunden.

◗ **Achtung: im Hinterkopf behalten!**

Es gibt keinen Grund, allein durchs Leben zu gehen. Wenn du dich spirituell so weit entwickelt hast, dass du dich mit solchen Fragestellungen beschäftigst, dann kannst du auch in die Welt treten und Freunde finden. Das elfte Haus erinnert dich an den Sinnspruch: »Niemand ist eine Insel.«

◗ **Botschaften**

Diesen Monat solltest du deine Aufmerksamkeit auf zweierlei richten. Einerseits auf deine Hoffnungen und Träume. Es heißt, wenn die Sonne wie jetzt durch das elfte Haus wandert, dann verstärkt sie deine Kräfte des Wünschens. Mit anderen Worten: Achte sorgsam darauf, was du dir wünschst, denn es könnte dir gewährt werden ... Andererseits solltest du dich mit deinen Freunden sowie mit den Netzwerken und Gruppen beschäftigen, zu denen du gehörst. Wie zuversichtlich bist du im Hinblick auf deinen Platz in diesen Gruppen? Werden deine Bedürfnisse erfüllt? Und falls nicht, was kannst du dann dagegen tun? Jetzt ist die Wahrscheinlichkeit groß, dass neue Freunde in dein Leben treten.

◗ Meditationsverstärker

Rezitiere den folgenden Satz, bevor du mit deiner Meditationspraxis beginnst: »Freundliche Menschen finden immer freundliche Menschen.«

◗ Ritual

Lad zu einer Party in deinem Haus oder in deiner Wohnung ein. Selbstverständlich ist das ein gültiges Ritual! Mach es *bewusst.*

◗ Aktivitäten

- Schreib dich ein für einen Kurs in einer Fertigkeit, die du dir schon immer aneignen wolltest.
- Bitte deine Freunde, dich mit deren Freunden bekannt zu machen, die du noch nicht kennst.
- Sprich einen Monat lang jeden Abend einen »Sternschnuppenwunsch« aus.
- Mach eine(n) deiner Freunde oder Freundinnen aus deiner Kindheit mit einem gegenwärtigen Freund bekannt.
- Beginn ein Gespräch mit einer Person, der du fast täglich begegnest, mit der du aber noch nie gesprochen hast.
- Danke deiner/deinem besten Freund(in) dafür, dass er/sie für dich da ist.

◗ Die drei besten Neumond-Affirmationen

Wiederhole eine oder alle drei Affirmationen während dieses Neumonds und der folgenden vier Wochen täglich:

- »Ich bin mit allem Leben überall verbunden.«
- »Ich liebe meine Freunde, und meine Freunde lieben mich.«
- »Meine Träume manifestieren sich jetzt, in Gnade und auf vollkommene Weise.«

◗ Ätherisches Öl

Chemische Bestandteile des ätherischen Öls Weihrauch können die Blut-Hirn-Schranke überwinden und die Zirbeldrüse mit Sauerstoff anreichern. Der große französische Philosoph René Descartes hat die Zirbeldrüse als »den Sitz unserer Seele« bezeichnet, andere erkennen in ihr das viel zitierte Dritte Auge.

◗ Numerologische Energie

Deine Zahl des Monats ist die Meisterzahl 11 – eine der mächtigsten in der Numerologie. Sie steht für dein Wissen um das, was recht ist, was zu tun ist, und weist dir die Richtung, in die sich dein Leben entwickeln soll. Diese Zahl symbolisiert den schmalen Grat zwischen »alles haben« und »alles verlieren«. Halt diesen Monat die Augen offen für die Zahl 11, und streb mit deinem Leben nach der Goldmedaille. Die 11 sieht die Welt als einen Hort der guten Gelegenheiten und fürchtet sich nicht, allem Gewünschten mutig hinterherzujagen.

◗ Neumond-Mantra

Verwende diesen Monat das Mantra *Om.* Sing es jeden Tag laut oder still im Inneren, wenn du unter der Dusche stehst, vor oder nach der Meditation oder wann immer es dir angemessen erscheint. Mit diesem Mantra stärkst du die Chakras des Monats.

3D-Chakra

Wenn wir erst anfangen zu wünschen – und genau das wird uns ja vom elften Haus nahegelegt –, dann ist es überaus wichtig, das im Hinterkopf zu behalten, was unsere Intuition uns sagt. Wenn wir insgeheim bereits zu wissen meinen, dass wir das, was wir uns wünschen, nicht bekommen werden, dann kann es sich auch nicht manifestieren. Das diesem Monat zugeordnete indigofarbene Stirnchakra oder Dritte Auge *(Ajna)* fungiert wie ein Energietor zu unserem intuitiven oder sogar zu unserem übersinnlichen Ich. Sorg dafür, dass es diesen Monat gründlich trainiert wird, indem du es in deiner Vorstellung tüchtig zum Kreiseln bringst.

5D-Chakra

Diesen Monat ist auch das magentafarbene Seelensternchakra an der Reihe. Dort verwahren wir das Karma unserer Familie und unserer Vorfahren. Indem wir mit diesem Karma arbeiten, können wir das karmische Hamsterrad verlassen. Dein Seelenstern ermutigt dich zu spirituellem Wachstum und sogar zum Aufstieg in den Himmel. Lass los, und lass dich von göttlichem Licht erfüllen. Nimm wahr, wie sich dieses Chakra perfekt über deinem Kopf dreht.

Leitender Erzengel

In vielerlei Hinsicht verhält es sich mit dem erleuchtenden Erzengel Uriel so wie mit einem weisen alten Onkel, der allen in seinem Umfeld wertvolle Unterweisung zuteilwerden lässt (du kannst dabei an Yoda aus *Star Wars* denken, der sein ganzes Wissen weitergeben will). Um die Verbindung zwischen dir und Uriel herzustellen, brauchst du nur eine Kerze anzuzünden, ihn bei seinem Namen zu rufen und um Unterstützung zu bitten:

»Liebster Erzengel Uriel, bitte sei diesen Monat an meiner Seite, wenn ich mich mit meinen Freundschaften und zwischenmenschlichen Beziehungen beschäftige. Mit deiner Hilfe und Leitung kann ich mein Potenzial voll ausschöpfen, wenn es darum geht, Teil einer Gemeinschaft zu sein. Ich danke dir.«

Leitende Göttin

Isis ist eine vielseitige und sehr berühmte Göttin. Sie ist anzutreffen unter den Begüterten, den Großartigen, den Guten und den Unschuldigen, aber sie war auch immer eine Freundin der Sklaven und Sünder, der Künstler und Geknechteten. Isis war immer zugänglich, und sie ist auch heute noch eine wunderbare Göttin, mit der man jederzeit in Beziehung treten kann. Bitte Isis um Unterstützung, wenn du deinen Zugang zur Welt erweitern willst. Zünde eine Kerze an, und sprich mit ihr.

Universelles Gesetz

Das Gesetz des Rhythmus erinnert uns daran, dass die Bewegung des Planeten Erde bestimmten Zyklen unterworfen ist. Sie sind die Grundlage für die Rhythmen des Lebens hier auf der Erde: die Jahreszeiten, die Gezeiten, die Mondphasen, der weibliche Menstruationszyklus, die Stufen menschlicher Entwicklung. Im *Kybalion,* einem anonym veröffentlichten berühmten esoterischen Werk, kann man nachlesen, dass dieser Rhythmus die Ursache ist für die »verwirrende Abfolge von Stimmungen, Empfindungen und anderen störenden oder verblüffenden Veränderungen, die wir an uns selbst feststellen«.

Der hermetische Meister, der von Hermes Trismegistos beeinflusst wurde, rät uns, dass wir unsere »verwirrenden« Emotionen und Stimmungen meistern können, indem wir dieses universelle Gesetz studieren und verstehen.

◗ Himmlischer Strahl

Der rosaorange elfte Strahl ist eine Kombination aus den Strahlen eins, zwei und fünf. Er wird beherrscht von Lady Kuan Yin und überwacht vom göttlichen Direktor der Strahlen. Er vervollständigt den Verschmelzungsprozess der Seele mit Gott, vermittelt die Macht der Liebe beim Manifestieren von Materie und hilft uns, uns mit göttlicher Liebe und Weisheit zu verbinden. Der elfte Strahl bringt außerdem die Pole »männlich« und »weiblich« ins Gleichgewicht.

Neumond (oder Sonnenfinsternis) in deinem zwölften Haus

(auch bekannt als die Zone deiner Geheimnisse)

◗ Darum geht's

Dein geheimes, ja intimstes Selbst.

◗ Was dich erwartet

Eine Phase von ein paar Wochen, in der du dich von der Welt zurückziehen willst.

◗ Was du dir wünschen kannst

Inneren Frieden.

◗ Was du visualisieren solltest

Dich selbst in einer kosmischen rosafarbenen Blase – eins mit dem Universum.

◗ Achtung: im Hinterkopf behalten!

Es ist in Ordnung, sich zum Meditieren und zur Besinnung Zeit zu nehmen. Es ist ein Jahr her, seit die Lebensspenderin – die

Sonne – in deinem Zeichen war. Deshalb kann es gut sein, dass du dir vorkommst, als seien deine Batterien leer. Nutze diesen Monat, um zu verarbeiten, was sich in den vorhergehenden zwölf Monaten ereignet hat, und um dir Klarheit darüber zu verschaffen, was du im kommenden Jahr erreichen möchtest, wenn die Sonne durch deinen Aszendenten zieht und im nächsten Monat in dein erstes Haus zurückkehrt.

Botschaften

Kennst du das? Du liest etwas über Astrologie nach, und da heißt es dann, ein wenig unheimlich: »Vertraue deinen Träumen«? Genau das meine ich auch hier. Wenn sich der Neumond in deinem zwölften Haus befindet, dann aktiviert er den Bereich deines Horoskops, der von Träumen und von allem Geheimen und Unheimlichen handelt. Dieser aktivierte Bereich wirkt auf den Teil von dir, von dem du anderen nicht gern erzählst, auf dein geheimes Selbst, deine Schattenseite, dein Unbewusstes.

Jetzt deinen Träumen zu vertrauen und dich mit ihnen zu beschäftigen kann äußerst lohnenswert sein, weil der Mond in diesem Segment des Horoskops so viel an die Oberfläche holt, das zu untersuchen wertvoll sein kann. Weil es hier auch um alles Unheimliche geht, ist der Zeitpunkt außerdem gut gewählt, um – etwa über Yoga und Meditation – mit deiner spirituellen Seite Kontakt aufzunehmen. Es stimmt, Yoga, wie er im Westen praktiziert wird, trainiert vor allem den Körper, aber Yoga und Meditation beruhigen außerdem den Geist und unterstützen dich dabei, deinem »Kern-Ich« näherzukommen. Falls du dir nichts darunter vorstellen kannst, buch einen Yoga- oder Meditationskurs, und das wird sich rasch ändern. Du befindest dich am Ende eines Zyklus, also verabschiede dich von allem, was in deinem Leben nicht funktioniert, und schaff Platz für anderes.

◗ Meditationsverstärker

Rezitiere den folgenden Satz, bevor du mit deiner Meditationspraxis beginnst: »Meine Träume führen mich.«

◗ Ritual

Erstell eine Liste deiner Ängste, und verbrenn sie.

◗ Aktivitäten

- Halt es wie ein Yogi, und verbieg dich »zu einer Brezel«.
- Gönn dir eine Auszeit von dem verrückten Strudel vermeintlicher gesellschaftlicher Erfordernisse.
- Halt dein Smartphone nahe dem Bett bereit, und diktiere gleich nach dem Erwachen deine Träume.
- Stell dich einer großen Angst. Versuch, sie in den Griff zu bekommen, indem du darüber nachdenkst, wo sie ihren Ursprung hat.
- Vertrau deiner Intuition.
- Besorg dir eine Meditations-CD, und übe einen Monat lang täglich mit ihrer Hilfe.
- Schreib Gedichte, die ihren Ursprung in deinem Herzen haben.
- Teile eines deiner Geheimnisse.

◗ Die drei besten Neumond-Affirmationen

Wiederhole eine oder alle drei Affirmationen während dieses Neumonds und der folgenden vier Wochen täglich:

- »Es ist gestattet, Nein zu sagen.«
- »Ich bin fokussiert auf inneren Frieden.«
- »Ich verabschiede mich jetzt von meinen Ängsten.«

◗ Ätherisches Öl

Dieser Teil des Horoskops wird mit Ängsten und anderem Negativem in Verbindung gebracht. Gegen Angst, Depression oder Nervosität ist Lavendel ein sehr wirkungsvolles Mittel. Es ist sinnvoll, derartige Probleme auf solche Weise zu bearbeiten, wenn sich der Mond im zwölften Haus befindet.

◗ Numerologische Energie

Für diesen Monat steht die Zahl 12/3 – der Inbegriff der Weisheit. Sonne und Mond sind einander nun in allen zwölf Häusern deines Geburtshoroskops begegnet. Du hast dich seit dem Beginn des Zyklus vor zwölf Monaten stark entwickelt. Die Zahl 12/3 wird im Tarot passenderweise entweder mit der Herrscherin oder dem Gehängten assoziiert. Dieser Neumondzyklus eignet sich nicht, um sich in neue Projekte zu stürzen. Vielmehr solltest du diesmal das Leben an dir vorbeiziehen lassen. Ruh dich aus, und erhol dich. Im kommenden Monat hast du dann wieder die Gelegenheit, neue Unternehmen in Gang zu setzen.

◗ Neumond-Mantra

Verwende diesen Monat das Mantra *Ah.* Sing es jeden Tag laut oder still im Inneren, wenn du unter der Dusche stehst, vor oder nach der Meditation oder zu jedem anderen Zeitpunkt, der dir angemessen erscheint. Mit diesem Mantra stärkst du die Chakras des Monats.

◗ 3D-Chakra

Das Chakra des Monats ist das violette Kronenchakra *(Sahasrara),* das sich oben über deinem Kopf befindet und die Verbindung zwischen Himmel und Erde darstellt. So wie das zwölfte Haus das Spirituelle und Mysteriöse zum Thema hat, so verbindet dich dein Kronenchakra mit dem Kosmischen und dem

Mystischen. Es ist der Sitz kosmischen Bewusstseins und stellt eine Beziehung her zwischen uns und der göttlichen Intelligenz und Gnade. Es ist ein Kanal oder Eingang, durch den hindurch göttliche Informationen in dich hineinfließen. Das Kronenchakra ist ein Zentrum für Vertrauen, Inspiration und Glück. Sieh es während der Meditation als violette Krone, die sich auf deinem Kopf dreht.

◗ 5D-Chakra

Das Sternentorchakra ist ein wunderschöner goldoranger Stern am oberen Ende deines Energiefelds. Es gleicht einem Kelch, der himmlische Liebe und göttliche Codes aus der Akasha-Chronik[11] an dich weiterleitet. Öffne dieses Chakra, und du empfängst himmlisches Licht, damit es aus dir strahlen kann. Es ist unsere direkte Verbindung zur Quelle.

◗ Leitender Erzengel

Sandalphons Energie ist weich und zart. Er sendet dir seine Botschaft in einem sanften Flüstern, das dir leicht entgeht, wenn du nicht sorgfältig »hinhörst«. Falls du mit Sandalphon sprichst und ihn um Hilfe bittest, dann achte auf bedeutsame Lieder, die du vielleicht hörst. Die Liedtexte könnten die Engelbotschaften enthalten, die Sandalphon dir mitteilen möchten. Um mit ihm in Verbindung zu treten, brauchst du nur eine Kerze anzuzünden, ihn bei seinem Namen zu rufen und um Unterstützung zu bitten:

»Liebster Erzengel Sandalphon, bitte sei diesen Monat, in dem ich über die zurückliegenden zwölf Monate nachdenke, an meiner Seite. Mit deiner Hilfe und Leitung kann ich mein Potenzial vollständig ausleben. Ich danke dir.«

◗ Leitende Göttin

Kuan Yin ist eine der berühmtesten Göttinnen und insbesondere bekannt für ihr Mitgefühl und ihr Erbarmen. In manchen Kulturen ist sie die ideale Frau. Es heißt, sie habe auf die Glückseligkeit des Nirvana verzichtet, um ihre Rolle als Helferin der Menschen nicht aufgeben zu müssen. Kuan Yin ist die Trägerin von Göttinnen- und Mutterenergie.

◗ Universelles Gesetz

Das Gesetz des Geschlechts besagt, dass jedes Ding, jeder Mensch und jede Situation sowohl männliche als auch weibliche Energie in sich trägt. So geschieht Schöpfung. Im Tierreich manifestiert sich das Gesetz des Geschlechts als Sexualität, doch es geht auch weit darüber hinaus bis hin zur Vorstellung von Yin und Yang. Das Universum wurde nach dem Gesetz des Geschlechts erschaffen. Um dich wirklich zu kennen und um das Universum zu meistern, musst du beides ausleben, sowohl männliche als auch weibliche Energie, unabhängig davon, welche Geschlechtszugehörigkeit du hast. Dann wirst du zum Mitschöpfer Gottes.

◗ Himmlischer Strahl

Der zwölfte Strahl wird beherrscht von Pallas Athene und überwacht vom göttlichen Direktor der Strahlen und vom Herrn Maitreya. Dieser goldene Strahl verankert Christusbewusstsein, also die große zentrale Sonne. Es ist eine Kombination aller Strahlen unter Hinzufügung weißen Lichts und verfügt über einen einzigartigen goldenen Glanz.

Zusammenfassung

Dir steht nun alles zur Verfügung, was du brauchst, um mit dem Neumond arbeiten zu können. In diesem Kapitel hast du erfahren,

- dass Träume und Wünsche energetisch aufgeladen werden, wenn du im Einklang mit dem Neumond manifestierst,
- was der Neumond in allen zwölf Häusern bewirkt und
- was er in allen zwölf Häusern für dich persönlich bedeutet.

FAQs: Der Neumond

Nachfolgend findest du die Antworten, welche ich auf allgemeinere Fragen gebe, die man mir zu den Themen in diesem Kapitel stellt.

Muss ich meine Wünsche in Übereinstimmung mit jedem Zeichen beziehungsweise Haus aussprechen?

Es ist *nicht zwingend* erforderlich, dass du deine Neumondwünsche in Übereinstimmung mit dem Zeichen oder dem Haus aussprichst, in dem sich der Neumond jeweils befindet: Du kannst jeden Monat wünschen, was immer du willst. Idealerweise würdest du jedoch auch ein paar Wünsche in Übereinstimmung mit dem jeweiligen Zeichen oder Haus zum Ausdruck bringen, da diese Wünsche besonders hoch aufgeladen sind. Abgesehen davon hast du nach Ablauf eines Jahres in praktisch jedem Bereich deines Lebens Wünsche geäußert und Vorsätze gefasst beziehungsweise dich für ihre Umsetzung eingesetzt, da jeder Lebensbereich im Horoskop abgedeckt wird.

◗ Habe ich einen persönlichen Neumond?

Dein persönlicher Neumond findet einmal im Monat statt, wenn der transitierende Mond sich über deine Sonne schiebt. Das geschieht während der circa zweieinhalb Tage, in denen sich der Mond in deinem Tierkreiszeichen befindet, also deinem Sonnenzeichen. Möglicherweise erlebst du dann eine emotionalere Phase, insbesondere wenn deines zu den sogenannten Wasserzeichen Krebs, Skorpion oder Fische gehört. Alles in allem handelt es sich jedenfalls um eine gute persönliche Markierung. Geh in dich, besinn dich auf deine Neumondwünsche, und stell fest, ob du im richtigen Fahrwasser segelst, um deine Träume zu verwirklichen.

Um in Erfahrung zu bringen, wann dein persönlicher Neumond stattfindet, musst du auf den aktuellen Mond achten (siehe Teil IV). Sobald er in das Zeichen eintritt, in dem bei deiner Geburt die Sonne stand – also zum Beispiel in den Löwen, wenn dein Tierkreiszeichen Löwe ist –, dann wirst du innerhalb der circa zweieinhalb nachfolgenden Tage deinen persönlichen Neumond erleben.

◗ Kann es vorkommen, dass es innerhalb eines Hauses mehr als einen Neumond gibt?

Normalerweise kommt der Neumond in jedem der zwölf Häuser immer nur einmal vor – also einmal im Jahr im ersten Haus, einmal im Jahr im zweiten Haus und so fort. Falls, was äußerst selten ist, zwei Monate so in ein Haus fallen, dass es zweimal Neumond in diesem Haus gibt, dann hat das einen ganz bestimmten Grund. Du wirst auf diese Weise aufgefordert, mehr an den

Eigenschaften zu arbeiten, die in dieses Haus fallen, und Veränderungen vorzunehmen, oder aber du erhältst eine Art zweite Chance, um etwas in dem entsprechenden Haus beziehungsweise in dem Bereich in deinem Leben gutzumachen, worum du dich hoffentlich schon bemühst.

◗ Gibt es einen Neumond, der sich besonders für das Wünschen eignet?

Ja! Der jährliche Neumond in deinem elften Haus – auch bekannt als das Haus der Wünsche und Hoffnungen – ist im Hinblick auf Neumondwünschen besonders mächtig. Und falls sich außerdem in deinem elften Haus auch noch eine Sonnenfinsternis ereignet, dann haben deine Wünsche viermal so viel Kraft wie sonst.

Was das Timing betrifft, so lautet mein bester Rat: Wünsche jeden Monat bei Neumond, und schließlich wirst du es irgendwann auch tun, wenn der Neumond sich in deinem elften Haus befindet. Tatsächlich bin ich jedoch der Auffassung, dass gute Vorbereitung immer am besten ist. In der Tabelle findest du also knappe Angaben dazu, wie du herausfinden kannst, welcher Neumond dein supermächtiger »Wünschneumond« ist, den du dir auf keinen Fall entgehen lassen solltest. *Vergewissere dich, dass du auch wirklich jeden davon nutzt.*

Du kannst dich an deinem Tierkreiszeichen orientieren, wenn dir dein Aszendent nicht bekannt ist. (Tipp: Falls du die Tabelle einmal nicht zur Hand hast, dann erinnere dich, dass es sich um den Neumond handelt, der sich zwei Zeichen vor deinem Sonnenzeichen beziehungsweise vor deinem Aszendenten befindet.)

Finde deinen supermächtigen Neumond des Wünschens

♈	Widder oder Aszendent Widder	♒	Wassermann-Neumond
♉	Stier oder Aszendent Stier	♓	Fische-Neumond
♊	Zwillinge oder Aszendent Zwillinge	♈	Widder-Neumond
♋	Krebs oder Aszendent Krebs	♉	Stier-Neumond
♌	Löwe oder Aszendent Löwe	♊	Zwillinge-Neumond
♍	Jungfrau oder Aszendent Jungfrau	♋	Krebs-Neumond
♎	Waage oder Aszendent Waage	♌	Löwe-Neumond
♏	Skorpion oder Aszendent Skorpion	♍	Jungfrau-Neumond
♐	Schütze oder Aszendent Schütze	♎	Waage-Neumond
♑	Steinbock oder Aszendent Steinbock	♏	Skorpion-Neumond
♒	Wassermann oder Aszendent Wassermann	♐	Schütze-Neumond
♓	Fische oder Aszendent Fische	♑	Steinbock-Neumond

Was bedeutet es, wenn Neumond oder Vollmond auf meinen Geburtstag fallen?

Wenn der Neumond mit deinem Geburtstag zusammenfällt, dann ist das ein wichtiger Hinweis des Universums darauf, dass aufregende Entwicklungen und Veränderungen vor dir liegen. Es ist so, als ließe der Kosmos dir einen gewaltigen Energieschub zuteilwerden. Bedenke, wenn Neumond an oder unmittelbar vor deinem Geburtstag stattfindet, dann schiebt sich der Neumond über deine Sonne – das heißt, er befindet sich an genau derselben Stelle wie die Sonne am Tag deiner Geburt.

Es ist eine große, aufregende Sache und ohne Zweifel eine Aufforderung an dich, in den nächsten zwölf Monaten etwas zu bewirken. Falls eine Sonnenfinsternis an deinem Geburtstag stattfindet, ist dies eine energetisch gewaltig aufgeladene Situation!

Teil III

Die Magie des Vollmonds nutzen

Der Vollmond ist der Höhepunkt des Mondzyklus. Er markiert eine äußerst mächtige Zeit für die Arbeit am Inneren – um in sich hineinzusehen, um Heilung zu bewirken, um Hindernisse auszuräumen und um sich von der Vergangenheit zu lösen: lauter Maßnahmen, die wir alle in regelmäßigen Abständen durchführen müssen.

Kapitel 6

Vollmond – Vergebung und Dankbarkeit

Der Vollmond wird allgemein als der Endpunkt eines Mondzyklus betrachtet. *Tatsächlich* endet ein Mondzyklus natürlich nie, jedenfalls nicht bis zum heutigen Tag. Vielmehr nimmt der Erdtrabant für alle Zeiten im Wechsel zu und ab. Gern wird der Vollmond auch als der »Höhepunkt« des Mondzyklus bezeichnet. Die Energie baut sich bis zum Vollmond immer weiter auf, und dann ist mit einem Mal Schluss, und der Kreislauf dreht sich um. Mancher Vollmondwahnsinn ist so gefolgt von einer Art kosmischem Mondseufzer. Bei Vollmond sind wir aufgefordert oder werden gezwungen, uns mit unseren »Angelegenheiten« zu befassen, und deshalb gebärden sich manche Menschen bei Vollmond bekanntermaßen etwas seltsam.

Beim Vollmond geht es also um Höhepunkte und ums Loslassen des Alten: um das Abstreifen niedrigerer Energieformen, die ihren Ursprung in Ärgernissen oder in negativen Ereignissen haben, aber auch in destruktiven Verhaltensmustern, in die du vielleicht ungewollt hineingerutscht bist. Es geht darum, sich von toxischen Gedanken, Gewohnheiten, Verhaltensweisen und, ja, auch von »giftigen« Menschen zu lösen. Der Gipfelpunkt ist erreicht. Die Zeit ist gekommen, reinen Tisch zu machen, damit Platz für Neues ist. Jetzt sollten wir uns von allem befreien, was uns nicht weiterbringt und was wir deshalb ablegen wollen: Schuldgefühle, Ängste, Enttäuschungen, Neid – alles, was kontraproduktiv ist.

Der Vollmond ist außerdem die Zeit, in die die Arbeit am inneren Selbst fällt. Themen sind »Der Blick nach innen«, »Heilung«, »Die Überwindung von Blockierungen« und »Die Befreiung von Vergangenem«. Wenn der Mond voll ist und hell strahlt wie sonst nie, kann er auf uns wirken wie ein Leuchtturm in der Dunkelheit und uns zeigen, was am tiefsten in uns verborgen ist.

Außerdem veranstaltet der Vollmond eine Art Tauziehen in uns. Unsere Sonne steht auf der einen Seite unseres Horoskops, und der Vollmond befindet sich auf der exakt gegenüberliegenden. Wir erkennen, an welcher Stelle unsere Geschicke aus dem Gleichgewicht geraten sind, und haben die Gelegenheit, sie zur Harmonie zurückzuführen. Arbeitest du zu viel? Der Vollmond erinnert dich daran, dir dein Arbeitspensum bewusst zu machen. Schmeißt du mit Geld geradezu um dich? Ereignisse in den Vollmondtagen weisen dich darauf hin, dass du das richtige Maß finden musst. Verausgabst du dich zu sehr? An Vollmond sollst du dich daran erinnern, dass Geben und Nehmen im Gleichgewicht sein sollen. Und so weiter …

Warum Manifestieren zwingend Vergebung erfordert

Es ist entscheidend, uns bewusst zu machen, dass die Verwirklichung unserer Träume durch Neumondwünschen unsere Befreiung von allem Groll und Ärger gegen wen auch immer voraussetzt. So funktioniert Manifestieren. Deshalb ist der Vollmond ideal geeignet, um sich in Vergebung und Dankbarkeit zu üben.

Wir können den Vollmond nutzen, um die folgenden Hürden abzuarbeiten:

- negative Gefühle,
- Ängste,
- Verstimmungen,
- Streit,
- Enttäuschungen,
- Dramen und
- Fehlverhalten.

Und »abarbeiten« bedeutet hier »vergeben« und hat die Befreiung von dem Karma zur Folge, das sich in diesem Zusammenhang angereichert hat. Es kann heißen, uns selbst zu vergeben oder einem anderen. Erscheint dir das eine Herausforderung? So schlimm ist es nicht.

Stell dir vor, dass du, bevor du hierher auf die Erde gekommen bist und dich inkarniert hast, verschiedene Vereinbarungen getroffen hast. Dir war wichtig, dass deine Seele während ihrer Inkarnation eine Entwicklung durchmacht, also hast du Verträge mit anderen Seelen geschlossen, denen zufolge ihr einander »Dinge antun« wollt, die vielleicht sämtliche Schmerzpunkte drücken oder euch sogar bis an den Abgrund führen, deren Aufgabe es jedoch vor allem ist, euch die Gelegenheit zum Lernen zu verschaffen.[12]

Wenn dich also irgendjemand ärgert, sämtliche deiner wunden Punkte berührt und dich wirklich auf die Probe stellt, dann beschäftige dich mit dem Gedanken, dass dieser Mensch einer sein könnte, mit dem du einen Seelenvertrag geschlossen hast. Such nach der Lektion, die das Ärgernis dich lehren soll. Betrachte sie als »abgekartetes Spiel«, das dir helfen soll, dich zu entwickeln, und weniger als sinnloses Ärgernis. Zieh deine Lehre aus der Situation, und setz deine Reise fort. Alles klar?

Indem wir einsehen, dass wir zum Wohl unserer Entwicklung hier auf diesem Planeten sind, damit wir uns nicht mehr immer weiter inkarnieren müssen, bemühen wir uns hoffentlich mehr, mit den Schwierigkeiten fertigzuwerden, auf die wir im Verlauf unserer Reise stoßen. Die Freundin, die dir wirklich auf die Nerven geht, verwandelt sich in deine Lehrerin. Der Unbekannte, der unhöflich zu dir war? Ebenfalls dein Lehrer. Der Pädagoge damals in der Schule, der dich schlecht behandelt hat und dich zum Verzweifeln gebracht hat? Dein Lehrer. Dein Liebster, dein Ex, derjenige, der dich im Stich gelassen hat? Allesamt deine Lehrer. Deine Kinder? Gleichfalls deine Lehrer.

Einmal im Monat bei Vollmond also nehmen wir uns die Zeit, um mit unseren Lehrern »abzurechnen«. Wir vergeben ihnen für das, was sie uns angetan haben, weil ein Seelenvertrag zwischen ihnen und uns besteht, ob ihnen das nun bewusst ist oder nicht. Die meisten Menschen tun von sich aus ohnehin schon ihr Bestes, und das wenigstens könnten wir anerkennen.

Groll führt nur zu Bitterkeit, und Bitterkeit ist im höchsten Maß giftig. Buddha hat gesagt (oder war es doch die buddhistische Nonne Pema Chödrön, wie manche behaupten?), an Ärger festzuhalten sei, als tränke man Gift und erwarte, dass der andere davon stirbt.

Vollmondzeiten

Wie du mit einem Blick auf die zukünftigen Vollmondtermine sehen kannst (beispielsweise auf meiner Webseite www.moonologybook.com/moondates), findet der Vollmond nicht immer nur nachts statt. Gelegentlich ist Vollmond um zehn Uhr morgens oder um drei Uhr nachmittags oder kann zu jeder anderen Stunde im Verlauf eines Tages stattfinden. Am besten leistest du deine Vergebungsarbeit am Abend *vor* dem Vollmond statt am Abend *danach*.

~

Man könnte nun argumentieren, es sei besser, wütend zu sein, als in Hilflosigkeit und Hoffnungslosigkeit zu erstarren. Doch ist es besser, Wut, Ärger und Groll als die Trittsteine zurück zum Wohlergehen zu betrachten, und wohl ergeht es einem vor allem dann, wenn man sich über niemanden ärgern muss.

Manchmal fällt es uns leicht, zu vergeben und zu vergessen. Mitunter gelingt es uns nur zu vergeben, aber nicht zu vergessen. Und gelegentlich könnte man vergeben, aber es wäre kein kluger Schritt, auch zu vergessen. Wir sind alle nur Menschen und machen Fehler; jeder von uns führt seinen ganz persönlichen Kampf.

Auf die Gefahr hin, dass ich mich wiederhole, aber jemandem zu vergeben heißt *nicht,* seine Taten nachträglich zu rechtfertigen. Es bedeutet, dass du dich mit der Sache auseinandergesetzt hast und sie hinter dir lassen kannst. Wenn wir uns über jemanden ärgern, wenn wir wütend, bitter oder verwirrt sind, dann »funktionieren« wir nicht mehr richtig. Die Signale, die wir aussenden, künden mehr von unserem Ärger als von allem anderen. Und diese Signale sind von großem Einfluss darauf, wie sich unser Leben entfaltet. Du weißt ja, das Gesetz der Resonanz besagt, dass Gleiches Gleiches anzieht.

Wenn wir uns ärgern, senden wir negative Schwingungen aus. Vergeben wir jedoch, dann sind unsere Frequenzen wesentlich klarer, reiner und glücklicher, und in diesem Zustand gelingt es uns viel eher, unsere Träume zu manifestieren.

Vollmond-Vergebungszeremonie

Wenn die Vollmondnacht gekommen ist (siehe hierzu die eben beschriebenen praktischen Angaben »Vollmondzeiten«), dann setz dich zehn Minuten still hin, und vergib bewusst jedem, dem gegenüber du Groll, Wut oder Ärger empfindest. Sollte es in deinem Umfeld jemanden geben, der dich wirklich auf die Palme bringt, dann bitte diese Person jetzt hier im Geiste, dir für deine negativen Gefühle zu vergeben, und sende ihr Liebe. Danach kannst du wie folgt vorgehen:

1. Mach ein paar tiefe reinigende Atemzüge. Befrei dich beim Atmen von allem Stress, von allen Sorgen und von allen Kümmernissen.
2. Nun denk darüber nach, von welcher Angewohnheit, von welchem Gedankenmuster oder von welcher Vorstellung, von welchem Ärger du dich befreien willst. Schreib jeden Punkt auf ein Blatt Papier, und zwar so viel, bis du alles zum Ausdruck gebracht hast.
3. Als Nächstes denkst du darüber nach, wer dir Ärger bereitet hat. Du kannst dabei bis zurück in deine Kindheit gehen, um jemanden zu finden, der dir aus deiner Sicht unrecht getan hat und dem du bisher nicht vergeben konntest. Schreib die Namen dieser Personen auf dasselbe Blatt, und formuliere, was sie dir angetan haben. Schreib so viel, wie dir notwendig erscheint. Jetzt hast du deine Vergebungsliste beieinander.
4. Schließ die Augen, und stell dir jede dieser Personen nacheinander genau vor. Dann umgib die jeweilige Person vor deinem inneren Auge mit einer rosafarbenen Blase (Rosa ist eine der Farben der Liebe). Sieh, wie die Personen dich anlächeln. Lass ein gutes Gefühl zwischen euch beiden zu. Sag laut oder still in deinem Inneren: »Ich vergebe dir«, und lass sie dann in ihrer Blase davonfliegen.
5. Sobald du mit allen Personen auf deiner Liste so verfahren bist, sprich die nachfolgende Formel der Vollmondvergebung und Karmabefreiung:

»Unter dem herrlichen Vollmond vergebe ich jedem und allem, allen Erfahrungen und allen gegenwärtigen und vergangenen Erinnerungen, die meiner Vergebung bedürfen. Ich vergebe ausdrücklich allen. Ich vergebe auch mir selbst meine Fehler. Das Universum ist Liebe, mir ist vergeben, und ich werde allein durch Liebe gelenkt. Liebe richtet mein Leben aus. Dank dieser Erkenntnis kann ich in Frieden leben.«

Vielleicht sagt dir auch der folgende Zusatz zu:

»Ich schaffe Liebe und Heilung für all meine Gedanken, Überzeugungen und Beziehungen. Ich lerne meine Lektion, dann setze ich meinen Weg fort. Ich wende mich den einzelnen Elementen meiner Seele zu, bitte um ihre Reinigung durch den Mond und darum, dass sie ihren angestammten Platz im Ganzen zurückerhalten. Ich sende mir selbst, allen, die ich kenne, allen, die mich kennen, und in alle Richtungen der Zeit Liebe. Unter diesem herrlichen Vollmond finde ich Heilung. Mein Leben ist geheilt. So ist es, und so sei es.«

6. Verbrenn nun über dem Waschbecken oder an einem anderen sicheren Ort, an dem du keinen Brand auslösen kannst, deine Vergebungsliste. Mit diesem Ritual setzt du die zugehörigen Energien frei, damit sie sich im Äther in Liebe verwandeln können.

Die Bedeutung von Dankbarkeit

Mit der zuvor beschriebenen Zeremonie und der Niederschrift deiner Vergebungsliste setzt du Groll frei und musst das »Vakuum« mit etwas anderem füllen. Hier ist Dankbarkeit ideal geeignet. Sie hebt deine Schwingung an, und du wirst glücklicher sein. Je höher und klarer deine Frequenz ist, umso besser wird es dir zwei Wochen später zur Neumondzeit gelingen, deine Träume zu manifestieren.

Vollmond-Dankbarkeitszeremonie

Erfüllt von Dankbarkeit, kannst du besser manifestieren. In diesem Zustand ist dein Ego zum Schweigen gebracht, das dich ansonsten beim Manifestieren mit Zweifeln überfluten würde. Hier die Vorgehensweise:

1. Nimm dir hinreichend Zeit, damit dir zumindest drei Menschen, Gegenstände, Orte oder Ereignisse einfallen, für die du außerordentlich dankbar bist. Spür diese Dankbarkeit! Spür sie mit jeder Faser deines Körpers!
2. Leg eine Liste an, in der du festhältst, wem oder was du dankbar bist.
3. Verbrenn deine Dankbarkeitsliste über dem Waschbecken oder an einem anderen sicheren Ort, an dem du keinen Brand auslösen kannst, nachdem du sie verfasst hast. In dieser Phase des Monats geht es darum, Dinge loszulassen.

Wenn es sich dann schließlich für dich richtig anfühlt, sprich die Worte: »Ich weiß, dass ich gesegnet bin, und ich führe mein Leben in diesem Wissen.«

~

Kapitel 7

Lebensplanung mit dem Vollmond

Es ist immer gut, Vollmondvergebung und -dankbarkeit mit ihren jeweiligen Zeremonien zu praktizieren. Doch echten Mondenthusiasten sei gesagt, dass man an Vollmond noch mehr tun kann.

Wie der Neumond, so findet auch der Vollmond jeden Monat in einem anderen Tierkreiszeichen statt. Und wie du inzwischen weißt, bringt jedes Zeichen eine andere Schwingung und seine eigenen Themen mit sich. Du kannst dich deiner durch den Vollmond gesteigerten Emotionen bedienen, um dir ein paar wichtige Fragen zu stellen.

Der Vollmond in jedem Zeichen

Die Ratschläge in der nachfolgenden Aufstellung richten sich an uns alle, unabhängig von unserem persönlichen Horoskop, denn die Lunation – in diesem Fall also der Vollmond – befindet sich in einem bestimmten Zeichen und wird durch dieses beeinflusst, ganz egal, welches Tierkreiszeichen oder welchen Aszendenten wir haben.

Um diese Aufstellung zu nutzen, kannst du zuerst feststellen, wann der nächste Vollmond zu erwarten ist, und dann auf meiner Internetseite (www.moonology.com) herausfinden, in welchem Zeichen er stehen wird. Im Anschluss kannst du hier nachlesen, wie die betreffenden Vollmondenergien am besten einzusetzen sind. In der Aufstellung findest du Angaben zu folgenden Themen:

- welche fünf wichtigsten Fragen du dir bei Vollmond stellen solltest,
- die Botschaft, die jeder Vollmond in Kombination mit dem betreffenden Zeichen für dich hat,
- die Bereiche in deinem Leben, in denen du einen Ausgleich bewirken solltest – bedenke, dass sich Sonne und Vollmond einander am Himmel gegenüberstehen und so einen Gegensatz erzeugen, der beachtet werden muss.
- Außerdem wirst du jeweils aufgefordert, mit der Vollmond-Vergebungszeremonie in der Vollmondnacht Vergebung zu praktizieren und dich mit der Vollmond-Dankbarkeitszeremonie in Dankbarkeit zu üben (siehe am Schluss von Kapitel 6).

Wie der Neumond in den Zeichen auch für Sonnenfinsternisse relevant ist, so können sich die nachfolgenden Informationen diesmal auch auf Mondfinsternisse in den Zeichen beziehen. Auch hier gilt: Behalte die wichtigsten Themen eines jeden Vollmonds im Blick, und geh von verdoppelter Wirksamkeit aus, falls sich eine Mondfinsternis ereignet. Bedenke auch, dass die Vollmond-Vergebungs- und -Dankbarkeitszeremonie, die im vorhergehenden Kapitel beschrieben wurden, in einer Mondfinsternis besonders wirkungsvoll sind. Die Zeit des Vollmonds ist intensiv, die Zeit einer Mondfinsternis übertrifft diese Intensität noch bei Weitem!

Vollmond (oder Mondfinsternis) im Widder ♈ -

Dieser Vollmond wirkt sich positiv aus für Widd
Löwen, Waagen, Schützen und Wassermänner, fü
stellt er eine Herausforderung dar.

◗ Energietyp

Feurig und überstürzt.

◗ Top-5-Fragen

1. War ich diesen Monat hitzköpfig, egoistisch oder streitlustig?
2. Habe ich diesen Monat übereilt oder impulsiv gehandelt?
3. War ich ungestüm, nicht einfühlsam genug oder zu sehr auf Wettkampf ausgerichtet?
4. Habe ich mich über die Empfindlichkeiten anderer hinweggesetzt?
5. Habe ich darauf geachtet, selbst genug Spaß zu haben?

◗ Botschaft

Das Leben ist kein Wettrennen und kein Konkurrenzkampf.

◗ Gleichgewicht schaffen zwischen …

… deinen Bedürfnissen und denen der Menschen, die dir wichtig sind (deinen besten Freunden).

◗ Vergebung

Halt die Vollmond-Vergebungszeremonie ab. Erstell eine Vergebungsliste, und verbrenn sie danach wie beschrieben gefahrlos.

◗ Dankbarkeit

Halt die Vollmond-Dankbarkeitszeremonie ab. Erstell eine Dankbarkeitsliste, und verbrenn sie wie beschrieben gefahrlos nach der Zeremonie.

Vollmond (oder Mondfinsternis) im Stier ♉

Dieser Vollmond wirkt sich positiv aus für Stiere, Krebse, Jungfrauen, Skorpione, Steinböcke und Fische, für alle anderen stellt er eine Herausforderung dar.

◗ Energietyp

Erdig und stetig.

◗ Top-5-Fragen

1. War ich diesen Monat träge oder besonders maßlos?
2. Habe ich mich zu zwanghaft mit Geld oder Statussymbolen beschäftigt?
3. War ich dickköpfig, eifersüchtig oder besitzergreifend?
4. Habe ich mich zu sehr mit Trostessen beruhigt?
5. Habe ich mich genug bewegt?

◗ Botschaft

Führ deinem Leben neue Energie zu.

◗ Gleichgewicht schaffen zwischen …

… all deinen Gefühlen und dem, was du praktisch gesehen mit deinem Leben anfangen kannst.

◗ Vergebung

Halt die Vollmond-Vergebungszeremonie ab. Erstell eine Vergebungsliste, und verbrenn sie wie beschrieben gefahrlos nach der Zeremonie.

◗ Dankbarkeit

Halt die Vollmond-Dankbarkeitszeremonie ab. Erstell eine Dankbarkeitsliste, und verbrenn sie wie beschrieben gefahrlos nach der Zeremonie.

Vollmond (oder Mondfinsternis) in den Zwillingen ♊

Dieser Vollmond wirkt sich positiv aus für Widder, Zwillinge, Löwen, Waagen, Schützen und Wassermänner, für alle anderen stellt er eine Herausforderung dar.

◗ Energietyp

Veränderlich und unbeständig.

◗ Top-5-Fragen

1. War ich diesen Monat schwatzhaft, oberflächlich oder flatterhaft?
2. Habe ich die Gefühle anderer unter den Teppich gekehrt?
3. Habe ich meine Meinung zu schnell geändert, oder war ich zu ruhelos?
4. Habe ich mich zu sehr wie ein wortgewandter Blender verhalten?
5. Habe ich genug gelesen, um meinen Horizont zu erweitern?

◗ Botschaft

Verlangsame das Tempo, und sei authentisch im Umgang mit anderen Menschen.

◗ Gleichgewicht schaffen zwischen …

… dem Wunsch, alles zu wissen, und der aufgewandten Zeit, um wirklich Neues zu lernen.

◗ Vergebung

Halt die Vollmond-Vergebungszeremonie ab. Erstell eine Vergebungsliste, und verbrenn sie wie beschrieben gefahrlos nach der Zeremonie.

◗ Dankbarkeit

Halt die Vollmond-Dankbarkeitszeremonie ab. Erstell eine Dankbarkeitsliste, und verbrenn sie wie beschrieben gefahrlos nach der Zeremonie.

Vollmond (oder Mondfinsternis) im Krebs ♋

Dieser Vollmond wirkt sich positiv aus für Stiere, Krebse, Jungfrauen, Skorpione, Steinböcke und Fische, für alle anderen stellt er eine Herausforderung dar.

◗ Energietyp

Abhängig und möglicherweise hilfsbedürftig.

◗ Top-5-Fragen

1. War ich diesen Monat verunsichert, klammernd und eine Spaßbremse?
2. Habe ich meine Wünsche immer nur indirekt angesprochen, oder bin ich ohne Umwege auf mein Ziel zugegangen?
3. War ich eingeschnappt, launisch, grüblerisch oder manipulierend?
4. War ich geheimniskrämerisch, und habe ich möglicherweise ein bisschen unter Verfolgungswahn gelitten?
5. Habe ich genug Zeit mit der Familie zugebracht oder mit Menschen, die für mich wie Familie sind?

◗ Botschaft

Sei selbstsicher.

◗ Gleichgewicht schaffen zwischen …

… deinem Bedürfnis, etwas zu leisten, und deinem Bedürfnis nach gemeinsamer Zeit zu Hause.

Vergebung

Halt die Vollmond-Vergebungszeremonie ab. Erstell eine Vergebungsliste, und verbrenn sie wie beschrieben gefahrlos nach der Zeremonie.

Dankbarkeit

Halt die Vollmond-Dankbarkeitszeremonie ab. Erstell eine Dankbarkeitsliste, und verbrenn sie wie beschrieben gefahrlos nach der Zeremonie.

Vollmond (oder Mondfinsternis) im Löwen ♌

Dieser Vollmond wirkt sich positiv aus für Widder, Zwillinge, Löwen, Waagen, Schützen und Wassermänner, für alle anderen stellt er eine Herausforderung dar.

Energietyp

Strahlend und stolz – vielleicht zu stolz!

Top-5-Fragen

1. War ich diesen Monat zu egoistisch oder zu stolz?
2. Habe ich meine Mitmenschen wie Dienstboten behandelt?
3. War ich arrogant, eingebildet, penetrant oder wichtigtuerisch?
4. Habe ich mich ausreichend kreativ ausgedrückt?
5. Habe ich mir genug Selbstliebe entgegengebracht?

Botschaft

Nutze den Löwe-Vollmond, um wieder in Kontakt mit deiner Demut zu treten.

Gleichgewicht schaffen zwischen …

… den Bedürfnissen deiner Freunde und deinen eigenen.

Vergebung

Halt die Vollmond-Vergebungszeremonie ab. Erstell eine Vergebungsliste, und verbrenn sie wie beschrieben gefahrlos nach der Zeremonie.

Dankbarkeit

Halt die Vollmond-Dankbarkeitszeremonie ab. Erstell eine Dankbarkeitsliste, und verbrenn sie wie beschrieben gefahrlos nach der Zeremonie.

Vollmond (oder Mondfinsternis) in der Jungfrau ♍

Dieser Vollmond wirkt sich positiv aus für Stiere, Krebse, Jungfrauen, Skorpione, Steinböcke und Fische, für alle anderen stellt er eine Herausforderung dar.

Energietyp

Zimperlich und ängstlich.

Top-5-Fragen

1. War ich diesen Monat zu wählerisch oder pedantisch, und habe ich mich und andere zu sehr kritisiert?
2. War ich so bescheiden, dass ich mich zu gering eingeschätzt habe?
3. War ich diesen Monat anderen Menschen gegenüber ausreichend hilfsbereit?
4. Habe ich mir zu viele Sorgen gemacht und zu viel gejammert und deshalb Negativität angezogen?
5. Habe ich mich diesen Monat ausreichend mit den erforderlichen Details befasst?

◗ **Botschaft**

Erinnere dich daran, wie wichtig es ist, anderen Menschen mit Hilfsbereitschaft zu begegnen.

◗ **Gleichgewicht schaffen zwischen …**

… Bodenständigkeit und Verträumtheit.

◗ **Vergebung**

Halt die Vollmond-Vergebungszeremonie ab. Erstell eine Vergebungsliste, und verbrenn sie wie beschrieben gefahrlos nach der Zeremonie.

◗ **Dankbarkeit**

Halt die Vollmond-Dankbarkeitszeremonie ab. Erstell eine Dankbarkeitsliste, und verbrenn sie wie beschrieben gefahrlos nach der Zeremonie.

Vollmond (oder Mondfinsternis) in der Waage ♎

Dieser Vollmond wirkt sich positiv aus für Widder, Löwen, Waagen, Schützen und Wassermänner, für alle anderen stellt er eine Herausforderung dar.

◗ **Energietyp**

Beziehungsorientiert und partnerschaftlich.

◗ **Top-5-Fragen**

1. War ich diesen Monat zu sehr mit dem äußeren Schein beschäftigt?
2. Habe ich mich zu sehr mit anderen befasst und mich selbst dabei vernachlässigt?

3. War ich zu leicht beeinflussbar, naiv oder unfähig, eigene Entscheidungen zu treffen?
4. Habe ich andere mein Leben führen lassen?
5. Habe ich ausreichend Zeit investiert, um mein Leben zu verschönern?

◗ Botschaft

Erinnere dich daran, die Schönheit des Lebens zu sehen.

◗ Gleichgewicht schaffen zwischen …

… deinen Bedürfnissen und dem, was du für andere tun willst, damit sie zufrieden sind.

◗ Vergebung

Halt die Vollmond-Vergebungszeremonie ab. Erstell eine Vergebungsliste, und verbrenn sie wie beschrieben gefahrlos nach der Zeremonie.

◗ Dankbarkeit

Halt die Vollmond-Dankbarkeitszeremonie ab. Erstell eine Dankbarkeitsliste, und verbrenn sie wie beschrieben gefahrlos nach der Zeremonie.

Vollmond (oder Mondfinsternis) im Skorpion ♏

Dieser Vollmond wirkt sich positiv aus für Stiere, Krebse, Jungfrauen, Skorpione, Steinböcke und Fische, für alle anderen stellt er eine Herausforderung dar.

◗ Energietyp

Potenziell ziemlich intensiv.

◗ Top-5-Fragen

1. War ich diesen Monat eifersüchtig, rachsüchtig, misstrauisch, oder habe ich anderes »giftiges« Verhalten an den Tag gelegt?
2. Habe ich Angst statt Freude als Ausgangspunkt gewählt?
3. War ich grüblerisch und düster gestimmt, eher auf das Negative statt auf das Positive konzentriert?
4. Habe ich mich grausam und hinterlistig verhalten?
5. Habe ich die Art Sex, die ich brauche, um mich mit mir selbst gut zu fühlen? (Es gibt natürlich auch Menschen, die völlig ohne Sex auskommen!)

◗ Botschaft

Gib der Sexualität in deinem Leben neuen Raum.

◗ Gleichgewicht schaffen zwischen …

… extremer Intensität und untätiger Zufriedenheit.

◗ Vergebung

Halt die Vollmond-Vergebungszeremonie ab. Erstell eine Vergebungsliste, und verbrenn sie wie beschrieben gefahrlos nach der Zeremonie.

◗ Dankbarkeit

Halt die Vollmond-Dankbarkeitszeremonie ab. Erstell eine Dankbarkeitsliste, und verbrenn sie wie beschrieben gefahrlos nach der Zeremonie.

Vollmond (oder Mondfinsternis) im Schützen ♐

Dieser Vollmond wirkt sich positiv aus für Widder, Zwillinge, Löwen, Waagen, Schützen und Wassermänner, für alle anderen stellt er eine Herausforderung dar.

◗ Energietyp

Freudvoll und möglicherweise Erleichterung verschaffend.

◗ Top-5-Fragen

1. War ich diesen Monat zu gedankenlos oder sorglos, so sehr, dass ich mich sogar gleichgültig und unverantwortlich verhalten habe?
2. Habe ich mich selbst im Stich gelassen, weil ich mich Ablenkungen und Langeweile hingegeben habe?
3. War ich übertrieben selbstbewusst und sogar arrogant und besserwisserisch?
4. Wollte ich mich nicht festlegen, und habe ich mir damit geschadet?
5. Habe ich das Gesamtbild gesehen?

◗ Botschaft

Das Leben ist ein Abenteuer! Bleib nicht stecken!

◗ Gleichgewicht schaffen zwischen …

… offener Meinungsäußerung und ungehemmtem Drauflosplappern.

◗ Vergebung

Halt die Vollmond-Vergebungszeremonie ab. Erstell eine Vergebungsliste, und verbrenn sie wie beschrieben gefahrlos nach der Zeremonie.

◗ Dankbarkeit

Halt die Vollmond-Dankbarkeitszeremonie ab. Erstell eine Dankbarkeitsliste, und verbrenn sie wie beschrieben gefahrlos nach der Zeremonie.

Vollmond (oder Mondfinsternis) im Steinbock ♑

Dieser Vollmond wirkt sich positiv aus für Stiere, Krebse, Jungfrauen, Skorpione, Steinböcke und Fische, für alle anderen stellt er eine Herausforderung dar.

◗ Energietyp

Unterdrückt und resigniert.

◗ Top-5-Fragen

1. War ich diesen Monat ehrgeizig bis hin zur Rücksichtslosigkeit?
2. Habe ich zwanghaft gearbeitet, sodass mein Privatleben darunter gelitten hat?
3. War ich sachlich und kompromisslos oder letztlich nur zu hart im Umgang mit anderen?
4. Habe ich es meinem Kopf gestattet, mein Herz zu beherrschen?
5. Habe ich mein Leben ausreichend geplant? Oder zu sehr?

◗ Botschaft

Hör auf damit, alles und jeden kontrollieren zu wollen.

◗ Gleichgewicht schaffen zwischen …

… den Anforderungen der Arbeit und des Zuhauses.

◗ Vergebung

Halt die Vollmond-Vergebungszeremonie ab. Erstell eine Vergebungsliste, und verbrenn sie danach wie beschrieben gefahrlos.

◗ Dankbarkeit

Halt die Vollmond-Dankbarkeitszeremonie ab. Erstell eine Dankbarkeitsliste, und verbrenn sie wie beschrieben gefahrlos nach der Zeremonie.

Vollmond (oder Mondfinsternis) im Wassermann ♒

Dieser Vollmond wirkt sich positiv aus für Widder, Zwillinge, Löwen, Waagen, Schützen und Wassermänner, für alle anderen stellt er eine Herausforderung dar.

◗ Energietyp

Führt Veränderung ein und Fortschritt.

◗ Top-5-Fragen

1. War ich diesen Monat so pragmatisch, dass mir die romantische Seite des Lebens entgangen ist?
2. Habe ich mich zu sehr in meinen Kopf zurückgezogen und mein Herz vernachlässigt?
3. Habe ich mich zu sehr darauf versteift, die Dinge nach meinen eigenen Vorstellungen zu tun?
4. Habe ich zu krampfhaft versucht, mich mit anderen anzufreunden – und aus den falschen Gründen?
5. Habe ich es mir diesen Monat gestattet voranzukommen?

◗ Botschaft

Es ist an der Zeit, sich frei zu machen und loszulassen. Wirklich!

◗ Gleichgewicht schaffen zwischen …

… dem Bedürfnis, für andere alles zu sein, und einer echten Beziehung.

◗ Vergebung

Halt die Vollmond-Vergebungszeremonie ab. Erstell eine Vergebungsliste, und verbrenn sie wie beschrieben gefahrlos nach der Zeremonie.

◗ Dankbarkeit

Halt die Vollmond-Dankbarkeitszeremonie ab. Erstell eine Dankbarkeitsliste, und verbrenn sie wie beschrieben gefahrlos nach der Zeremonie.

Vollmond (oder Mondfinsternis) in den Fischen ♓

Dieser Vollmond wirkt sich positiv aus für Stiere, Krebse, Jungfrauen, Skorpione, Steinböcke und Fische, für alle anderen stellt er eine Herausforderung dar.

◗ Energietyp

Nostalgisch und ein klein wenig schmachtend.

◗ Top-5-Fragen

1. War ich diesen Monat so verträumt, dass ich nichts auf die Reihe gebracht und dumme Fehler gemacht habe?
2. War ich zu überempfindlich und zu leicht verletzt?
3. Habe ich mich verhalten wie ein Märtyrer? Oder mich zu leicht führen lassen?
4. Habe ich jeden Tag meditiert, und wenn nicht, warum nicht?
5. War ich im Kontakt mit meiner intuitiven Seite? Habe ich meine Träume und mein Bauchgefühl ernst genug genommen?

◗ Botschaft

Dieser Vollmond ist besonders mystisch. Verbinde dich mit deinem Übersinnlichen.

◗ Gleichgewicht schaffen zwischen …

… deinem Bedürfnis nach innerem Frieden und deinen Verpflichtungen.

◗ Vergebung

Halt die Vollmond-Vergebungszeremonie ab. Erstell eine Vergebungsliste, und verbrenn sie wie beschrieben gefahrlos nach der Zeremonie.

◗ Dankbarkeit

Halt die Vollmond-Dankbarkeitszeremonie ab. Erstell eine Dankbarkeitsliste, und verbrenn sie wie beschrieben gefahrlos nach der Zeremonie.

Kapitel 8

Sieh mit dem V[illegible] in deine Zukunft

Nach den bisher beschriebenen Methoden hast du deinen Aszendenten beziehungsweise dein aufsteigendes Zeichen ermittelt sowie herausgefunden, in welchem Zeichen dein Mond steht. Du weißt somit, in welchem deiner Häuser er sich jeweils aufhält. Jetzt bist du bereit zu entdecken, was der Vollmond auf dem Weg durch die Häuser für dich persönlich bedeutet.

Der Vollmond in jedem Haus

Es folgen Angaben dazu, wie dich die Verbindung aus Vollmond mit den Eigenschaften des jeweiligen Hauses beeinflusst, in dem er sich gerade befindet. Im Einzelnen sind folgende Informationen enthalten:

- Du erhältst eine Botschaft, die der Vollmond dir in Kombination mit den jeweiligen Häusern anbietet, welche er durchwandert.
- eine emotionale Warnung: Vollmondzeiten können höchst gefühlsbeladen ausfallen; wie genau erfährst du zu jedem Haus.

[illegible] ollmond in den Zeichen ist es auch beim Voll- [illegible] den Häusern wichtig, die beiden gegensätzlichen [illegible] gien von Vollmond und Haus in Einklang zu bringen.

[illegible] ollmondzeiten eignen sich hervorragend, um alles abzubauen, was uns nicht mehr dient. Zu wissen, in welchem Haus der Vollmond sich befindet, kann helfen, die Themen zu ermitteln, die hier einer entsprechenden Beachtung bedürfen.
- Die Tatsache, dass Sonne und Mond zu Vollmondzeiten in Opposition zueinander stehen, kann eine Art Tauziehen bewirken. Im Vorhinein zu wissen, wohin der Mond unterwegs ist, wird dir sicher helfen, entsprechend vorbereitet zu sein.
- Du erfährst das zum jeweiligen Vollmond gehörige Mantra und
- die zum jeweiligen Vollmond gehörige Affirmation.

Vollmond (oder Mondfinsternis) in deinem ersten Haus
(auch bekannt als deine Imagezone)

In den kommenden beiden Wochen …

… geh davon aus, dass du auf die eine oder andere Weise in beruflicher oder persönlicher Hinsicht die Kurve kriegst.

Achtung: Emotionen!

Mit dem Vollmond können intensive Gefühle im Hinblick auf deine äußere Erscheinung oder Belastungen für eine Beziehung einhergehen. Es kann sich um einen wichtigen Wendepunkt handeln.

Botschaften

Es ist schön und gut und sicher wunderbar, auf jemanden anderen fokussiert zu sein – es hört sich jedenfalls äußerst edelmütig an –, doch einmal im Jahr schaltet der Vollmond in deinem ersten Haus das Licht an und erinnert dich daran, dass du dich gelegentlich auch auf dich selbst konzentrieren musst.

Viele von uns sind eher Geber als Nehmer. Das hört sich zwar ebenfalls gut an, doch bringt es den Fluss in unserem Leben durcheinander. Der Vollmond in deinem ersten Haus erinnert dich daran, wie man Ja sagt, wenn Mitmenschen ihre Hilfe anbieten, und wie man um Unterstützung bittet, wenn man sie gerade nötig hat und nicht ungefragt erhält. Möglicherweise fühlst du dich jetzt emotionaler als sonst, und ein Großteil dessen, was an die Oberfläche kommt, muss tatsächlich abgearbeitet werden. Lauf also nicht davor weg.

◗ **Befrei dich von allen Schwierigkeiten mit …**

… deiner äußeren Erscheinung. Das hört sich vielleicht trivial an, aber es ist kaum zu glauben, wie sehr wir davon abgehalten werden, unser höchstes Potenzial zu erreichen, wenn wir uns zu dick, zu dünn oder zu irgendetwas sonst fühlen, und wie sehr wir davon negativ beeinflusst werden. Arbeite an dir, und find wenigstens ein, zwei Aspekte deines Aussehens, die absolut wunderbar sind, ganz egal, welche anderen Gefühle deine äußere Erscheinung in dir auslöst.

Konzentrier dich auf das, was du magst. Polier es auf, und schwelge darin. Dieser Vollmond ist wichtig und irgendwie besonders persönlich. Nutze ihn, um herauszufinden, was du auf deiner Reise durch deinen nächsten zwölfmonatigen Lebenszyklus mitnehmen und was du aufgeben willst. Möglicherweise gehst du äußerst emotionalen Zeiten entgegen.

◗ **Stell dich auf ein mögliches Tauziehen ein zwischen …**

… deinen Bedürfnissen und den Menschen, die dir am wichtigsten sind.

Such den Ausgleich zwischen …

… deinem Liebsten oder Ex oder jenem, der in deinem Leben als »VIP« zählt, und dir. Möglicherweise stellst du fest, dass du zu sehr auf einen anderen Menschen fokussiert warst und dass es jetzt an der Zeit ist, sich wieder mehr auf dich selbst zu besinnen. Oder dir wird umgekehrt klar, dass du bisher vor allem selbstbezogen gehandelt hast und jetzt einem anderen mehr Zeit und Aufmerksamkeit widmen musst. Das Thema ist »Du und ich« – so ähnlich wie im siebten Haus, in dem der Vollmond in einem halben Jahr stehen wird. Diese Konstellationen geben dir die Gelegenheit, zweimal im Jahr Anpassungen vorzunehmen.

Vergib …

…dir selbst.

Sei dankbar!

Schreib deine Dankbarkeitsliste, und setz einen Schlusspunkt, indem du sie wie beschrieben gefahrlos verbrennst.

Vollmond-Mantra

Verwende diesen Monat das Mantra *Ram.* Sing es jeden Tag laut oder still im Inneren, wenn du unter der Dusche stehst, vor oder nach der Meditation oder zu jedem anderen Zeitpunkt, der dir angemessen erscheint.

Vollmond-Affirmation

Sprich am Vollmondabend die Worte: »Ich komme über den Berg.«

Vollmond (oder Mondfinsternis) in deinem zweiten Haus
(auch bekannt als deine Bargeld-, Vermögens- und Wertezone)

◗ In den kommenden beiden Wochen …
… atme dich durch jegliche finanziellen Dramen, und konzentrier dich auf die Lösungsfindung.

◗ Achtung: Emotionen!
Der Vollmond kann intensive Gefühle bezüglich deiner finanziellen Sicherheit und Stabilität sowie deines Selbstwerts ins Spiel bringen.

◗ Botschaften
Der Vollmond erinnert dich daran, dass ein Gleichgewicht erforderlich ist zwischen deinen finanziellen Bedürfnissen und dem, was du für andere tust. Dabei geht es einerseits um dein Einkommen und deine Schulden und andererseits um deinen Selbstwert, den Wert, den andere dir zubilligen, und darum, was sie dir zu bezahlen bereit sind – was für gewöhnlich darauf basiert, was du in einem angemessenen Rahmen forderst.

Wenn du gegenwärtig eine größere Anschaffung planst, dann ist jetzt der richtige Zeitpunkt. Falls du jemandem die Kontrolle über dein Leben gegeben hast, weil diese Person finanzielle Macht über dich hat, dann stehen deine Chancen mit dem Vollmond im zweiten Haus gut, dich zu befreien. Dieser Vollmond erinnert dich außerdem daran, dass du dich um dein Intimleben kümmern musst. Vernachlässige es nicht wegen nebensächlicher Belange.

◗ Befrei dich von allen Schwierigkeiten mit …
… Geld. Themen des zweiten Hauses sind »Bargeld«, »Vermögen« und »Werte«. Mit dem Vollmond im zweiten Haus

könnte es also um irgendwelche Höhepunkte oder Ergebnisse im Hinblick auf Geld gehen. Falls du dir letztlich um deine Finanzen Sorgen gemacht hast, dann nutze diesen Vollmond und die zugehörige Affirmation (siehe unten), um dich davon zu befreien. Du bist jetzt auf dem Weg in einen besseren finanziellen Zyklus. Im Hinterkopf musst du jedoch behalten, dass dein Selbstwertgefühl sich darauf auswirkt, wie viel Geld du anziehst.

Stell dich auf ein mögliches Tauziehen ein zwischen …

… deinem Geld und dem, was andere dir zahlen oder schulden.

Such den Ausgleich zwischen …

… Geben und Nehmen und deinen dazugehörigen Problemen. Falls du lieber selbstständig Geld verdienen als angestellt sein möchtest, dann ist der Zeitpunkt günstig, um eine Ausstiegsstrategie zu planen oder die entsprechenden Beziehungen abzubrechen. Falls du bislang zu sehr auf jemand anderen konzentriert oder zu abhängig warst, dann solltest du deine Aufmerksamkeit nun wieder mehr auf deine eigene Situation richten. Jetzt ist ein günstiger Augenblick, um zu begreifen, dass das Universum ein Ort der Fülle ist und dass für alle mehr als genug da ist. Auch in deinem Leben darf Fülle herrschen.

Vergib …

… dir selbst und denjenigen, bei denen Geld ein Thema war.

Sei dankbar!

Schreib deine Dankbarkeitsliste, und setz einen Schlusspunkt, indem du sie wie beschrieben gefahrlos verbrennst.

Vollmond-Mantra

Verwende diesen Monat das Mantra *Lam*. Sing es jeden Tag laut oder still im Inneren, wenn du unter der Dusche stehst, vor oder nach der Meditation oder zu jedem anderen Zeitpunkt, der dir angemessen erscheint.

Vollmond-Affirmation

Sprich am Vollmondabend die Worte: »Alle meine Bedürfnisse werden erfüllt. Das bin ich wert.«

Vollmond (oder Mondfinsternis) in deinem dritten Haus

(auch bekannt als deine Kommunikationszone)

In den kommenden beiden Wochen …

… könntest du mehr sagen, als dir eigentlich lieb ist.

Achtung: Emotionen!

Der Vollmond kann intensive Gefühle im Hinblick auf Geschwister oder Nachbarn an die Oberfläche holen und dich mit der Frage konfrontieren, ob du ehrlich über deine Gefühle sprechen sollst.

Botschaften

Es ist schön und gut, von der großen Flucht zu träumen, zu der du vielleicht mit ein oder zwei anderen Personen aufbrechen willst, um die Welt zu sehen (oder wenigstens die nächstgelegene Umgebung), aber wie steht es um die Details? Dieser Vollmond erinnert dich daran, dass es in deinem direkten Umfeld genug Arbeit zu erledigen gibt: Dinge, um die du dich kümmern musst, und Punkte auf deiner Aufgabenliste, die abgehakt werden müssen.

Er fungiert außerdem als himmlische Mahnung dafür, dass du ernsthaft an deinem Selbstausdruck arbeiten solltest. Falls du deine Gefühle bisher nicht aufrichtig zum Ausdruck gebracht hast, dann ist jetzt der Augenblick gekommen, um die Wahrheit zu sagen: von Angesicht zu Angesicht, über soziale Medien, in einer E-Mail, als Tweet oder wie auch immer. Dramen mit Geschwistern sind nun deutlich erkennbar und können ausgeräumt werden.

◗ Befrei dich von allen Schwierigkeiten mit …

… deinem Kommunikationsverhalten, deinen Geschwistern und/oder deinen Nachbarn. Achte insbesondere darauf, Meinungsverschiedenheiten nicht eskalieren zu lassen. Manchen offenbart dieser Vollmond die Information, die sie benötigen, um ein langjähriges Problem zu beenden oder eine quälende Fragestellung zu lösen.

Sei vorsichtig mit dem, was du in dieser Zeit aufs Papier bringst, in einer E-Mail oder in einem Text schreibst, in den sozialen Medien oder irgendwo sonst wie mitteilst. Gefühle sind auf dem Siedepunkt, drück also nicht auf den »Senden«-Knopf, nur um es hinterher zu bereuen. Schwierigkeiten mit Geschwistern oder Nachbarn können sich nun ebenfalls zuspitzen. Mit Vergebung lassen sich Probleme auflösen. Vergiss nicht, es geht oft weniger darum, *was* du sagst, als darum, *wie* du es sagst.

◗ Stell dich auf ein mögliches Tauziehen ein zwischen …

… dem, wo du dich befindest, und dem, wo du dich befinden zu wollen meinst.

◗ Such den Ausgleich zwischen …

… deinen eigenen Angelegenheiten und der großen weiten Welt »da draußen«. Dieser Vollmond kann auch der Auslöser sein für irgendeine Art Entwicklung oder Auflösung im Hinblick auf rechtliche Fragen. Entfernte Freunde und Verwandte können eine große Rolle spielen. Gleiches gilt für Fernreisen oder berufliche Aufenthalte im Ausland. Wo möchtest du sein? Hier oder dort?

Vergib …

… dir selbst dafür, dass du schlecht über etwas oder jemanden gesprochen hast; vergib außerdem deinen Geschwistern und deinen Nachbarn für irgendwelchen Ärger, den sie dir bereitet haben.

Sei dankbar!

Schreib deine Dankbarkeitsliste, und setz einen Schlusspunkt, indem du sie wie beschrieben gefahrlos verbrennst.

Vollmond-Mantra

Verwende diesen Monat das Mantra *Ham*. Sing es jeden Tag laut oder still im Inneren, wenn du unter der Dusche stehst, vor oder nach der Meditation oder zu jedem anderen Zeitpunkt, der dir angemessen erscheint.

Vollmond-Affirmation

Sprich am Vollmondabend die Worte: »Indem ich mich mit Liebe zum Ausdruck bringe, schenkt mir das Leben alles, was ich brauche.«

Vollmond (oder Mondfinsternis) in deinem vierten Haus

(auch bekannt als deine Heim- und Familienzone)

◗ In den kommenden beiden Wochen …

… achte auf die Bedürfnisse deiner Familie und auf deine Bedürfnisse im Hinblick auf persönlichen Freiraum und Zeit für dich.

◗ Achtung: Emotionen!

Dieser Vollmond kann intensive Gefühle im Hinblick auf deine Familie an die Oberfläche spülen. Segne sie!

◗ Botschaften

Dass du wie ein Ackergaul schuftest, um deine persönlichen Ziele zu erreichen, hört sich äußerst plausibel an. Doch Dienst ist Dienst, und Schnaps ist Schnaps. Während du dich in deinem vierten Haus befindest, hast du eine Phase erreicht, in der die Gestirne (insbesondere die Sonne und der Mond) dir nahelegen, deine äußeren Bestrebungen und Ziele mit deinen inneren in Einklang zu bringen.

Vielleicht sehnt sich deine Familie danach, mehr Zeit mit dir zu verbringen. Oder möglicherweise brauchst du für dich Zeit zum Abschalten. Sieh dir deine Familienverhältnisse genau an, und sorg dafür, dass alles so zufriedenstellend läuft, wie du es dir wünschst. Falls nicht, dann ist jetzt der richtige Zeitpunkt, um in diesen Bereich deines Lebens Energie zu investieren.

◗ Befrei dich von allen Schwierigkeiten mit …

… deinem Privatleben, deinem Heim und deiner Familie. Familiäre Probleme können jetzt zutage treten, sei also vorbereitet. Zu fürchten brauchst du dich jedoch nicht: Es handelt sich vielmehr um eine gute Gelegenheit, um Unstimmigkeiten beizulegen. Familienmitglieder sind Menschen, mit denen wir eine sehr enge karmische Verbindung haben, und Probleme treten allein deshalb auf, um uns beim Wachsen zu helfen.

Dieser Vollmond kann uns außerdem veranlassen, unseren Wohnort zu wechseln. Falls du dir nicht sicher bist, wie du mit deinem Zuhause weiter vorankommen könntest oder was und wo für dich überhaupt dein Zuhause ist, dann meditiere, und bitte die Erzengel, Göttinnen und deine Geistführer um Unterstützung. Im Hinblick auf dein Zuhause können Schwierigkeiten jetzt aufgelöst und Projekte zum Abschluss gebracht werden.

Stell dich auf ein mögliches Tauziehen ein zwischen …
… dem, was du beruflich erreichen willst, und dem, was zu Hause von dir verlangt wird.

Such den Ausgleich zwischen …
… deinem Privatleben und deiner Karriere. Möglicherweise bist du ein Getriebener, der bei der Arbeit sein Privatleben vergisst, Freunde und Familie vernachlässigt und jede Menge Überstunden anhäuft. Oder du bist ein Familienmensch, der weiß, dass er der Welt noch mehr zu bieten hat. Wie auch immer es sich bei dir genau verhält, jetzt ist es an der Zeit, ein Gleichgewicht herzustellen. Ehrgeiz und Familie lassen sich miteinander vereinbaren: Erfolg gestattet es dir, deine Liebsten zu verwöhnen, und dein Wunsch, deine Familie zu versorgen, kann in anderen den gleichen Ehrgeiz inspirieren.

Vergib …
… dir selbst für allen Ärger, den du mit deiner Familie oder mit deinen Mitbewohnern etwa in der Wohngemeinschaft hast. Verwandle dein Heim in einen Zufluchtsort des Friedens.

◗ Sei dankbar!

Schreib deine Dankbarkeitsliste, und setz einen Schlusspunkt, indem du sie wie beschrieben gefahrlos verbrennst.

◗ Vollmond-Mantra

Verwende diesen Monat das Mantra *Om*. Sing es jeden Tag laut oder still im Inneren, wenn du unter der Dusche stehst, vor oder nach der Meditation oder zu jedem anderen Zeitpunkt, der dir angemessen erscheint.

◗ Vollmond-Affirmation

Sprich am Vollmondabend die Worte: »Ich bin sicher und geborgen.«

Vollmond (oder Mondfinsternis) in deinem fünften Haus

(auch bekannt als deine Spaß-, Kinder-, Romanzen- und Kreativitätszone)

◗ In den kommenden beiden Wochen …

… sollst du überprüfen, ob du genug Vergnügungen hast. Spaß tut uns gut.

◗ Achtung: Emotionen!

Der Vollmond in diesem Haus kann intensive Gefühle bewirken im Zusammenhang mit einem Kind (deinem eigenen oder einem fremden), deinem Liebesleben oder einem kreativen Projekt, an dem du gerade arbeitest.

◗ Botschaften

Während sich der Vollmond in deinem fünften Haus befindet, dem Bereich des Selbstausdrucks, geht es in deinem Leben recht emotional zu. Möglicherweise schüttest du dein Herz aus – vielleicht, weil du traurig bist oder aber weil du eine Vielzahl starker Gefühle loswerden musst.

Für andere steht die Phase in Zusammenhang mit der Freude, die ein Kind (das eigene oder ein fremdes) mit sich bringt. Wieder andere sind damit beschäftigt, ihren Gefühlsreichtum in ein gerade aktuelles Projekt einzubringen. Und während all dies geschieht, benötigst du ein Gleichgewicht zwischen deinem Selbst und deinen Freunden – vernachlässige sie keinesfalls ganz und gar. Das sind die Herausforderungen, auf die du dich im kommenden Monat wirst einstellen müssen.

Befrei dich von allen Schwierigkeiten mit …

… der Freizeit, die du dir selbst zugestehst. In den zurückliegenden paar Wochen hast du möglicherweise sehr hart gearbeitet, doch jetzt fühlst du dich vielleicht dazu gezwungen, dich wieder mehr um deine Freunde zu kümmern. Wenn es dir möglich ist, dann verwandle dieses Gefühl des Zwangs in Freiwilligkeit, und die Wahrscheinlichkeit ist groß, dass dir eine sehr gesellige Lebensphase bevorsteht, bei der du selbst die meiste Freude hast.

Ein mit einem Kind (deinem eigenen oder einem fremden) in Zusammenhang stehendes Problem kann jetzt einen Höhepunkt erreichen und hoffentlich auf eine Weise gelöst werden, die den Bedürfnissen aller gerecht wird. Solltest du gerade über ein kreatives Projekt nachdenken, dann ist jetzt eine sehr gute Gelegenheit, die letzten Schritte zu gehen oder es sogar vollständig zum Abschluss zu bringen.

Stell dich auf ein mögliches Tauziehen ein zwischen …

… den Bedürfnissen deiner Freunde und deinen eigenen. Ein Hauptaugenmerk liegt auf deinem Selbstausdruck. Kinder und kreative Projekte könnten ebenfalls ein Thema sein.

◗ Such den Ausgleich zwischen …

… deiner Ausrichtung auf die Versorgung von Gruppen beziehungsweise deiner sozialen Kreise und deiner eigenen Beanspruchung der Bühne, um du selbst zu sein, kein Blatt vor den Mund nehmen zu müssen und dein Umfeld wissen zu lassen, was du zu bieten hast. Keine Frage, du wirst Umgang mit vielen Menschen und ihren Aufgaben haben, aber jetzt musst du dafür sorgen, dass die Welt sieht, wer *du* bist. Falls nun eine Liebesgeschichte zu Ende geht, dann geschieht es zum richtigen Zeitpunkt. Sollte gerade eine neue Beziehung ihren Anfang nehmen, dann wird sie sehr emotional sein und vielleicht sogar die Wandelbarkeit des Mondes spiegeln.

◗ Vergib …

… jedem, der dich »runterzieht«, auch dir selbst für die Male, bei denen du als Mutter oder Vater nicht dein Bestes gegeben oder bei denen du das Leben zu schwer genommen hast.

◗ Sei dankbar!

Schreib deine Dankbarkeitsliste, und setz einen Schlusspunkt, indem du sie wie beschrieben gefahrlos verbrennst.

◗ Vollmond-Mantra

Verwende diesen Monat das Mantra *Vam*. Sing es jeden Tag laut oder still im Inneren, wenn du unter der Dusche stehst, vor oder nach der Meditation oder zu jedem anderen Zeitpunkt, der dir angemessen erscheint.

◗ Vollmond-Affirmation

Sprich am Vollmondabend die Worte: »Ich bin ein kreatives Wesen.«

Vollmond (oder Mondfinsternis) in deinem sechsten Haus

(auch bekannt als deine Alltags- und Gesundheitszone)

In den kommenden beiden Wochen …

… sollst du einen Weg finden, um dein Leben mit Frieden zu erfüllen.

Achtung: Emotionen!

Dieser Vollmond kann starke Gefühle im Hinblick auf deine Alltagsbeschäftigung aufkommen lassen. Er kann auch Ängste bezüglich deiner Gesundheit auslösen (die möglicherweise vollkommen unbegründet sind).

Botschaften

Wenn du zu den »Glücklichen« gehörst, die an sich selbst arbeiten, macht dieser Vollmond dir bewusst, wer du *wirklich* bist. Du erkennst sowohl deine Stärken als auch deine Schwächen, und du beschließt, etwas gegen Letztere zu unternehmen.

Im Zentrum deiner Auseinandersetzung mit dir selbst steht dein Alltag. Lebst du gesund? Kommst du genug außer Haus, und hast du ausreichend Bewegung? Hast du schon vor langer Zeit schlechte Angewohnheiten aufgegeben, wie etwa das Rauchen oder übertriebenes Feiern? Wenn nicht, dann ist dieser Vollmond deine jährlich wiederkehrende gute Gelegenheit für einen Neuanfang in Sachen körperlicher, seelischer und geistiger Selbstfürsorge. Routinen kommen dir zu Zeiten dieses Vollmonds sehr zustatten. Geh bei der Arbeit bedächtig und beständig vor.

Befrei dich von allen Schwierigkeiten mit …

… Gewohnheiten, die du durchbrechen willst. Dieser Bereich deines Horoskops handelt vom täglichen Rhythmus deines

Lebens. Wenn du mit der Art, wie du die Dinge angehst und wie sich dein Leben entwickelt, oder mit deinen Morgen- und Abendroutinen nicht zufrieden bist, dann verschafft dir dieser Vollmond die Gelegenheit, verkrustete Verhaltensweisen durch neue zu ersetzen.

Insbesondere ungesunde oder vielleicht sogar »giftige« Gewohnheiten sollten jetzt durchbrochen werden – nicht genug Wasser oder zu viel Alkohol zu trinken oder nicht genug oder zu wenig zu essen oder nicht genug Sport zu treiben, das könnten deine Themen sein. Unsere Alltagsangewohnheiten wirken sich auf unsere Gesundheit aus, und dein sechstes Haus handelt von ebensolchen Angewohnheiten und deiner Gesundheit. Überprüf deine Angewohnheiten, und deine Gesundheit sollte sich von selbst regulieren.

◗ Stell dich auf ein mögliches Tauziehen ein zwischen …

… der Notwendigkeit, dich um die reale Welt und um deine Pflicht zu kümmern, und deinem Bedürfnis nach einer friedlichen Auszeit.

◗ Such den Ausgleich zwischen …

… deinem Alltagstrott und dem geheimnisvollen Kosmos. Ja, du hast richtig gelesen. Die meisten Menschen haben ihre Tretmühle – die üblichen Verpflichtungen, Verantwortungen und Aufgaben, die wir nicht vermeiden können. Und dann ist da Glückseligkeit, Frieden, Auszeit, Meditation, Kontemplation und der riesige kosmische Leerraum, in dem wir einfach nur »sind«. Eine tägliche Yoga- oder Meditationspraxis aufzunehmen kann den Ausgleich zwischen diesen Polen tragend unterstützen. In der Tat: Die Aufnahme einer solchen Routine ist äußerst ratsam.

Vergib …

… den Menschen, die dir im Alltag täglich begegnen und die dich mit Kleinigkeiten nerven – vielleicht auf die gleiche Weise, wie auch du ihnen auf die Nerven gehst. Und vergib auch dir selbst für ungesunde Angewohnheiten: Leite ein paar Veränderungen ein, und setz deinen Weg fort.

Sei dankbar!

Schreib deine Dankbarkeitsliste, und setz einen Schlusspunkt, indem du sie wie beschrieben gefahrlos verbrennst.

Vollmond-Mantra

Verwende diesen Monat das Mantra *Ham*. Sing es jeden Tag laut oder still im Inneren, wenn du unter der Dusche stehst, vor oder nach der Meditation oder zu jedem anderen Zeitpunkt.

Vollmond-Affirmation

Sprich am Vollmondabend die Worte: »Ich verfüge über vollkommene Gesundheit.«

Vollmond (oder Mondfinsternis) in deinem siebten Haus

(auch bekannt als deine Liebeszone)

In den kommenden beiden Wochen …

… kannst du dich darauf einstellen, dass Beziehungsangelegenheiten die Bühne beanspruchen.

Achtung: Emotionen!

Dieser Vollmond holt intensive Gefühle im Hinblick auf dein Liebesleben ins Scheinwerferlicht.

◗ Botschaften

Es ist an der Zeit, dass du selbst ein wenig beiseitetrittst. Investiere deine emotionale Energie in deine »andere Hälfte« (deinen Ehepartner oder den wichtigsten anderen) oder in die Menschen in deinem Leben (einen Geschäftspartner, eine Freundin oder sogar in einen Gegner). Ich, ich, ich hat zu anderen Zeiten seine Berechtigung, aber jetzt geht es um die Mitmenschen.

Wenn ein anderer deine Zuwendung braucht, dann sollte mindestens ein Gleichgewicht geschaffen werden. Dieser Vollmond kann auch Abschlüsse herbeiführen; solltest du also gerade eine Beziehung oder Freundschaft beenden, dann ist dies der richtige Zeitpunkt dafür.

◗ Befrei dich von allen Schwierigkeiten mit …

… Liebe und Beziehungen. Damit kann eine gegenwärtige Romanze oder eine vergangene gemeint sein. Auf der karmischen Ebene scheinen Beziehungen für uns Sterbliche vor allem die Aufgabe zu haben, dass wir durch andere Menschen unsere Lektionen lernen. Jemand, der unsere wunden Punkte drückt, bringt uns mehr über uns bei als jemand, mit dem uns eine symbiotische Harmonie verbindet.

Es hat also durchaus seinen Sinn, dass wir in manch wunderbaren Beziehungen gelegentlich starke Spannungen aushalten müssen. Im besten Fall entwickeln sich die beiden Seelen und bewahren sich ihre gegenseitige Liebe auch in schweren Zeiten.

Der Vollmond in unserem siebten Haus kann uns auch dazu veranlassen, Bindungen oder Beziehungen aufzulösen, die ihr Ablaufdatum überschritten haben, und das ist gut so. Die Begegnung mit manchen Menschen kann einen bestimmten Grund haben oder nur für eine begrenzte Zeit gedacht sein.

◗ Stell dich auf ein mögliches Tauziehen ein zwischen …

… deinen eigenen Bedürfnissen und denen deines Partners, Arbeitgebers, deiner besten Freundin oder anderer in deinem Leben wichtigen Menschen.

◗ Such den Ausgleich zwischen …

… dem Denken an dich und dem Denken an andere. Der emotionale Vollmond in deinem siebten Haus richtet den Scheinwerfer auf die Gefühle, die ein wichtiger Mensch in deinem Leben bei dir auslöst. Die Zeit ist außerdem günstig, um an deinen Verhandlungs- und Ausgleichstechniken zu feilen. Ob es sich bei der fraglichen Beziehung nun um die zu deinem Partner, deinem Ex, einem Kollegen oder einem Gegner handelt, achte jedenfalls darauf, eine gemeinsame Basis zu finden, und du hast diesen Vollmond auf die bestmögliche Weise genutzt.

◗ Vergib …

… jedem anderen und dann dir selbst für die Fehler, die du, wie du glaubst, in irgendwelchen zwischenmenschlichen Beziehungen gemacht hast. (Tatsächlich gibt es natürlich keine Fehler, denn alles geschieht aus gutem Grund und ist so, wie es ist, vollkommen und genau richtig.)

◗ Sei dankbar!

Schreib deine Dankbarkeitsliste, und setz einen Schlusspunkt, indem du sie wie beschrieben gefahrlos verbrennst.

◗ Vollmond-Mantra

Verwende diesen Monat das Mantra *Yam*. Sing es jeden Tag laut oder still im Inneren, wenn du unter der Dusche stehst, vor oder nach der Meditation oder zu jedem anderen Zeitpunkt, der dir angemessen erscheint.

◗ Vollmond-Affirmation

Sprich am Vollmondabend die Worte: »Ich bin geliebt, ich bin liebevoll, ich bin liebenswert.«

Vollmond (oder Mondfinsternis) in deinem achten Haus

(auch bekannt als deine Zone der Sexualität und der gemeinsamen Finanzen)

◗ In den kommenden beiden Wochen …

… musst du dich mit deinen Gefühlen zu Sex und Geld befassen.

◗ Achtung: Emotionen!

Intensive Gefühle zu den Themen »Sex« und »Geld« sind im Gepäck dieses Vollmonds.

◗ Botschaften

Dieser Vollmond handelt davon, das Gleichgewicht zwischen deinem Geben und Nehmen im Leben zu finden. Falls du dir dessen bewusst bist, dass du zuletzt eines von beiden in den Vordergrund gestellt und das andere vernachlässigt hast, dann hast du jetzt die Gelegenheit, die Balance wiederherzustellen. Wenn wir einerseits zu viel geben und andererseits nichts annehmen können, dann pfuschen wir dem Gesetz des freien Flusses ins Handwerk und verursachen ein Problem. Wie kann uns das Universum einen nicht abreißenden Strom guter Dinge zukommen lassen, wenn wir sie nicht ohne Gegenwehr annehmen?

Dieser Vollmond leitet außerdem eine Phase ein, die für die Beschäftigung mit praktischen finanziellen Angelegenheiten wie dem Bezahlen von Schulden oder Rechnungen genutzt werden sollte. Sie eignet sich darüber hinaus auch für die Investition in den Bestand des Kleiderschranks.

◗ **Befrei dich von allen Schwierigkeiten mit …**

… dem, was dich bremst oder stecken bleiben lässt oder davon abhält, das von dir ersehnte Leben zu führen. Das achte Haus handelt von Tod und Wiedergeburt, Neuerfindung und Transformation. Es kann ein unangenehmer bis furchterregender Abschnitt des Horoskops sein: Schließlich sind dort Tod und Steuern zu Hause und können sich ins Blickfeld schieben, wenn dieser Teil deines Horoskops getriggert wird.

Aber mach dir keine Sorgen, der Vollmond ereignet sich hier nur einmal im Jahr (mindestens), und du bekommst es gewiss nicht jedes Jahr mit den schwersten Aspekten zu tun. Betrachte die Zeit lieber als gute Gelegenheit, dich zu transformieren. Auch der Umgang mit Geld spielt eine Rolle.

◗ **Stell dich auf ein mögliches Tauziehen ein zwischen …**

… deinem Geld und Bereichen, in denen es auf das Geld anderer trifft.

◗ **Such den Ausgleich zwischen …**

… dem Verdienst, der dir deiner Meinung nach zusteht, und dem Gehalt, mit dem deine Anstrengungen an deinem Arbeitsplatz entlohnt werden. Es geht um die Spannung zwischen Selbstwertgefühl und dem Wert, den ein anderer einem beimisst. Es geht auch um den Gegensatz zwischen finanzieller Unabhängigkeit und Abhängigkeit in Form von Gehalt, Schulden und so fort.

Geldregen und Erbschaften sind nicht unwahrscheinlich in diesem Teil des Horoskops. Er handelt außerdem von Sex und verwandten Themen. Nutze die Gelegenheit, um Ungeklärtes aufzuarbeiten, und setz deinen Weg fort.

◗ **Vergib …**

… jedem, von dem du meinst, dass er eine Grenze überschritten, dich verletzt oder ein Tabu gebrochen hat. Und dir selbst vergib für Probleme, die du mit Geld hast und für die du dir Vorwürfe machst.

◗ **Sei dankbar!**

Schreib deine Dankbarkeitsliste, und setz einen Schlusspunkt, indem du sie wie beschrieben gefahrlos verbrennst.

◗ **Vollmond-Mantra**

Verwende diesen Monat das Mantra *Vam*. Sing es jeden Tag laut oder still im Inneren, wenn du unter der Dusche stehst, vor oder nach der Meditation oder zu jedem anderen Zeitpunkt, der dir angemessen erscheint.

◗ **Vollmond-Affirmation**

Sprich am Vollmondabend die Worte: »Ich lasse meine Vergangenheit los und entwickle mich.«

Vollmond (oder Mondfinsternis) in deinem neunten Haus

(auch bekannt als deine Gesamtüberblickzone)

◗ **In den kommenden beiden Wochen …**

… sollst du dich mit den Sorgen beschäftigen, die du dir machst in Bezug auf Lernen, Reisen und die große kosmische Suche.

◗ **Achtung: Emotionen!**

Dieser Vollmond hat starke Gefühle in Verbindung mit deiner eingeschlagenen Richtung und deiner Lebensphilosophie in petto.

Botschaften

»Persönliches Wachstum«, »Religion«, »Philosophie«, »Veröffentlichungen«, »Das Internet«, »Reisen« und »Lernen« – das sind einige der Themen, die von großer Bedeutung sein können, wenn der Vollmond dein neuntes Haus besucht. Sei ehrlich mit dir selbst: Hast du dich bei deinen letzten Schwierigkeiten oder Aufgaben vielleicht zu sehr in den Details verloren? Solches Verhalten ist manchmal nichts anderes als eine Verzögerungstaktik, und deshalb müssen wir einen Schritt zurücktreten, um das Gesamtbild und unsere Rolle darin für uns sichtbar zu machen.

Erweitert oder verengt sich dein Blick auf dein Leben? Falls dir dein Abenteuergeist abhandengekommen ist, dann ist niemand anders dafür verantwortlich als du selbst. Diese Vollmondphase ist wunderbar geeignet, um etwas auszuprobieren, was sich außerhalb deines alltäglichen Spielraums befindet.

Befrei dich von allen Schwierigkeiten mit …

… der Tatsache, dass das Gras anderenorts grüner sein könnte. Dieser Vollmond verlangt von dir, dich an deinem Platz im Gesamtbild zu sehen. Deine Krisen und Zweifel gehören dazu. Nimm dir die nötige Zeit, um die Gesamtzusammenhänge zu erkennen. Damit solltest du dich in einen Zustand versetzen, der es dir gestattet, deine Segnungen zu sehen.

Jetzt ist auch der richtige Zeitpunkt für dich, um darüber nachzudenken, ob du wirklich alles hinter dir lassen oder doch genau da bleiben willst, wo du bist. Schmecken die Kirschen aus des Nachbarn Garten wirklich besser, wenn du dorthin gehst? Während du zu Hause bleibst, könnte jemand in der Ferne ebenfalls deine Aufmerksamkeit genießen. Das lässt sich nicht vorhersagen. Die Zeit ist außerdem günstig dafür, dass sich rechtliche Angelegenheiten wie von selbst auflösen oder wenigstens offen zutage treten.

◗ Stell dich auf ein mögliches Tauziehen ein zwischen …

… Hierbleiben und Fortgehen. Du bist hin- und hergerissen zwischen Zuhause und Fremde, zwischen kleinen und umwälzenden Ideen.

◗ Such den Ausgleich zwischen …

… Denken und Vertrauen. Hier ergibt sich für dich die Gelegenheit, Ängste und einschränkende Vorstellungen abzubauen und stattdessen ein Konzept von einer größeren, uns wohlgesinnten Macht zu akzeptieren. Falls du gerade durch eine dunkle Seelenphase gehst, dann lass dich damit trösten, dass du dafür in kosmischer Hinsicht die richtige Zeit gewählt hast – deine Chance für spirituelles Wachstum und tieferes Verständnis für die Welt um dich her. Öffne dich für neue Vorstellungen.

◗ Vergib …

… engstirnigen Menschen oder dir selbst, falls du dich als engstirnig empfunden hast.

◗ Sei dankbar!

Schreib deine Dankbarkeitsliste, und setz einen Schlusspunkt, indem du sie wie beschrieben gefahrlos verbrennst.

◗ Vollmond-Mantra

Verwende diesen Monat das Mantra *Ah*. Sing es jeden Tag laut oder still im Inneren, wenn du unter der Dusche stehst, vor oder nach der Meditation oder zu jedem anderen Zeitpunkt, der dir angemessen erscheint.

◗ Vollmond-Affirmation

Sprich am Vollmondabend die Worte: »Ich weiß, dass ich gesegnet bin.«

Vollmond (oder Mondfinsternis) in deinem zehnten Haus
(auch bekannt als deine Karrierezone)

In den kommenden beiden Wochen …

… sollst du Angelegenheiten in Ordnung bringen, die im Zusammenhang mit deiner Arbeit stehen.

Achtung: Emotionen!

Der Vollmond bringt starke Gefühle mit sich im Zusammenhang mit deiner Arbeit und deiner beruflichen Laufbahn.

Botschaften

Falls du dich bisher im Hintergrund gehalten hast und dich ganz allgemein eher versteckst, dann sei jetzt auf der Hut. Der Himmel proklamiert unüberhörbar, dass es für dich an der Zeit ist, aus dem Schatten und zurück ins Rampenlicht zu treten. So verlockend es auch erscheinen mag, es dir daheim bequem zu machen, der Vollmond in deinem zehnten Haus sagt dir, dass du jetzt emotionale Energie in deinen beruflichen Werdegang investieren sollst.

Auch falls du dich in letzter Zeit öfter über deinen Beruf geärgert hast, gib nicht auf. Für einige kommt jetzt eine Arbeitssituation oder ein Projekt zum Abschluss. Kein Grund zur Panik. Vergiss nicht, das Universum mag keine Leere, und deshalb wird sich schon bald etwas Neues ergeben, um die Lücke zu schließen.

Wie sehr bemühst du dich darum, deine Ziele zu erreichen? Jetzt könnte sich die Gelegenheit ergeben, um sich bei der Arbeit hervorzutun. Der Vollmond in deinem zehnten Haus schiebt dich förmlich auf die berufliche Bühne, egal ob du darauf vorbereitet bist oder nicht. Bei einigen von uns trägt ein großes Projekt endlich Früchte. Hoffentlich erhältst du Auszeichnungen für deine große Arbeit.

Falls jedoch bei dir gerade ein Job- oder Projektende ansteht, dann hast du immerhin den Trost, dass es zum genau richtigen Zeitpunkt passiert. Jetzt ist der passende Moment, um eine Bestandsaufnahme in Sachen Beruf zu machen. In welche Richtung willst du dich weiterentwickeln?

◗ **Befrei dich von allen Schwierigkeiten mit …**
… deiner Arbeitsbelastung und ihrem Einfluss auf dein Privatleben.

◗ **Stell dich auf ein mögliches Tauziehen ein zwischen …**
… deinen Pflichten daheim und den Anforderungen deines ehrgeizig verfolgten Berufs.

◗ **Such den Ausgleich zwischen …**
… dir und wie du im Inneren bist, und dem Bild, das du nach außen zeigst – als die Person, die sich entweder Leistung abverlangt oder auch nicht. Wie der Vollmond in deinem vierten Haus, so verlangt auch dieser von dir, ein ausgewogenes Verhältnis zwischen Berufs- und Privatleben herzustellen. Zu Hause könnte es Spannungen oder Anforderungen geben, die sich ungünstig auf deine berufliche Leistungsfähigkeit auswirken.

Oder berufliche Dramen könnten dich davon abhalten, ein erfülltes Privatleben zu haben. Was auch immer zutrifft, hier ist deine zweite Chance innerhalb von zwölf Monaten, das Gleichgewicht herzustellen. Für einige steht nun Anerkennung auf dem Plan. Andere müssen erkennen, dass in beruflicher Hinsicht ein größeres emotionales Engagement erforderlich ist.

◗ **Vergib …**
… jedem, der dir in beruflicher Hinsicht unrecht getan hat; und dir selbst für jegliches unpassende Verhalten am Arbeitsplatz.

◗ Sei dankbar!

Schreib deine Dankbarkeitsliste, und setz einen Schlusspunkt, indem du sie wie beschrieben gefahrlos verbrennst.

◗ Vollmond-Mantra

Verwende diesen Monat das Mantra *Lam*. Sing es jeden Tag laut oder still im Inneren, wenn du unter der Dusche stehst, vor oder nach der Meditation oder zu jedem anderen Zeitpunkt, der dir angemessen erscheint.

◗ Vollmond-Affirmation

Sprich am Vollmondabend die Worte: »Ich habe eine auf perfekte Weise ideale Aufgabe; ich leiste perfekte Arbeit für ideale Bezahlung« (nach Florence Scovel Shinn).

Vollmond (oder Mondfinsternis) in deinem elften Haus

(auch bekannt als deine Freundeszone)

◗ In den kommenden beiden Wochen …

… musst du dich mit möglichem Ärger im Freundeskreis auseinandersetzen.

◗ Achtung: Emotionen!

Der Vollmond bringt starke Gefühle im Hinblick auf Freundschaft und unerfüllte Träume ans Tageslicht.

◗ Botschaften

Es ist verlockend, sich nur mit sich selbst und den eigenen Vergnügungen zu befassen. Vielleicht bist du ja ein kreativer Typ, der sich gern selbst zum Ausdruck bringt. Und warum auch nicht? Schließlich ist das Leben dazu da, um es zu genießen und um Spaß zu haben. Doch diesen Monat, wenn sich der Vollmond in deinem elften Haus befindet, wirst du daran erinnert, dass du ein Gleichgewicht herstellen musst zwischen dem Wunsch, es dir gut gehen zu lassen, und der Tatsache, dass die Menschen in deinem Leben ebenfalls etwas von deiner Aufmerksamkeit brauchen. Was immer du jetzt für einen anderen tust, du erhältst dafür zusätzliche »Karmapunkte«. Damit ist der angebrochene Monat auch dem Netzwerken dienlich.

Wovon träumst du? Und kennst du irgendjemanden, der dir dazu verhelfen kann? Der Vollmond taucht deine Wünsche hier in ein warmes und sanftes Licht. Zahlt es sich für dich aus? Bekommst du, was du dir wünschst? Und wenn nicht, woran könnte das deiner Meinung nach liegen? Es ist zwar merkwürdig, aber manchmal wissen wir intuitiv und im Voraus, dass sich unser Wunsch, für den wir nur ein Lippenbekenntnis ablegen, nicht erfüllt. Oder aber wir verlieren das Interesse. Der Vollmond in deinem elften Haus ist der ideale Zeitpunkt, um solchen Ballast abzuwerfen.

Außerdem handelt dieses Kreissegment deines Horoskops auf entscheidende Weise von Freunden und Netzwerken. Wie geht es dir mit deinem Freundeskreis? Bist du glücklich mit ihm? Möchtest du noch neue Freunde hinzugewinnen? Jetzt können Probleme auftreten, die etwas mit deinen Freundschaften zu tun haben. Beruhige dich mit deinem Atem, bevor du dich ihnen zuwendest. Eine Freundschaft, die jetzt endet, nutzt den richtigen kosmischen Zeitpunkt.

Befrei dich von allen Schwierigkeiten mit …

… den Dingen, die du dir wünschst. Handelt es sich um Träume, die sich nicht realisieren lassen, oder um Freundschaften, die dir Sorgen bereiten?

◗ Stell dich auf ein mögliches Tauziehen ein zwischen …
… dir und deinen Freunden.

◗ Such den Ausgleich zwischen …
… dem, was du für dich brauchst, und dem, was du für deine Freunde benötigst und tun sollst. Das elfte Haus hat die Vereine, Gruppen und sozialen Netzwerke zum Thema, denen du angehörst. Steht der Vollmond in diesem Haus, dann ist die Wahrscheinlichkeit groß, dass zumindest eine deiner Freundschaften deine Aufmerksamkeit erfordert.

Legst du dich in deinem Freundeskreis in die Riemen, oder hat einer deiner Freunde berechtigten Anlass zur Klage? Oder bist vielmehr du der Meinung, dass einer deiner Freunde engagierter sein könnte? Der Vollmond erinnert dich daran, dass du deine Bedürfnisse mit denen deines sozialen Umfelds, Netzwerks oder deiner Gruppen in Einklang bringen musst.

◗ Vergib …
… jedem Freund, der dich irgendwann einmal verletzt hat, und auch dir selbst dafür, was auch immer du in Bezug auf diese Freundschaft getan oder unterlassen zu haben meinst.

◗ Sei dankbar!
Schreib deine Dankbarkeitsliste, und setz einen Schlusspunkt, indem du sie wie beschrieben gefahrlos verbrennst.

◗ Vollmond-Mantra
Verwende diesen Monat das Mantra *Om*. Sing es jeden Tag laut oder still im Inneren, wenn du unter der Dusche stehst, vor oder nach der Meditation oder zu jedem anderen Zeitpunkt, der dir angemessen erscheint.

Vollmond-Affirmation

Sprich am Vollmondabend die Worte: »Ich bin eine ausgezeichnete Freundin und ziehe ausgezeichnete Freunde in mein Leben.« Oder: »Meine Träume erfüllen sich, und meine Wünsche manifestieren sich jetzt.«

Vollmond (oder Mondfinsternis) in deinem zwölften Haus

(auch bekannt als die Zone deiner Geheimnisse)

In den kommenden beiden Wochen …

… nimm dir eine Auszeit.

Achtung: Emotionen!

Dieser Vollmond kann eine Sturmflut intensiver Gefühle zu deinem geheimen Ich bewirken.

Botschaften

In letzter Zeit war dein Leben vermutlich äußerst geschäftig, und niemand kann dir einen Vorwurf machen, wenn du dich danach sehnst, eine Zeit lang auszuspannen. Der Vollmond in deinem zwölften Haus gestattet dir genau das. Für viele Menschen kommt dieser Vollmond zu einem Zeitpunkt, zu dem sie sich ein wenig niedergeschlagen fühlen, doch tatsächlich sind sie vermutlich einfach nur erschöpft nach all der Anstrengung, die sie investieren mussten, um die Anforderungen des Alltags zu erfüllen. Gönn dir eine Pause, um zu meditieren oder Yoga zu praktizieren. Du musst ein Gleichgewicht zwischen Arbeit und Ruhezeiten schaffen.

Das Schlimmste am Vollmond in deinem zwölften Haus ist die Tatsache, dass er dich zur Konfrontation mit deiner Selbstsabotage durch dein eigenes Verhalten zwingt. Das ist aber zugleich auch das Beste daran. Ich denke, du verstehst, was mit diesem scheinbaren Widerspruch gemeint ist: Das zwölfte Haus wird unglücklicherweise auch als »das Haus des Selbstruins« bezeichnet. Wir alle haben ein zwölftes Haus, und wir alle tragen Anteile in uns, die tatsächlich unsere schlimmsten Feinde sind. Doch der Vollmond in dieser Position gibt dir die Gelegenheit, die entsprechenden Anteile und Verhaltensweisen zu ermitteln, sie als das zu erkennen, was sie sind, und dich von ihnen zu befreien.

◗ **Befrei dich von allen Schwierigkeiten mit …**

… denjenigen deiner Anteile und Verhaltensweisen, die du an dir nicht magst. Vergib deinen Mitmenschen das, was sie dir deiner Meinung angetan haben, und vergib dir den Schaden, den du ihnen offen oder insgeheim zugefügt hast.

◗ **Stell dich auf ein mögliches Tauziehen ein zwischen …**

… den Maßnahmen, die du täglich ergreifen musst, um den ganzen Laden am Laufen zu halten, und deinem Bedürfnis nach innerem Frieden.

◗ **Such den Ausgleich zwischen …**

… deinem alltäglichen Leben als »funktionierender« Mensch und deiner verborgenen Seite, die geheimnisvoll, schwierig und vielleicht sogar ein bisschen dunkel ist. Für manche ist diese Seite das, was sie verstecken zu müssen glauben, für andere das, wovon die Mitmenschen (vermutlich die Eltern) meinen, dass es unterdrückt werden müsse. Dieser Vollmond kann recht intensive Gefühle hervorrufen, ob uns das nun gefällt oder nicht.

Wir könnten uns sogar veranlasst sehen, ungerechtfertigt Abbitte zu leisten – weil wir uns im »Haus des Selbstruins« befinden, ist die Unterdrückung der eigenen authentischen Gefühle eine zuverlässige Methode der Selbstsabotage und -vernichtung. Der Monat, in dem sich dein persönlicher Vollmond in deinem zwölften Haus befindet, ist ideal geeignet, um sich in die Selbstbesinnung zurückzuziehen, falls dir solche Maßnahmen liegen. Die Zeit ist reif, um am Inneren zu arbeiten und deine Spiritualität zu erforschen. Manchmal wird dieser Vollmond ein großes Geheimnis mit sich bringen oder offenbaren. Geh jetzt schonend mit dir um: Dieser Vollmond ist einer der intensivsten im lunaren Jahr. Der nächste verspricht es dir leichter zu machen.

◗ Vergib …

… dir selbst für alles, wofür du dich schämen zu müssen meinst. Mach dir bewusst, dass es nichts gibt, was deine Scham rechtfertigt: Wir alle befinden uns im Wachstum. Vergib allen, die dich je verletzt haben.

◗ Sei dankbar!

Schreib deine Dankbarkeitsliste, und setz einen Schlusspunkt, indem du sie wie beschrieben gefahrlos verbrennst.

◗ Vollmond-Mantra

Verwende diesen Monat das Mantra *Ah.* Sing es jeden Tag laut oder still im Inneren, wenn du unter der Dusche stehst, vor oder nach der Meditation oder zu jedem anderen Zeitpunkt, der dir angemessen erscheint.

◗ Vollmond-Affirmation

Sprich am Vollmondabend die Worte: »Es ist in Ordnung, mir Zeit für mich zu nehmen.«

Zusammenfassung

Du verfügst nun über alle erforderlichen Informationen, um mit dem Vollmond arbeiten zu können. In diesem Abschnitt hast du erfahren,

- warum der Vollmond sich ideal als Zeit der Vergebung eignet und warum Vergebung für jegliches Manifestieren entscheidend ist,
- warum Dankbarkeit so wichtig ist und wie sie die durch den Vollmond freigesetzte Negativität ersetzen kann,
- was der Vollmond in Verbindung mit allen zwölf Zeichen und
- was er in Verbindung mit allen zwölf Häusern bedeutet.

FAQs: Der Vollmond

Was ist, wenn ich einer bestimmten Person nicht vergeben möchte?

Einmal erhielt ich eine Zuschrift von einer Leserin, die mir mitteilte, dass sie ihrem Ex-Ehemann nicht vergeben wolle, weil er sie missbraucht hatte. In vielerlei Hinsicht ist diese Einstellung vollkommen nachvollziehbar; doch hindert sie diese Frau daran, ihr Leben weiter voranzubringen. Es ist wichtig, im Sinn zu behalten, dass Vergebung die Handlungsweise des anderen nicht bagatellisieren, rechtfertigen oder gar in eine gute Tat pervertieren soll. Vielmehr befreit *dich* deine Vergebung von ihr, damit du dich den nächsten Schritten in deinem Leben zuwenden kannst. Ohne Vergebung hältst du die Person aus der Vergangenheit weiter in deiner Gegenwart fest, und sie hat dich auch in Zukunft im Griff.

◗ Kann ich auch während des Vollmonds wünschen?

Ja, wünschen kannst du sowohl an Neumond als auch an Vollmond. In der Theorie ist jedoch der Vollmond der Höhepunkt des Zyklus, und die Tage, die ihm folgen, handeln vom Ausruhen und Loslassen. Im Idealfall wünscht man an Neumond, weil die zwei nachfolgenden Wochen (bis zum Vollmond) eher dynamisch sind und geprägt von der investierten Arbeit auf dem Weg zur Verwirklichung der eigenen Träume. Ich bin jedoch davon überzeugt, dass es immer noch besser ist, sich etwas während des Vollmonds zu wünschen als gar nicht, um sich Klarheit über die eigenen Wünsche zu verschaffen.

◗ Was ist, wenn der Vollmond auf meinen Geburtstag fällt?

Fällt der Vollmond oder eine Mondfinsternis auf deinen Geburtstag, dann kann man darin den Hinweis auf ein bevorstehendes wichtiges Jahr sehen. Die Suche nach Gleichgewicht – möglicherweise zwischen der Zeit, die du dir selbst, und der Zeit, die du anderen zugestehst – spielt in einem solchen Jahr eine entscheidende Rolle. Emotionen müssen bearbeitet werden. Damit kündigt sich ein Jahr an, das besondere Bewusstheit im Umgang mit Gefühlen verlangt.

Teil IV

Lebe bewusst mit dem aktuellen Mond

Den täglichen Mondstand zu kennen kann ein zuverlässiger Leitfaden für dich sein. Wenn du dich für die Zusammenarbeit mit dem Mond entscheidest und ein bewusstes Leben führen möchtest, dann gibt es immer Zeiten, die sich für bestimmte Aktivitäten in bestimmten Bereichen des Lebens besser oder schlechter eignen.

Neumond:

zw. Erde und Sonne
= in Konjuktion

Vollmond

Sonne und Mond stehen in
entgegengesetzten Richtungen
zueinander
= Opposition

Kapitel 9

Wo steht der Mond heute?

Wir haben uns mit Vollmond und Neumond beschäftigt, doch was ist mit dem Mond in seinen Übergangsphasen? Nun, er spielt auch eine Rolle abhängig davon, in welchem Tierkreiszeichen er sich gerade befindet. (Er durchläuft innerhalb eines Monats ja alle zwölf Zeichen und alle zwölf Häuser deines Horoskops.)

Hier noch mal eine knappe Wiederholung: Neumond ist dann, wenn sich der Mond zwischen Erde und Sonne befindet, also in Konjunktion mit der Sonne steht; Vollmond ist der Zeitpunkt, zu dem Sonne und Mond in entgegengesetzten Richtungen, also in Opposition zueinander stehen. Und der sogenannte »tägliche« oder aktuelle Mond? Mit diesem Begriff werden die aktuellen, weniger markanten Positionen innerhalb der Mondphasen benannt.

Um herauszufinden, wo sich der Mond gerade befindet, kannst du einen der zahlreichen Mondkalender im Internet anklicken oder meine Webseite (www.moonology.com) zurate ziehen. Sobald du weißt, in welcher Phase sich der Mond an einem beliebigen Tag befindet, kannst du dich mit der Frage beschäftigen, welches der vier Elemente Feuer, Erde, Luft oder Wasser er durchläuft:

- *Feuer:* Widder, Löwe und Schütze.
- *Erde:* Stier, Jungfrau und Steinbock.
- *Luft:* Zwillinge, Waage und Wassermann.
- *Wasser:* Krebs, Skorpion und Fische.

Als Nächstes gilt es zu berücksichtigen, welche Eigenschaften durch die Elemente symbolisiert werden:

- *Feuer:* hitzig, impulsiv, leidenschaftlich.
- *Erde:* vernünftig, praktisch, beständig.
- *Luft:* gesprächig, unbeständig, intellektuell.
- *Wasser:* emotional, übersinnlich, geheimnisvoll.

Der aktuelle Mond in jedem Zeichen

Befindet sich der Mond – der Herrscher der Emotionen – also beispielsweise in einem Feuerzeichen, dann darf man mit hitzigeren Emotionen rechnen. So einfach ist das. Im Handumdrehen weißt du, was du von deinem Tag erwarten kannst. Wenn der Mond von einem Zeichen in ein anderes tritt, dann findet ein Stimmungswandel statt. Und – nur für den Fall, dass du dir diese Frage stellst – der Mond wechselt überall auf der Welt am gleichen Tag von einem Zeichen ins nächste.

Danach musst du nur noch dein Wissen über die Zeichen auf den Mond anwenden. So ist etwa die Widder-Energie für den täglichen Mond derjenigen sehr ähnlich, die auftritt, wenn der Neumond im Widder steht. Der nachfolgende »Mondtageführer« beschreibt die Energien des aktuellen Monds in allen zwölf Zeichen des Tierkreises und trifft Aussagen darüber, wofür sich der jeweilige Tag gut oder weniger gut nutzen lässt.

Aktueller Mond im Widder ♈

Es geht emotional zu, wenn sich der Mond im Widder befindet – denn schließlich wird der Widder vom wütenden und kriegerischen Planeten Mars beherrscht. Falls du also sehr stark auf den Mond eingestimmt bist, dann sei vorsichtig – vor allem wenn du dich gerade mitten in einem Streit befindest. Hol ein paarmal tief Luft, und erinnere dich daran, dass der Widder-Mond nicht als Grund dafür herhalten darf, deine mühsam erarbeitete Gelassenheit aufs Spiel zu setzen.

Die Widder-Energie lässt sich viel gewinnbringender einsetzen, um die Punkte auf deiner To-do-Liste abzuarbeiten. Widder-Mond-Tage sind erfüllt von impulsiver Energie, und es kann leicht geschehen, dass man sich wie getrieben fühlt. Genauso gut können wir diese Energie in etwas Konstruktives lenken. Außerdem ist jetzt die Zeit, in der Begeisterung vorherrscht. Gib dir Mühe, dich nicht zu leicht angegriffen zu fühlen. Meditation ist nun besonders empfehlenswert, denn die Anreicherung des feurigen Widder-Monds mit »ein wenig Zen« käme dir zurzeit sehr zustatten.

◗ Gut, um …

… einen regelrechten Parforceritt durch den Tag zu unternehmen.

◗ Ungeeignet, um …

… stille Innenschau zu halten.

◗ Handeln

Mehr Tempo!

◗ Bleiben lassen

Einen Streit vom Zaun brechen.

Aktueller Mond im Stier ♉

Diese Kombination ist angenehm, denn Mond und Stier harmonieren gut miteinander. Beide haben etwas mit Nahrungsaufnahme zu tun – der Mond beherrscht die Lebensmittelproduktion, und der Stier isst leidenschaftlich gern. Falls du also auf dein Gewicht achten musst: Hüte dich davor, zu viel zu dir zu nehmen. Wenn nicht, kannst du dich ganz dem Genuss hingeben. Bei der Mond-Stier-Kombination handelt es sich um eine sinnliche und entspannende Phase, achte also darauf, dass jetzt nicht gerade irgendwelche Misstöne auf deinem Programm stehen. Eine Massage oder ein fauler Tag im Bett mit deinem oder deiner Liebsten, deiner Katze, einer Tasse Tee ist jetzt ideal. Hektik ist fehl am Platze.

Solltest du aber dennoch unvermeidbare Aufgaben zu erledigen haben, dann wird dir der langsame und stetige Trott des Stiers dabei helfen. Falls du darauf abzielst, deinen Kapitalfluss zu erhöhen, dann beschert dir der überschwängliche Stier-Mond eine gute Zeit, um deine Visualisierungen und Pläne aufzupolieren.

Gut, um …

… zu entspannen, zu schmusen, zu essen und Sonnenbäder zu nehmen.

Ungeeignet, um …

… unangenehme Aufgaben zu erledigen.

Handeln

Betöre deine Sinne, und erfreu dich leiblicher Genüsse.

Bleiben lassen

Dickköpfigkeit.

Aktueller Mond in den Zwillingen ♊

Der Mond in den wieselflinken Zwillingen kann sehr rasch verstreichen. Falls du ohnehin schon überarbeitet bist, dann mag das eine gute Sache sein, doch ist Verwirrung angesagt, falls dein Teller übervoll ist. Geschäftigkeit steht definitiv auf dem Plan. Das mag dich an den Widder-Mond erinnern, doch es gibt Unterschiede: Der Widder-Mond bedeutet Action, während es beim Zwillinge-Mond mehr um mentale Energie geht – ununterbrochene Gespräche und fortwährende Beweglichkeit.

Falls du heute einen Vortrag zu halten hast, dann stehen die Sterne (oder eher der Mond) auf deiner Seite. Zwillinge-Mond-Tage eignen sich außerdem für soziale Zusammenkünfte (Partys), weil alle besonders redefreudig sind und den Kommunikationsfluss in Gang halten. Gespräche können zu einer Menge Erkenntnisse führen. Neugier und Wissbegier sind also Trumpf.

Gut, um …

… Geselligkeit zu pflegen, nachzudenken, zu lesen, Gespräche zu führen – und allgemein seine kommunikativen Fähigkeiten einzusetzen.

Ungeeignet, um …

… sich ins Innere zurückzuziehen und zu meditieren – es gibt zu viel zu tun und zu viele interessante Möglichkeiten.

Handeln

Melde dich bei deiner besten Freundin, deinem Bruder, deinen Eltern oder allen, mit denen du ohnehin schon lange Kontakt aufnehmen wolltest.

◗ Bleiben lassen

Zu viel Geplapper in den sozialen Medien, denn die Gefahr besteht, dass du dich lächerlich machst. Du weißt, wann du aufhören musst, also halt dich daran.

Aktueller Mond im Krebs ♋

Nach den aufregenden letzten Tagen geht ein Seufzer der Erleichterung durch die Welt, weil der Mond jetzt in den heimeligen Krebs eintritt. Nun darfst du dich ins behagliche Familienleben zurückziehen oder wenigstens zu Hause bleiben. Der Energiepegel sinkt, und plötzlich lockt Häuslichkeit. Jetzt ist es an der Zeit, sich weich zu betten.

Nutze die Gelegenheit, dein Haus in Ordnung zu bringen. Mach sauber, räum auf, und besorg die Wäsche. Lad ein paar Freunde oder Familienmitglieder zum Abendessen ein (Krebse essen gern!). Falls du das Gefühl hast, den leicht verunsichernden Schwingungen dieses Tierkreiszeichens nachzugeben, dann red dir selbst ins Gewissen. Tage, an denen der Mond im Krebs steht, eignen sich bestens, um an deinen Zweifeln und Ängsten zu arbeiten. Versteck dich aber nicht gleich. Vielmehr stell dich dem, was dir Sorgen bereitet. Jetzt ist ein guter Zeitpunkt, um einem Menschen, dem du vertraust, deine Verletzlichkeit zu zeigen. Sei nicht *zu* vernünftig.

◗ Gut, um …

… Zeit zu Hause zu verbringen, sich einzukuscheln und Kuchen zu backen, mit geliebten Menschen zusammen zu sein, sich einen dynamischen Plan auszudenken – Krebs-Energie fördert Unternehmertum.

◗ **Ungeeignet, um …**

… nach Unabhängigkeit zu streben, sich unnahbar und leidenschaftslos zu geben.

◗ **Handeln**

Verbring Zeit mit Kindern, die du liebst. Sei gastfreundlich. Nimm dir eine Auszeit.

◗ **Bleiben lassen**

Dich irgendwohin zu schleppen, wohin du gar nicht gehen willst; es sei denn, es lässt sich gar nicht abwenden.

Aktueller Mond im Löwen ♌

Es ist Showtime! Der Löwe ist ein Publikumsliebling, und wenn der Mond in seinem Zeichen steht, dann kannst du sicher sein, dass sich ein paar Leute nach dir umsehen. Falls du für irgendeine Aufgabe besonders viel Selbstvertrauen brauchst, dann sind die Löwe-Mond-Tage ein großartiger Ausgangspunkt.

Der Löwe-Mond ist außerdem äußerst kreativ, ja sogar künstlerisch. Heute kannst du der Welt zeigen, was in dir steckt! Stell dein Licht an einem Löwe-Mond nicht unter den Scheffel – damit würdest du dein gewaltiges Potenzial brachliegen lassen. Außerdem steht jeglicher Showbiz-Rummel an solchen Tagen unter einem guten Stern (Mond). Stimm dich also ein auf den Löwe-Mond, und organisier etwas, was dir Spaß macht.

◗ **Gut, um …**

… Party zu machen, Leute an einem feucht-fröhlichen Abend zum Lachen zu bringen und einfach gut drauf zu sein.

◗ **Ungeeignet, um …**
… sich wie ein Mauerblümchen zu fühlen.

◗ **Handeln**
Zeig dich von deiner besten Seite!

◗ **Bleiben lassen**
Falsche Bescheidenheit – würde dir heute sowieso keiner abnehmen.

Aktueller Mond in der Jungfrau ♍

Nun gut, vielleicht musst du nach zweieinhalb verrückten Löwe-Tagen ein bisschen zur Ruhe kommen. Der Jungfrau-Mond klemmt sich sein Monokel ins Auge und prüft, ob auf dem Schreibtisch alles so vorbereitet ist, wie er es braucht. Dann kann er tun, was er tun muss, damit das Leben so weitertickt, wie's gedacht ist. Wenn der Mond in der Jungfrau steht, dann ist es Zeit für eine Bestandsaufnahme.

In welchen Bereichen wärst du gern effizienter? Oder würdest du lieber insgesamt besser »funktionieren«? Der Jungfrau-Mond ist ideal, um solche Veränderungen in Gang zu setzen. Außerdem unterstützt er dich dabei, wenn du über deine Ernährung und Gesundheit nachdenkst. Falls du meinst, dass eins deiner Leiden anders behandelt werden muss, dann ist Komplementärmedizin in Abstimmung mit dem Arzt oder Heilpraktiker ein möglicher Ansatzpunkt. (Hast du jedoch akut Schmerzen, die nicht aufhören, solltest du umgehend deinen Hausarzt aufsuchen.)

◗ **Gut, um …**
… Abhängigkeiten aufzulösen, dein Leben in den Griff zu bekommen, neue Routinen zu entwickeln.

◗ Ungeeignet, um …

… leichtsinnig oder albern zu sein (harmlose Späßchen mit deinem/deiner Liebsten sind aber natürlich immer »erlaubt«).

◗ Handeln

Zeig dich hilfsbereit.

◗ Bleiben lassen

Zu viel Kritik.

Aktueller Mond in der Waage ♎

Der Waage-Mond entspricht in etwa dem Mond im siebten Haus. Und wenn Jupiter und Mars sich zusammentun? »Wusch!« Waage ist das Zeichen von Partnerschaft und Beziehung. Steht der Mond in diesem Zeichen, dann ist die Zeit also günstig, um sich romantischen Angelegenheiten zuzuwenden. Auch berufliche Partnerschaften haben Hochkonjunktur. Befinden sich bei dir Geben und Nehmen im Gleichgewicht? Musst du jetzt aktiv werden, um jemanden für dich zu gewinnen, auf den du ein Auge geworfen hast?

Die Zeichen stehen außerdem günstig, wenn du deinen Frieden mit einem verlorenen Liebsten machen willst. Die Waage mag jegliche Verhandlungen. Solltest du also in beruflicher oder privater Hinsicht irgendeine Übereinkunft erzielen wollen, bei der alle Beteiligten gleichberechtigt behandelt werden, dann solltest du jetzt Gespräche in Gang setzen. Es ist ganz allgemein ein großer Tag für die Liebe, also überschütte deine Liebsten mit Zuneigung. Ein Candle-Light-Dinner mit einem edlen Tropfen ist jetzt ebenfalls was ganz Feines.

◗ **Gut, um …**
… Romanzen und Partnerschaften jeglicher Art zu fördern.

◗ **Ungeeignet, um …**
… allein zu sein.

◗ **Handeln**
Sei vorbereitet für ein Arrangement.

◗ **Bleiben lassen**
Dein Kopf soll jetzt nicht dein Herz beherrschen.

Aktueller Mond im Skorpion ♏

Der Skorpion ist wie die übrigen natürlich auch ein ganz wunderbares Zeichen, und wir alle haben ihn irgendwo in unserem Horoskop, aber er hat eben auch viel mit unserer dunklen Seite zu tun. Und wenn der Mond hier durchwandert, dann nimmt er diese skorpionhafte Energie an, und die hat, wie der Skorpion selbst, einen Stachel. Also überleg gut im Voraus, wie du an einem Skorpion-Mond vorgehen willst.

Sei vorsichtig mit Menschen, von denen bekannt ist, dass sie schnell überkochen oder dass sie einen »fiesen Zug« an sich haben. Und falls du dir deines eigenen »giftigen Stachels« bewusst bist, dann ist heute ein guter Tag, um zu meditieren. Nickelige Ärgernisse und kleinliche Eifersüchteleien können jetzt ihren Auftritt haben, um uns daran zu erinnern, dass wir Menschen sind, die sich entwickeln müssen. Das Gute am Skorpion ist jedoch seine transformierende Energie. Setz sie also klug ein, und deine Skorpion-Tage können in materieller, körperlicher oder psychologischer Hinsicht gewinnbringend sein.

◗ **Gut, um …**
… Geheimnisse zu erforschen, einer Sache auf den Grund zu gehen, von jemandem ein bisschen »besessen« zu sein.

◗ **Ungeeignet, um …**
… jedoch *zu* besessen zu sein, schlechte Angewohnheiten zu entwickeln oder herumzuspionieren.

◗ **Handeln**
Lach zwischendurch auch mal.

◗ **Bleiben lassen**
Überlass dich nicht deinem Schatten.

Aktueller Mond im Schützen ♐

Falls du Lust verspürst, Dampf abzulassen oder mal so richtig aus dem Vollen zu schöpfen, dann hast du dazu den richtigen Tag gewählt. Der Schütze-Mond eignet sich, um die Dinge so weit voranzutreiben, wie du nur kannst. Die Energie dieses Tierkreiszeichens ist mit dem Planeten Jupiter verbunden, der für das Übermaß steht und es fast immer ein wenig übertreibt. Das hat natürlich seinen Preis. Wirf eventuelle Bedenken also auch heute nicht vollständig über Bord. Abenteuerlust ist schön und gut, lass es aber nicht in Leichtsinn ausarten.

Der Schütze-Mond eignet sich außerdem, um von dem unglaublichen Buch zu träumen, das du veröffentlichen willst (und jetzt schreiben könntest), oder um über weitere Reisen oder Studien nachzudenken. Das Gesamtbild lässt sich jetzt gut erkennen, und das hilft uns, die Dinge in die richtige Perspektive zu rücken und diesen so überaus wichtigen Zustand der Dankbarkeit zu erlangen, aus dem heraus alles Gute erwächst.

Gut, um …

… Spaß zu haben, die Würfel rollen zu lassen, ein Risiko einzugehen, den ersten Schritt zu tun, abenteuerlustig zu sein.

Ungeeignet, um …

… etwas im Zaum zu halten, deine Begeisterung zu zügeln, dir Schranken aufzuerlegen.

Handeln

Setz alles auf eine Karte – das Schicksal bevorzugt den Schützen.

Bleiben lassen

Zögerlichkeit.

Aktueller Mond im Steinbock ♑

Du musst dich zusammennehmen? Deinen Kopf zurechtrücken? Einen Plan fassen? Dann hält dir der Steinbock-Mond den Steigbügel. Steinbock ist als Zeichen das wohlgeordnetste und strebsamste. Steht der Mond im Steinbock, dann dreht sich also alles um Zweckmäßigkeit und Strategie. Einen besseren Zeitpunkt, um wieder zurück ins richtige Fahrwasser zu finden, kann es nicht geben. Denk darüber nach, wo du warst, wohin du gelangen willst und welchen Fußabdruck du auf der Welt hinterlassen möchtest.

Heute spielt die Beziehung zu deinen Vorgesetzten oder deine Position als Chef eine wichtige Rolle. »Reifes Verhalten« und »Langzeitplanung« sind jetzt die Schlüsselbegriffe für den Erfolg. Sei klug, aber nicht zu ernst. Ermittle die Ziele, die du im nächsten Monat erreichen willst (jetzt ist der Zeitpunkt günstig, um einen Monat im Voraus zu planen), aber lass nicht zu, dass dabei aller Spaß verloren geht.

◗ **Gut, um …**
… Karriereziele zu erreichen.

◗ **Ungeeignet, um …**
… untätig herumzulungern.

◗ **Handeln**
Nutze den Tag, um den Anschluss wiederzufinden, damit sich deine Vorstellung von Erfolg erfüllen kann.

◗ **Bleiben lassen**
Bierernst und Spaßbremsertum.

Aktueller Mond im Wassermann ♒

Tage, an denen der Mond im Wassermann steht, haben etwas Nervenaufreibendes. (Oder ist das nur bei mir so?) Es fühlt sich an, als sollten wir alle etwas progressiver sein und mehr an die Zukunft denken. Das Zeichen Wassermann handelt von Modernisierung und Fortschritt. Und wenn sich der Mond in diesem Zeichen wiederfindet, dann könnte es das Ende des Status quo bedeuten. Diese Tage eignen sich für Rebellentum und Nonkonformismus. Die Wassermann-Energie verträgt keinerlei Art des Eingesperrtseins.

Falls du dich also in dieser Beschreibung wiedererkennst, dann wirst du feststellen, dass das Universum (oder vielmehr der Mond) dich mit deiner ganzen Verrücktheit unterstützt. Verbring den Tag mit Freunden, und falls euer Zusammenwirken wohltätigen Zwecken dienen sollte, ist das umso besser! Der Wassermann schätzt es sehr, der Welt etwas Gutes zu tun und dabei so viele Menschen wie möglich um sich zu haben. Dir fällt nichts Gemeinnütziges ein, was du unternehmen könntest? Es bleibt dennoch ein guter Tag, um sich mit anderen zusammenzutun.

◗ **Gut, um …**

… Wünsche zu äußern.

◗ **Ungeeignet, um …**

… Dinge auf altväterliche Weise zu regeln und dynamische Ereignisse auszubremsen.

◗ **Handeln**

Sei trendbewusst und fortschrittlich und, nun ja, vor allem nach vorn gerichtet.

◗ **Bleiben lassen**

Sei nicht überrascht, wenn du zu freimütig bist und die Leute sich angegriffen fühlen.

Aktueller Mond in den Fischen ♓

An einem guten Fische-Mond-Tag kann sich alles wunderbar träumerisch und romantisch anfühlen. Es sind Tage, an denen eine Stunde mühelos in die nächste übergeht und niemand es allzu eilig hat. Poesie kann geschrieben und gelesen werden. Meditation greift tiefer. Seelengefährten haben ihren Auftritt, vereinigen sich oder finden sich wieder. Das Wort »gefühlvoll« findet seine beste Umsetzung.

Was könnte einem an Fische-Mond-Tagen nicht gefallen? Nun, Abhängigkeiten könnten für einige von uns ein Thema sein. Selbstmitleid, Verlorenheit und Märtyrertum könnten leichter eine Rolle spielen. Doch es herrscht Gleichgewicht, denn andererseits können Fische-Mond-Tage auch etwas mit veränderten

Bewusstseinszuständen durch spirituelle Übung, die dich mit dem Göttlichen verbindet, zu tun haben. Oder, was noch besser wäre, weil du mit jemandem zusammen bist, der dir das Gefühl gibt, einem Gott oder einer Göttin begegnet zu sein.

◗ **Gut, um …**

… zu schwimmen, zu träumen, zu baden.

◗ **Ungeeignet, um …**

… hart geistig oder körperlich zu arbeiten, zu streiten, bodenständig zu sein.

◗ **Handeln**

Träume kleine oder große Träume.

◗ **Bleiben lassen**

Zu glauben, dass irgendetwas davon sich ohne weiteres Zutun realisiert.

Kapitel 10

Der Mond hautnah und persönlich

Nun wollen wir uns mit der Wanderung des Mondes durch die Häuser beschäftigen. Wir müssen uns eingestehen, dass die Kombination von aktuellem Mond und Haus keinen sehr großen Einfluss auf dein Leben nehmen wird, weil der Mond sich so rasch bewegt und seine Wirkung daher flüchtig ist. Doch je weiter du in die Astrologie eindringst, desto wünschenswerter mag es dir erscheinen, die Wanderung des Mondes durch dein Horoskop genau zu verfolgen.

Wenn du dich entscheidest, im Einklang mit dem Mond und außerdem bewusster zu leben, dann erhältst du für den monatlichen Weg des Mondes durch deine zwölf Häuser Empfehlungen für Verhaltensweisen und Handlungen.

Um festzustellen, in welchem Haus deines Horoskops sich der Mond gerade befindet, musst du als Erstes wie oben beschrieben herausfinden, in welchem Zeichen er steht. Dann findest du anhand der Tabelle auf Seite 114f. in Kapitel 5 mittels deines Aszendenten heraus, welches Haus dieser Position entspricht.

Der aktuelle Mond in jedem Haus

Die nachfolgenden Angaben verschaffen dir einen Einblick in den Einfluss, den der tägliche Mond bei seiner Wanderung auf deine Häuser nimmt.

Aktueller Mond in deinem ersten Haus

Heute ist ein Tag, um hinauszugehen und der Welt zu zeigen, was du von zu Hause mitbekommen hast. Die Betonung liegt auf deinem Aussehen, und falls du damit nicht so ganz zufrieden bist, dann hast du jetzt die Gelegenheit, etwas daran zu verändern – sei es mit einer neuen Frisur oder neuer Garderobe. Vergiss auch nicht zu berücksichtigen, dass es beim Mond immer um Gefühle geht und dass du nun, da er durch die Vordertür deines Horoskops (genau das ist das erste Haus) eintritt, weit emotionaler als sonst sein könntest.

Gegen Emotionalität ist nichts einzuwenden, wir alle müssen uns ab und an mit unseren Gefühlen arrangieren, und der Mond in deinem ersten Haus verschafft dir eine ausgezeichnete Gelegenheit dazu. Mach dir außerdem bewusst, dass der Mond hier deinen Aszendenten verstärkt. Solltest du also einen besonders extravertierten Aszendenten wie etwa Widder oder Löwe haben, dann könntest du mehr als sonst aus dir herausgehen. Hingegen würden zurückhaltendere Typen wie Jungfrauen oder Krebse eher untertauchen.

Aktueller Mond in deinem zweiten Haus

Geld kann heute ein emotional behaftetes Thema sein. Bargeld, Vermögen und Besitz sind allesamt dem Mond im Horoskop zugeordnet und stehen zur Debatte. Falls du es gerade mit diesen

Angelegenheiten zu tun haben solltest, gib acht, dass dich deine Gefühle nicht mit sich fortreißen. Falls du bei deinen eigenen Finanzen nicht mehr durchblickst, dann sei ehrlich mit dir, und überleg, woher das kommt.

Kannst du selbst irgendetwas tun (etwa weniger ausgeben, mehr sparen, einen unabhängigen Finanzberater suchen, mit deinem Bankberater sprechen), um dich mit deiner finanziellen Situation wieder besser zu fühlen? Auch Probleme mit der Selbstachtung können zum Thema werden, wenn der aktuelle Mond das zweite Haus durchläuft. Umso besser für dich, denn so hast du die Gelegenheit, deinen Frieden mit deiner eigenen Großartigkeit zu machen, während du im Leben deinen Weg weiterverfolgst.

Aktueller Mond in deinem dritten Haus

Ich hoffe, du weißt es zu schätzen, wenn deine Gespräche bedeutungsvoll und gefühlvoll ausfallen, denn genau so wird es sein, während der Mond sich durch dein drittes Haus – das Haus der Kommunikation – bewegt. Du darfst außerdem einen potenziell geschäftigen Tag erwarten, an dem du viele Aufgaben zu erledigen und zahlreiche Gespräche zu führen hast. Sei bereit, dich wirklich auf die Menschen einzulassen.

Dir werden heute Leute begegnen, die dir unbedingt ihr Herz ausschütten wollen – oder bist du es, der dieses Bedürfnis hat? Brüder und Schwestern sowie Gespräche mit Nachbarn können heute ebenfalls deine Aufmerksamkeit beanspruchen. Dabei geht es überwiegend um weniger wichtige Angelegenheiten; doch wenn du willst, hilft der Mond dir dabei, eventuelle Unstimmigkeiten beizulegen. Bleib einfach ruhig, und sprich vom Herzen aus. Der Tag eignet sich außerdem gut, um einen sehr persönlichen Brief oder eine entsprechende E-Mail zu schreiben.

Aktueller Mond in deinem vierten Haus

Sollte es dir möglich sein, den heutigen Tag daheim zuzubringen, dann nutz diese Gelegenheit. Der Mond fühlt sich in dem Teil deines Horoskops – ganz am unteren Ende deines Tierkreises, sozusagen versteckt im Privaten – dermaßen geborgen, dass es dir guttun kann, eine Weile allein zu sein. Freunde und Familienmitglieder kannst du auch treffen, aber vorzugsweise bei dir zu Hause.

Die vorrangige Energie steht aktuell in Zusammenhang mit Heim und Familie, mit häuslichen Angelegenheiten und mit Aktivitäten, denen man sich daheim widmen kann. Kochen ist heute eine gute Beschäftigung – sich selbst und andere gut zu verwöhnen. Das vierte Haus gibt dir außerdem die Gelegenheit zu überprüfen, wie weit du es gebracht hast, und ermutigt dich zur Innenschau.

Aktueller Mond in deinem fünften Haus

Es ist Zeit, die Melancholie abzuschütteln und wieder unter Leute zu gehen. Der Mond reist durch dein fünftes Haus – durch den Teil deines Horoskops, der der Lebensfreude gewidmet ist. Hier geht es um Partys, Ferien, Hobbys und allgemein darum, Spaß am Leben zu haben. Wenn möglich, dann plane einen Abend mit Freunden, an dem viel und laut gelacht werden darf. Sich gut zu amüsieren hat heute absolute Priorität.

Während dieser Mondpassage solltest du Zeit mit deinen Kindern verbringen, so du denn welche hast. Anders als viele Erwachsene wissen Kinder noch, wie man so richtig Spaß hat. Sich von der Albernheit der Kleinen anstecken zu lassen ist die beste Methode, um das meiste aus der energetischen Verbindung von Mond und fünftem Haus herauszuholen. Gleiches gilt für kreative Beschäftigungen. Was immer dich in Wallungen versetzt, ist heute geeignet. Romantisches hat gleichfalls gute Karten bei dieser Konstellation: Wenn es also jemanden gibt, den du liebst oder der dir im Kopf herumspukt, dann verabrede dich! Verbringt einen Abend zu zweit. Gib dich diesen wunderbaren Gefühlen hin.

Aktueller Mond in deinem sechsten Haus

Das sechste Haus ist der Teil deines Horoskops, in dem du dich weniger damit befasst, was andere für dich tun können, als vielmehr damit, wie du ihnen zu Diensten sein könntest. Was kannst du für andere tun? Was brauchen sie, und wie wirst du ihnen dazu verhelfen? Auch wenn du ansonsten vor allem mit dir selbst beschäftigt bist, mit dem Mond in diesem Haus hast du die Gelegenheit, gutes Karma zu schaffen, indem du für deine Mitmenschen tust, was du dir für dich selbst wünschst, ohne auch nur einen Gedanken daran zu verschwenden, was du wohl dafür zurückbekommen könntest.

Jetzt ist außerdem eine ideale Zeit, um an deine Gesundheit zu denken. Falls du vom Weg abgekommen bist, dann nutze den Mond in deinem Horoskop, um dich wieder einer gesunden Lebensweise zu verpflichten. Der Mond in deinem sechsten Haus wird deine Entscheidung unterstützen. Es kann sich um eine äußerst produktive Zeit handeln, in der du viel erledigst, also nicht lockerlassen. Der Tag ist außerdem ideal, um aufzuräumen.

Aktueller Mond in deinem siebten Haus

Liebe und Romantik (ach ja, und Feinde!) sind im Fokus, wenn der Mond sich in deinem siebten Haus befindet. Es ist an der Zeit für dich, dich mit wichtigen Menschen im Einzelgespräch zusammenzufinden. Tauscht euch miteinander aus, finde heraus, was sie wollen, wer sie wirklich sind, und zeig ihnen dein wahres Ich.

Hier dreht sich alles um Beziehungen. Dabei kann es sich auch um Liebesverhältnisse handeln. Wenn du also verheiratet oder gebunden bist, dann wird der Mond möglicherweise dafür sorgen, dass ihr bei euren alltäglichen Angelegenheiten einen Gang herunterschaltet und euch einander wirklich wahrnehmt (etwas, was man in unserer nur allzu geschäftigen Welt gar zu leicht aus dem Auge verlieren kann). Spür die Liebe mit jeder Faser deines Körpers. Falls du alleinstehend bist, dann eignet sich der Tag großartig, um sich einer möglichen neuen Beziehung zuzuwenden oder um jemanden kennenzulernen. Das siebte Haus kann auch Geschäftsbeziehungen zum Thema haben. Der Tag eignet sich gut, um berufliche Verbindungen zu pflegen.

Aktueller Mond in deinem achten Haus

Falls du in der Situation bist, den Sex mit deinem Partner im Voraus planen zu müssen oder zu wollen, dann wäre der Tag, an dem sich der Mond in seinem oder in deinem achten Haus befindet, eine gute Wahl. Zugegebenermaßen würde die Beschränkung auf diese Himmelskonstellation bedeuten, dass du nicht öfter als höchstens zweimal im Monat ein Schäferstündchen hättest. Doch selbst dann ist zweimal besser als keinmal, oder? Das achte Haus ist ein geheimnisvoller Ort, und Sex passt dort sehr gut hin. Der Mond in deinem siebten Haus hat euch hoffentlich näher zusammengebracht, und jetzt gestattet es euch Frau Luna, euer Verhältnis zu vertiefen.

Nun, der Mond im achten Haus deines Horoskops handelt auch von gemeinsamen Finanzen. Mit anderen Worten, es geht um das Zusammentreffen deines Geldes mit dem eines anderen – etwa dein Gehalt, einen Kredit oder Schulden betreffend.

Schwierigkeiten in diesem Bereich können sich jetzt zeigen. Mein Rat: Bleib pragmatisch, und kümmere dich mit der nötigen Ruhe darum. Der Tag eignet sich auch, um an dir selbst zu arbeiten.

Aktueller Mond in deinem neunten Haus

Wenn der Mond diesen Teil deines Horoskops durchquert, dann ist das deine Chance zur Flucht: allem den Rücken zuzukehren, ja sogar von einem anderen Leben zu träumen. Der Mond in diesem Haus erinnert dich daran, dass es da draußen größere Perspektiven gibt. Ja, eine ganze weite Welt steht dir offen – und wenn du dorthin nicht auf deinen eigenen zwei Beinen gelangen kannst, dann findest du vielleicht wenigstens Wege, »die Welt« zu dir bringen zu lassen.

Das könnte geschehen, indem du das Gespräch mit einem weit gereisten Freund suchst, indem du in einem Ethno-Restaurant essen gehst oder indem du dir einen exotischen Film oder eine entsprechende Dokumentation ansiehst. Es geht darum, deinen Horizont zu erweitern und die Welt jenseits deiner Fensterscheiben zu betrachten. Find Wege, um heute irgendwie deine Perspektive zu erweitern. Einige erreichen dieses Ziel, indem sie lesen oder etwas lernen.

Weil das neunte Haus auch mit rechtlichen Angelegenheiten korreliert, treten solche jetzt gelegentlich in Erscheinung oder kommen zum Abschluss.

Aktueller Mond in deinem zehnten Haus

Welche Ziele hast du? Was kannst du jetzt auf greifbare Weise erreichen, und was hoffst du künftig zu leisten? Nun, da der Mond durch dein zehntes Haus wandert, ist es an der Zeit, deinen Blick auf deinen beruflichen Werdegang zu richten und festzustellen, wie du dich damit fühlst. Wenn es jetzt gerade gut läuft, dann lässt sich das ja vielleicht noch steigern.

Möglicherweise steht dir ja sogar so etwas wie Anerkennung bevor. Sollte es beruflich allerdings gerade nicht so gut laufen, dann könnte das zehnte Haus ein paar Themen und Gefühle freilegen, denen du dich jetzt eben einfach stellen musst, wenn du ein bewusstes Leben führen und dich der Erfüllung deiner Träume annähern willst. Vielleicht bekommst du es auch mit Autoritätspersonen zu tun, oder du bist selbst einer der »Oberen«. Wenn ja, dann sei freundlich! Gelegentlich ergibt sich hier die Gelegenheit, deinen Fußabdruck in dieser Welt zu hinterlassen. Oder du erhältst wenigstens einen Hinweis darauf, wie dir das gelingen könnte. Halt also die Augen offen.

Aktueller Mond in deinem elften Haus

Nun ist der Augenblick gekommen, um mit den Menschen, mit denen du am liebsten deine Zeit verbringst, »abzuhängen«. Wenn der Mond dein elftes Haus durchquert, dann sind deine Freunde im Fokus wie auch alle anderen Gruppen, zu denen du gehörst – soziale Netzwerke, Sportvereine, Yogagruppen und so fort. Dein gegenwärtiges Wachstumspotenzial liegt dort, wo du Teil einer größeren Gemeinschaft bist. Achte darauf, dass du so viel investierst, wie du zurückbekommst.

Außerdem wirst du es jetzt mehr genießen, gesellig zu sein. Hinzu kommt die Chance, dass du der Gruppe noch etwas Zusätzliches zu bieten hast. Falls du aktuell, mit dem Mond dort, wo er gerade steht, emotionale Unterstützung brauchst, dann erhältst du sie mit großer Wahrscheinlichkeit. Es könnte sein, dass dich zurzeit insbesondere Frauen umringen. Außerdem rücken jetzt vielleicht deine Träume und Wünsche in den Blickpunkt.

Willst du noch immer das, was schon seit jeher dein Wunsch war, und wie wirst du es bekommen?

Aktueller Mond in deinem zwölften Haus

Wenn es dir möglich ist, dann solltest du dich jetzt ein wenig zurückziehen. Der Mond hat sich in den tiefsten und intimsten Bereich deines Horoskops bewegt, und die Wahrscheinlichkeit ist groß, dass du jetzt etwas Zeit für dich allein brauchst. Tu alles, was du kannst, um diese Zeit zu bekommen. Du hast es dir verdient und wirst dich damit besser fühlen. Gelegentlich ist, wenn der Mond diesen Bereich des Horoskops in Gang setzt, das Interessanteste des Tages irgendein Geheimnis oder etwas »Verborgenes« …

Mach dir bewusst, dass das, was zurzeit im Dunkeln liegt, sichtbar werden könnte, sobald sich der Mond in ein paar Tagen in deinen Aszendenten schiebt. Der Mond in deinem zwölften Haus ist der ideale Augenblick, um auf den vergangenen Monat zurückzublicken und dein Handeln sowie deine unbewussten Muster oder Verhaltensweisen in Betracht zu ziehen. Gibt es irgendetwas, was du im nächsten Zyklus, in den einzutreten du im Begriff bist, gern ändern würdest?

Zusammenfassung

Nun verfügst du also über alle notwendigen Informationen, um mit dem jeweils aktuellen Mond zu arbeiten. In diesem Abschnitt hast du erfahren,

- dass der aktuelle Mond wie Voll- und Neumond eine bestimmte eigene Färbung hat, abhängig davon, in welchem Zeichen er sich befindet,
- dass das Zeichen, in dem sich der aktuelle Mond aufhält, den Energien des Tages eine bestimmte Qualität verleihen wird,
- dass das Haus, welches der aktuelle Mond durchwandert, die Wirkung beeinflussen wird, die er auf dich persönlich hat.

FAQs: Der aktuelle Mond

Und hier schließlich noch die Antworten auf Fragen, die mir im Zusammenhang mit dem aktuellen Mond am häufigsten gestellt werden.

Kann ich die »kosmischen Extras« auch auf den aktuellen Mond anwenden?

Selbstverständlich, das ist möglich! Ja, es ist sogar im höchsten Maß empfehlenswert. Man könnte beispielsweise feststellen, welches Chakra durch den aktuellen Mond (das Haus, in dem er sich in deinem Horoskop befindet) getriggert wird, und sich dann auf dieses Chakra in der Meditation konzentrieren oder das dazugehörige Mantra verwenden und so weiter. Das wäre eine wunderbare Vorgehensweise. Falls du vorhast, sie einen Monat lang täglich aufrechtzuerhalten, dann wirst du eine starke, positive Wirkung zu spüren beginnen. (Siehe Anhang C, um mehr über die »kosmischen Extras« zu erfahren.)

◗ Gibt es einen aktuellen Mond, der die Liebe besonders gut unterstützt?

Man könnte den Mond in der Waage als besonders für die Liebe geeignet halten, da Waage das Zeichen ist, das mit Partnerschaft und Beziehung assoziiert wird. Am besten findest du jedoch den idealen Tag für Liebesangelegenheiten, indem du anhand deines Aszendenten (der ja auch die Spitze deines ersten Hauses bildet) feststellst, wann der Mond in deinem siebten Haus, also in deiner Liebeszone steht.

Sobald du diese Information gefunden hast, willst du feststellen, wer der Herrscher deiner Liebeszone ist (siehe die Tabelle »Das Zeichen deiner Liebeszone«). Wenn sich der Mond in diesem Zeichen befindet, dann wird deine Liebeszone getriggert, und der entsprechende Tag eignet sich potenziell für alles, was mit dem Thema »Liebe« zu tun hat – oder aber die Konstellation löst bei dir starke Gefühle zu einer bestehenden Beziehung aus, mit denen du dich auseinandersetzen solltest.

◗ Spielt das Zeichen, in dem sich der Mond an meinem Geburtstag befindet, eine besondere Rolle?

Ja, und zwar insofern, als Astrologen auf der Basis des Horoskops an deinem Geburtstag Aussagen über dein kommendes Lebensjahr treffen. Das Zeichen, in dem sich an diesem Tag (also an deinem Geburtstag) dein aktueller Mond befindet, wird dich in den kommenden zwölf Monaten nach deinem Geburtstag stark beeinflussen. Achte darauf, und mach es dir bewusst, wenn sich

Das Zeichen deiner Liebeszone

♈	Widder oder Aszendent Widder	♎	Waage
♉	Stier oder Aszendent Stier	♏	Skorpion
♊	Zwillinge oder Aszendent Zwillinge	♐	Schütze
♋	Krebs oder Aszendent Krebs	♑	Steinbock
♌	Löwe oder Aszendent Löwe	♒	Wassermann
♍	Jungfrau oder Aszendent Jungfrau	♓	Fische
♎	Waage oder Aszendent Waage	♈	Widder
♏	Skorpion oder Aszendent Skorpion	♉	Stier
♐	Schütze oder Aszendent Schütze	♊	Zwillinge
♑	Steinbock oder Aszendent Steinbock	♋	Krebs
♒	Wassermann oder Aszendent Wasser- mann	♌	Löwe
♓	Fische oder Aszendent Fische	♍	Jungfrau

der Mond in diesem Zeichen befindet. Wie fühlst du dich? Die Konstellation könnte emotional aufrührende Tage für dich im Gepäck haben, aber auch Tage mit angenehmen Gefühlen.

◗ Was, wenn der tägliche Mond in meinem Zeichen steht?

Das bedeutet, dass dein persönlicher Neumond ansteht (in den kommenden zweieinhalb Tagen). Der Mond braucht einen Monat, um im Horoskop alle Zeichen zu durchlaufen. Angenommen, du bist Jungfrau (das heißt, die Sonne stand bei deiner Geburt im Tierkreiszeichen Jungfrau), wenn dann der Mond in der Jungfrau steht, wissen wir, dass er das Zeichen durchläuft, in dem sich die Sonne bei deiner Geburt befand. Fallen Sonne und Mond in Zeit und Ort zusammen, dann haben wir Neumond. In diesem Fall handelt es sich um einen persönlichen Neumond, der sich aus dem Mond am Himmel und deiner persönlichen Sonne zusammensetzt. Normalerweise kennzeichnet diese Konstellation eine Zeit der Erneuerung, aber sie kann auch der Hinweis auf einen persönlichen Brennpunkt sein.

Nachwort

So, jetzt hätten wir's! Nun verfügst du über die wichtigsten Informationen, die du als »Mondspezialist(in)« über unseren Trabanten brauchst. Jetzt weißt du bestimmt, wozu diese unglaublich schöne »Scheibe« da oben am Himmel da ist! Oder nicht? Nun ja, ganz so genau weiß es dann letztlich wohl niemand …

Der Mond hatte schon immer eine geheimnisvolle Aura. Doch wenn du dir die Mühe machst, dich mit dem Mondzyklus zu beschäftigen, dann ist eines ganz sicher: Es wird dein Leben zum Positiven hin verändern! Ich habe es mit eigenen Augen gesehen – in meinem Leben und im Lauf der Jahre auch im Leben zahlreicher anderer.

Das Wichtigste bei der Arbeit mit dem Mond ist, dass du dir zu Zeiten des Neumonds klar darüber wirst, was du willst, es aufschreibst, laut aussprichst oder zeichnest. Bei Vollmond hingegen sollst du dich von allen Ärgernissen befreien und dich mit Dankbarkeit für all das Gute in deinem Leben erfüllen.

Nimm dir außerdem jeden Monat die Zeit, um festzustellen, in welchem Zeichen der Neumond oder der Vollmond stattfinden wird, und bedien dich dann der Informationen dieses Buches, um zu entscheiden, wie du die jeweilige Konstellation am besten für dich nutzen kannst. Achte außerdem darauf, in welchem Haus sich Neumond oder Vollmond in deinem Horoskop befinden.

Überprüf immer dann, wenn eine wichtige Angelegenheit ansteht, wo der Mond stehen wird. Sobald du mit dem Mond zusammenarbeitest, wird dein Leben leichter fließen. Also stimm dich entsprechend auf den Mond ein!

Anhang A

Vier fortgeschrittenere Vorhersagetechniken

Diese Informationen sind gedacht für Personen, die schon tiefer in die Astrologie eingedrungen sind und Lust haben, etwas Neues auszuprobieren.

Ein-Jahr-im-Voraus-Planer

Es macht Spaß und ist leicht, einen Überblick für das kommende Jahr zu erstellen, anhand dessen man im Voraus weiß, in welchem Haus Neumond oder Vollmond in den nächsten zwölf Monaten stehen werden.

Um den Planer zu erstellen, schreibst du einfach deinen Aszendenten in das Haus, das in einem zwölfgeteilten Kreis um 9 Uhr beginnt, und fährst auf diese Weise mit allen anderen Zeichen in ihrer gegebenen Reihenfolge gegen den Uhrzeigersinn fort (siehe hierzu die Liste der Zeichen in Anhang B).

Dann gehst du auf meine Webseite (www.moonologybook.com/moondates) und hältst fest, wo der Neumond in den kommenden zwölf Monaten stehen wird. Fang an mit dem nächsten Neumond, trag ihn ein, und vervollständige von da aus die Liste.

Um zu überprüfen, ob du es richtig machst: Wenn du deinen Aszendenten wieder erreichst, dann solltest du bei 9 Uhr angelangt sein. Vergiss nicht, die Liste gegen den Uhrzeigersinn zu erstellen. Überprüfe außerdem, ob es in einem Monat nicht vielleicht zwei Neumonde gibt. Kehr dann zurück zu den Seiten 107 bis 177 in Kapitel 5, um herauszufinden, was der jeweilige Neumond in jedem Haus für dich bedeutet.

		Neumondzeichen	**Datum**	**Worauf du dich fokussieren solltest**
1				Image, äußere Erscheinung, Selbst
2				Bargeld, Vermögen, Besitz, Selbstwert, Werte
3				Kommunikation, Geschwister, Nachbarn
4				Heim und Familie
5				Romantik, Kinder Kreativität, Flirten
6				Routinen, Dienst, Alltagsarbeit, Pflicht
7				Liebe, »VIPs«, Partnerschaften, Beziehungen
8				Sex, Geld, gemeinschaftliche Mittel, Schulden
9				Reisen, Religion, gehobenes Lernen, Studieren, das Gesamtbild
10				Karriere, Ambitionen, Leistungen, Status
11				Freunde, Netzwerke, Wünsche
12				spirituelle Erkenntnisse, Selbstsabotage, Ängste, Selbstaufopferung

Du kannst nun deine Werte in den leeren Planer eintragen, wenn du möchtest. (Am besten kopierst du dir die Seite!) Außerdem findest du als Beispiel einen ausgefüllten Neumondplaner des Mondjahrs 2017/18 für eine Person, die einen Stier-Aszendenten hat und in London geboren wurde. Astrologen aufgepasst: Ich verwende das Häusersystem der ganzen Zeichen.

		Neumondzeichen	**Datum**	**Worauf du dich fokussieren solltest**
1	♈	Stier	26. April 2017	Image, äußere Erscheinung, Selbst
2	♉	Zwillinge	17. Mai 2017	Bargeld, Vermögen, Besitz, Selbstwert, Werte
3	♋	Krebs	24. Juni 2017	Kommunikation, Geschwister, Nachbarn
4	♌	Löwe	23. Juli und 21. August 2017	Heim und Familie
5	♍	Jungfrau	20. September 2017	Romantik, Kinder Kreativität, Flirten
6	♎	Waage	19. Oktober 2017	Routinen, Dienst, Alltagsarbeit, Pflicht
7	♏	Skorpion	18. November 2017	Liebe, »VIPs«, Partnerschaften, Beziehungen
8	♐	Schütze	18. Dezember 2017	Sex, Geld, gemeinschaftliche Mittel, Schulden
9	♑	Steinbock	17. Januar 2018	Reisen, Religion, gehobenes Lernen, Studieren, das Gesamtbild
10	♒	Wassermann	15. Februar 2018	Karriere, Ambitionen, Leistungen, Status
11	♓	Fische	17. März 2018	Freunde, Netzwerke, Wünsche
12	♑	Widder	16. April 2018	spirituelle Erkenntnisse, Selbstsabotage, Ängste, Selbstaufopferung

Die Vorhersage über deinen kommenden Monat

Es gibt eine äußerst einfache Technik, bei der es um die Rückkehr des Mondes zur Position am Tag der Geburt geht, mit der zu beschäftigen sich lohnt, wenn du dein Wissen noch ein wenig mehr vertiefen möchtest. Eine entsprechende Tabelle liefert dir einen Schnappschuss dessen, was dich im kommenden Monat erwartet. Ihre Basis ist die monatliche Rückkehr des Mondes an den Punkt im Horoskop, an dem er sich bei deiner Geburt befand. Du kannst diese Tabelle sowohl für sich allein zurate ziehen als auch in Kombination mit deinem Horoskop.

Der Aszendent, die Herrscher des Aszendenten, der Mond, das Haus, in dem sich der Mond befindet, und der Anfangsstandort des Herrschers des Hauses, in dem der Mond steht, geben allesamt sachdienliche Hinweise. Allerdings benötigst du für das Erstellen einer solchen Tabelle eine astrologische Software für Fortgeschrittene oder aber einen Internetdienstleister, der entsprechende Tabellen anbietet.

Planeten und Grade

Falls du die Gradangaben zu deinen Planeten kennst, dann fragst du dich vielleicht, was es bedeutet, wenn Neumond und Vollmond genau auf die Ortsangabe eines deiner Planeten fallen, zum Beispiel wenn der Neumond auf 27 Grad im Krebs fällt und deine Venus sich bei deiner Geburt an der gleichen Stelle befand. Nun, eine Aussage ist diesem Zusammentreffen auf jeden Fall zu entnehmen.

Als Faustregel gilt: Wenn ein Neumond mit der Position eines Planeten zusammenfällt, dann steht ein Neuanfang im Hinblick auf diesen Planeten an, welcher Art er auch immer sein mag. Der Neumond auf der Venus-Position etwa könnte darauf hinweisen, dass sich Neues entwickelt im Hinblick auf Geld und Fülle. Als Nächstes würdest du herausfinden wollen, in welchem Haus die Venus in deinem Horoskop steht und welches Haus sie beherrscht. Hingegen verweist ein Vollmond auf einer deiner Planetenpositionen auf irgendeine Art Höhepunkt – oder auf ein Tauziehen.

Die Mondknoten

Die Mondknoten bezeichnen die Punkte, an denen die Mondumlaufbahn die Ekliptik kreuzt – jene Bahn, auf der die Sonne vor dem Hintergrund der Fixsterne einmal im Jahr scheinbar um die Erde läuft. Die Mondknoten eignen sich hervorragend als Weissager. In welchem Haus auch immer sich der aufsteigende Mondknoten befindet, dort wirst du Glück und Erfüllung finden, doch leider zieht dich zugleich das Haus, in dem sich der absteigende Mondknoten befindet, magisch an und zwingt dich irgendwie so lange zum Bleiben, bis du an deinen Verhaltensweisen und Mustern gearbeitet hast und frei bist für die Hinwendung zu Glück und Erfüllung.

Aufsteigender Mondknoten im ersten Haus/absteigender Mondknoten im siebten Haus

Möglicherweise quält dich der Gedanke, unbedingt eine Beziehung haben zu wollen, aber glücklicher wirst du, wenn du auf eigenen Füßen stehst und unabhängig bist.

◗ **Aufsteigender Mondknoten im zweiten Haus/absteigender Mondknoten im achten Haus**

Allerlei dunkle und tabuisierte Aktivitäten ziehen dich in ihren Bann, aber glücklicher wirst du, wenn du realistisch bist und deine Finanzen unter Kontrolle bekommst.

◗ **Aufsteigender Mondknoten im dritten Haus/absteigender Mondknoten im neunten Haus**

Es gefällt dir, den Klang deiner eigenen Stimme zu hören und dich zu deiner Eloquenz zu beglückwünschen, aber glücklicher wirst du bei echten Gesprächen mit anderen.

◗ **Aufsteigender Mondknoten im vierten Haus/absteigender Mondknoten im zehnten Haus**

Deine Karriere begeistert dich und scheint dir das Wichtigste auf der Welt zu sein, aber glücklicher wirst du zu Hause bei deiner Familie.

◗ **Aufsteigender Mondknoten im fünften Haus/absteigender Mondknoten im elften Haus**

Möglicherweise gehen dir deine Freunde und deine Vorstellung von Freiheit über alles, aber glücklicher wirst du, wenn du dich kreativ ausdrücken kannst.

◗ **Aufsteigender Mondknoten im sechsten Haus/absteigender Mondknoten im zwölften Haus**

Die Vorstellung, dein gewohntes Leben hinter dir zu lassen, mag eine angenehme Vorstellung sein, aber glücklicher wirst du, wenn du deine Aufgabe annimmst und erledigst.

◗ Aufsteigender Mondknoten im siebten Haus/absteigender Mondknoten im ersten Haus

Du kannst sehr viel gewinnen, wenn du jetzt in eine Beziehung eintrittst. Es stimmt, in Beziehungen gibt es auch immer viel Streit, aber bedenke das persönliche Wachstum, das dir auf diese Weise ermöglicht wird.

◗ Aufsteigender Mondknoten im achten Haus/absteigender Mondknoten im zweiten Haus

Zwar hast du jetzt das Gefühl, dir, wie Erwachsene das eben tun, über deine Finanzen Sorgen machen zu müssen, tatsächlich brauchst du aber jetzt altmodischen guten heißen Sex.

◗ Aufsteigender Mondknoten im neunten Haus/absteigender Mondknoten im dritten Haus

Oberflächliches Geschnatter und sinnloses Geplauder fühlt sich jetzt zwar wie eine angenehme Alternative an, aber die Wahrheit wird dich befreien.

◗ Aufsteigender Mondknoten im zehnten Haus/absteigender Mondknoten im vierten Haus

»Erst die Familie« ist ein wunderbares Lebensmotto, nur nicht gerade jetzt, wenn der Kosmos dich unterstützt, damit du dich mit ganzer Kraft in deinem Beruf einbringst, um Erfüllung zu finden.

◗ Aufsteigender Mondknoten im elften Haus/absteigender Mondknoten im fünften Haus

Kennst du diesen Menschen, von dem du wie besessen bist und den du zu deinem Lover machen willst, wirklich? Als dein Freund oder deine Freundin wäre er vermutlich besser geeignet.

◗ Aufsteigender Mondknoten im zwölften Haus/ absteigender Mondknoten im sechsten Haus

Erreichen zu wollen, dass dein Leben wie ein Uhrwerk funktioniert, mag lebenswichtig sein, aber wirklich entscheidend ist es, inneren Frieden zu finden.

Die Mondknoten 2020 bis 2026

Datum	Mondknoten
5. Mai 2020	Aufsteigender Mondknoten nach Zwillinge, absteigender Mondknoten nach Schütze
18. Januar 2022	Aufsteigender Mondknoten nach Stier, absteigender Mondknoten nach Skorpion
17. Juli 2023	Aufsteigender Mondknoten nach Widder, absteigender Mondknoten nach Waage
12. Januar 2025	Aufsteigender Mondknoten nach Fische, absteigender Mondknoten nach Jungfrau
27. Juli 2026	Aufsteigender Mondknoten nach Wassermann, absteigender Mondknoten nach Löwe

Für die Tabelle gilt Greenwich-Zeit – in anderen Regionen der Welt kann der Termin um einen Tag abweichen.

☽ ○ ☾

Anhang B

Kurzanleitung für Häuser und Zeichen

Die zwölf Häuser und was sie repräsentieren

Nachfolgend findest du eine Liste mit den Schlüsselbegriffen für jedes der zwölf Häuser – jedes der Häuser deckt einen bestimmten Lebensbereich ab.

1. Haus	Es bestimmt, wie du wirkst, wie andere dich wahrnehmen, dein Image.
2. Haus	Es herrscht über Vermögen und Eigentum sowie über deine Werte und deinen Selbstwert.
3. Haus	Hier findest du deine kommunikativen Fähigkeiten; außerdem handelt es von Kurzreisen, Geschwistern und Nachbarn.
4. Haus	Es handelt von Heim und Familie und allem, was dazugehört – deinem Privatleben.
5. Haus	Dieser Bereich deines Horoskops bezieht sich auf sexuelle Romanzen, Kreativität und Kinder (deine eigenen oder fremde).
6. Haus	Es herrscht über Körper und Geist, Wohlergehen, deine Alltagsarbeit und alltägliche Gesundheitsvorsorge.

7. Haus	Thematisiert sind hier deine Ehe, dein Liebster, dein Ex, Menschen, die du als Feinde betrachtest, deine Bezugspersonen und deine Bindungen.
8. Haus	Es handelt von allem Tabuisierten wie etwa von Sex, Tod und Steuern sowie auch vom Geld anderer Personen und von gemeinsamem Geld.
9. Haus	Hier siehst du das Gesamtbild, erweiterst deinen Horizont, lernst, reist. Außerdem betrifft es die große kosmische Suche.
10. Haus	Hier herrschen Ehrgeiz, Karriere und Lebensziele vor, außerdem das, wofür man dich kennt, dein beruflicher Lebensbereich.
11. Haus	Das Haus der Hoffnungen und Wünsche; es herrscht über Freunde, Beziehungen und soziale Gruppen.
12. Haus	Der am tiefsten gehende und sensibelste Teil deines Horoskops steht in Zusammenhang mit Ängsten und Spiritualität sowie mit dem Verborgenen.

Die zwölf Tierkreiszeichen und was sie repräsentieren

Für den Fall, dass du noch nicht vertraut bist mit den wichtigsten Themen und Eigenschaften jedes einzelnen Tierkreiszeichens, findest du hier eine Liste mit den wichtigsten Stichpunkten. Neumond (wie auch täglicher Mond, Vollmond und Halbmond) triggern in den zwölf Zeichen die nachfolgenden Themen.

♈	Widder	Anfänge, Mut, Kühnheit, Spontaneität
♉	Stier	Sinnlichkeit, Erdverbundenheit, praktisches Denken
♋	Zwillinge	Kommunikation, Reisen, Nachbarn, Geschwister
♌	Krebs	Heim und Familie, Häuslichkeit, Privatsphäre

♍	Löwe	Spaß, Kreativität, Kinder (eigene oder fremde), Liebeleien
♎	Jungfrau	Dienst an anderen, Pflichten, Alltagsarbeit, Wohlergehen, Kleintiere
♏	Waage	Du, wichtige andere, Lover, VIPs, Feinde, Gleichgewicht, Harmonie, Ehe, Beziehungen
♐	Skorpion	Sex, Tod, alles Tabuisierte, Eifersucht, Wiedergeburt, Steuern, anderer Personen Geld
♑	Schütze	Reisen, Lernen, Freiheit, die große kosmische Suche, Religion, höhere Bildung
♒	Steinbock	Arbeit, Ehrgeiz, Karriere; dein »Fußabdruck« für die Nachwelt
♓	Wassermann	Freunde, soziale Netzwerke, Gruppen, das Ersehnte, Hoffnungen und Träume
♑	Fische	Der tiefste, dunkelste und empfindsamste Teil deiner Psyche; Spiritualität, Ängste, Institutionen

Solltest du nützliche visuelle Darstellungen der Häuser wünschen, kannst du sie auf meiner Seite www.moonologybook.com/Houses finden.

Anhang C

Kosmische Extras

Es folgen nun einige Informationen über die »kosmischen Extras«, die vor allem in Kapitel 5: »Der Neumond in jedem Haus« ihren Auftritt hatten.

Mir geht es darum, dass du die Gelegenheit bekommst, über die grundlegende Astrologie mit praktischer Arbeit hinauszugehen. Ich habe die Häuser und die Chakras als Richtlinie benutzt, um ihnen ätherische Öle, Mantras und anderes zuzuordnen, damit du dich noch besser auf Neumond, Vollmond und den aktuellen Mond einstimmen kannst. Hier folgt ein kurzer Überblick über die unterschiedlichen kosmischen Extras und ihre mögliche Verwendung.

Ätherische Öle

Ich empfehle die Verwendung bestimmter ätherischer Öle bei jedem Neumond, weil sie all die esoterischen Informationen um eine praktische Anwendung ergänzen. Falls du dir ein bestimmtes ätherisches Öl wünschst, es vielleicht sogar ersehnst, dann wird es von deiner Seele oder deinem höheren Selbst benötigt, um an dem Teil deines Selbst zu arbeiten, der sich gerade in einer besonderen Entwicklungsphase befindet. Nimm deine Bedürfnisse immer ernst. Die genannten ätherischen Öle helfen allgemein bei den Themen, die in dem betreffenden Haus ausgelöst werden. Achte darauf, ätherische Öle immer mit einem neutralen Trägeröl zu verdünnen, bevor du sie direkt auf die Haut aufträgst oder in dein Badewasser gibst.

Die numerologische Energie des Neumonds

Ich habe die Ziffern der Häuser in diesem Buch berücksichtigt, damit du dich mit den Zahlen 1 bis 12 beschäftigen kannst. Anders als bei der eigentlichen Numerologie haben die Zahlen für sich genommen keine ausschlaggebende Bedeutung. Dennoch rate ich dir, die den Monat betreffende Zahl im Hinterkopf zu behalten und wahrzunehmen, wenn sie auftaucht, insbesondere dann, wenn es in wiederkehrenden Mustern geschieht. Auf solche Zeichen sollte man achten und sich durch sie veranlasst fühlen, bewusst zu leben, die eigenen Motive zu überprüfen und im Vorfeld darüber nachzudenken, in welche Richtung sich die aktuellen Geschicke entwickeln.

Die Chakras

Nach hinduistischer Auffassung befinden sich im Astralkörper (Energieleib) des Menschen Zentren subtiler oder feinstofflicher Energie, »Chakras« genannt. Als (Haupt)chakras werden die sieben Zentren bezeichnet, die hintereinander entlang der Wirbelsäule liegen. Das höchste Chakra *(Sahasrara)* befindet sich über dem Scheitelpunkt des Kopfes, das niedrigste *(Muladhara)* zwischen der Wurzel des Zeugungsorgans und dem Anus. Das Sanskritwort *cakrá* bedeutet »Rad, Kreis«: Medial begabte Menschen, die die Aura sehen können, beschreiben die Chakras als »Lotosblüten« in kreisender Bewegung, wodurch der Eindruck eines Rads entsteht.

Normalerweise sind Chakras für das bloße Auge unsichtbar, doch mit Geduld und Übung ist es möglich, sie zu spüren oder sogar zu sehen. Chakras sind energetische Verbindungspunkte zwischen unserem Leben und unserem Körper hier auf der Erde und dem Kosmos. Es ist wichtig, sich mit ihnen zu beschäftigen, ob während der täglichen Meditation (du findest zahlreiche Meditationen zur Reinigung der Chakras im Internet) oder anhand von Chants und Visualisierungen, wie sie in diesem Buch vorgeschlagen werden. Befinden sich die Chakras in einem ausgeglichenen Zustand, dann ist gute Gesundheit die Folge. Eine ungesunde Lebensweise, zu viel in geschlossenen Räumen oder vor Bildschirmen verbrachte Zeit, Umweltverschmutzung, Drogen und Alkohol sind nur einige der Ursachen, die Chakras daran hindern, sich störungsfrei zu drehen.

Um die Gesundheit deiner Chakras zu fördern, konzentrier dich während der Meditation auf das jeweilige für den Monat angegebene Chakra – sieh vor deinem inneren Auge, wie es sich dreht, und nimm die angegebenen Farben wahr.

Das Buch nimmt Bezug auf zweierlei Chakratypen: die sogenannten drei- und fünfdimensionalen. Die dreidimensionalen entsprechen den sieben Hauptchakras. Bei den sogenannten fünfdimensionalen, von denen erst in relativ neuer Zeit häufiger die Rede ist, gibt es mehrere Modelle. Das geläufigste platziert vier zusätzliche Chakras (Nummer 8, 9, 11 und 12) oberhalb des siebten, des Scheitelchakras, und eins (Nummer 10) unterhalb des ersten Chakras in der Erde. Das Zwölf-Chakra- oder 5D-Chakra-System wird noch mehr der Annahme gerecht, dass alle Lebewesen Teil eines Ganzen sind. Jeder von uns ist mit der Erde und über ein feinstoffliches »Kabel« mit dem Universum verbunden. Dieses erstreckt sich vom untersten Chakra etwa ein Meter unter deinen Füßen über die übrigen Chakras durch die Atmosphäre bis tief in den Weltraum.

3D-Chakras

Es gibt sieben 3D-Chakras und zwölf Zeichen, folglich müssen Wiederholungen vorkommen. Es gibt viele verschiedene Methoden, um eine Übereinstimmung zwischen deinem Horoskop und den Chakras herzustellen, und es ist mir schwergefallen, mich für eine von ihnen zu entscheiden. Von manchen wird die Sonne mit dem Sakralchakra und der Mars mit dem Solarplexuschakra in Verbindung gebracht; andere halten es genau umgekehrt. Mars und Sakralchakra schienen mir aufgrund der sexuellen Assoziationen zusammenzugehören, und die Sonne ist schließlich selbst eine Art Solarplexus.

Mir erscheint es am wichtigsten, sich jedem einzelnen Chakra einen Monat lang auf dem Weg durch die zwölf Häuser zu widmen (und manchen sogar zwei Monate lang). Solltest du die Zuordnung anders vornehmen wollen, so ist dagegen nichts einzuwenden. Wie gesagt, es geht vor allem darum, alle Chakras und alle Häuser durchzuarbeiten.

5D-Chakras

Die 5D-Chakras sind die Weiterentwicklung der 3D-Chakras. Indem wir durch Meditation, Gebet und bewusstes Leben unsere Frequenz bis zur fünften Dimension anheben, aktivieren wir diese höheren Chakras. Sie sind dazu in der Lage, unsere Verbindung mit der Quelle zu stärken. Auch sie sind nicht explizit mit bestimmten Häusern verbunden, doch es gibt zwölf von ihnen, die überwiegend genutzt werden. Das bedeutet, dass wir auf unserem Weg durch das Mondjahr jedem von ihnen bei Neumond nacheinander unsere Aufmerksamkeit schenken können.

Gelegentlich fallen 3D- und 5D-Chakras zusammen, aber nicht immer. Du musst lediglich einmal im Monat feststellen, welches Chakra beim betreffenden Neumond an der Reihe ist. Um mit ihm zu arbeiten, stellst du dir vor deinem inneren Auge vor, wie es sich in den ihm eigenen Farben ungehindert dreht. Falls es nicht die richtige Farbe hat, stell dir vor, wie du diese richtige Farbe hinzufügst. Beispielsweise könntest du beim Sakralchakra Orange hinzufügen, beim Herzchakra flüssige grüne Farbe oder grünes Gras oder sogar Smaragde. Mal dir einfach entsprechende Bilder in deiner Vorstellung aus. Diese Arbeit ist wirklich wichtig und wirkungsvoll!

Die Mantras

Mantras sind kraftgeladene beziehungsweise wirkungskräftige Silben, die bestimmten kosmischen Kräften und Aspekten Buddhas Ausdruck verleihen (vom gleichbedeutenden Sanskritwort *mántra*). Die ständige Wiederholung von Mantras wird in vielen buddhistischen Schulen als Form der Meditation geübt.

Die Mantras, die ich bei meinen Angaben zum Neumond und zum Vollmond hinzugefügt habe, basieren auf den planetaren Entsprechungen der Häuser im Tierkreis. Sie zu singen oder zu chanten hilft, um die dazugehörigen Chakras in ein gesundes Gleichgewicht zu führen. Damit wiederum erhöhst du deine Schwingung. Je höher deine Frequenz ist, umso besser fließt dein Leben. Mantras gehören zu den wirkungsvollsten der »kosmischen Extras«. Die Silben mögen unvertraut klingen, doch sie sind wohlbekannte, heilige Sanskrit-Klänge, die seit Jahrhunderten in Gebrauch sind.

Die leitenden Göttinnen

Göttinnen sind treibende weibliche Energien, die in einer höheren Dimension über der unseren wohnen. Wie ich bereits in Teil I erklärt habe, ist der Mond aufs Engste mit der archetypischen Göttinnenenergie verbunden. Du kannst dich also zu jedem wiederkehrenden Neumond mit einer anderen Göttin verbinden. Die von mir ausgewählten verkörpern das jeweilige Haus, das durch den Neumond getriggert wird. Diese Göttinnen besser kennenzulernen kann eine äußerst bereichernde Erfahrung sein. Hierzu solltest du sie wie beschrieben bei ihrem Namen rufen. Außerdem kannst du online weitere Informationen zu ihnen finden.

Die leitenden Erzengel

Erzengel sind bekanntermaßen göttliche Boten. Welcher dein zuständiger Erzengel des Monats ist, hängt ab davon, in welches Haus der Neumond eintritt, aber natürlich kannst du dich auch jederzeit an irgendeinen anderen Erzengel wenden und ihn danach auswählen, welcher Name dich anspricht oder welche Energie am stärksten in dir mitschwingt.

Solltest du dich jedoch entscheiden, dem Neumond wie hier vorgeschlagen ein Jahr lang durch dein Horoskop zu folgen, dann hast du eine Verbindung zu allen Haupterzengeln hergestellt. Und das kann nur gut für dich sein. Die Erzengel, die ich im fünften Kapitel benenne, decken sich mit jenen, über die Doreen Virtue und ich in unserem Buch *Engel-Astrologie* schreiben; allerdings werden die Erzengel darin mit den Zeichen statt wie hier mit den Häusern in Verbindung gebracht.

Die zwölf universellen Gesetze

Es gibt zwölf universelle Gesetze, die das Leben hier auf der Erde lenken; und es heißt, dass sie seit Anbeginn der Zeit bekannt sind. Wenn du diese Gesetze durchdringst, dann arbeitet das Leben für dich, und du kannst manifestieren, was immer du willst. Es ist so, als hieltest du die Schlüssel für das Funktionieren des Universums in deinen Händen.

Die zwölf universellen Gesetze werden in diesem Buch in der Reihenfolge genannt, die von alters her bekannt ist. Sie wurden nicht eigens mit vermeintlich zu ihnen passenden Häusern kombiniert. Mir war wichtiger, dass du dich mit allen zwölf in der richtigen Reihenfolge im Verlauf eines Jahres beschäftigst. Du musst nicht mehr tun, als dann, wenn der Neumond das Haus wechselt, den Abschnitt über das jeweilige universelle Gesetz zu lesen und dich mit den darin enthaltenen Vorstellungen auseinandersetzen.

Die zwölf himmlischen Strahlen

Das Konzept von den himmlischen Strahlen ist das Esoterischste in diesem Buch. Hier geht es um höchste Schwingungen, die wir, so heißt es, nur dann nachvollziehen können, wenn wir unseren höchsten Geist nutzen, um sie zu verstehen. Es wird behauptet, die Strahlen seien Licht aus Frequenzbändern elektrischer Energie, die von der Quelle beziehungsweise von unserem Schöpfer ausgehen. Den ersten Zugang zu ihnen findet man, wenn man sich mit ihren Farben und Bedeutungen beschäftigt und über sie meditiert.

Es heißt, dass sich uns die Bedeutung der himmlischen Strahlen eines Tages spontan erschließt, wenn wir uns regelmäßig mit ihnen befassen. In der Zwischenzeit hebt bereits das einfache Nachdenken über die Strahlen unsere eigene Schwingung.

Im fünften Kapitel werden die Strahlen in ihrer traditionellen Reihenfolge aufgeführt, damit wir uns nacheinander innerhalb einer zwölfmonatigen Periode mit ihnen befassen können. Die aufgestiegenen Meister, die im Zusammenhang mit den himmlischen Strahlen genannt werden, sind hoch entwickelte, für das Auge unsichtbare Wesenheiten, die den Menschen auf der Erde unterstützend zur Seite stehen. Die dazugehörigen Informationen können als Sprungbrett für tiefer gehende Lektüre dienen, falls du daran Interesse hast.

Anhang D

Vollmondnamen

Sollte es dich interessieren, dem Vollmond am Himmel zu folgen, dann findest du nachfolgend die dazugehörigen traditionellen Namen – sie korrespondieren mit den Kalendermonaten beziehungsweise mit den Jahreszeiten. Erstmals erwähnt wurden sie im *Shepheardes Calender* von 1579.

Diese Namen haben ihren Ursprung in England, kamen mit den Auswanderern und frühen Siedlern nach Amerika und vermischten sich dort, so steht es im *Grimoire for the Apprentice Wizard* von Oberon Zell-Ravenheart geschrieben, mit den traditionellen indianischen Namen für die monatlichen Vollmonde.

Anmerkung: Die Namen haben keinen Bezug zur Astrologie, aber sie sind von poetischer Schönheit.

Die Vollmondnamen der nördlichen Halbkugel

Januar	Nachjulmond, Wolfsmond, Fuchsmond	Dies ist der Monat, in dem die Wölfe (oder Füchse) heulen, und außerdem der erste Vollmond nach Weihnachten.
Februar	Schneemond, Hungermond	Schneemond, weil Februar der schneereichste Monat in England ist, und Hungermonat, weil die harten Bedingungen die Jagd erschweren.
März	Wurmmond, Krähenmond	Mit schmelzendem Schnee kehren die Würmer zurück, und die Krähen bringen sich wieder zu Gehör.
April	Rosa Mond, Mond sprießenden Grases	Rosa Mond heißt er nach dem rosafarbenen Phlox, der bereits im April blüht; auch sprießendes Gras symbolisiert den Frühling.
Mai	Blumenmond, Maismond	Die Blütenpracht ist groß im Mai, und die Maisfelder werden eingesät.
Juni	Rosenmond, Blumenmond, Erdbeermond	Rosen und andere Blumen blühen üppig, und die Walderdbeeren können geerntet werden.
Juli	Donnermond, Bockmond	Die zu dieser Zeit in Neuengland häufigen Gewitter erklären die Namensgebung, und im Juli bilden die jungen Böcke ihr Geweih aus.
August	Störmond	Benannt nach der großen Zahl von Stören, die zu dieser Zeit in den Gewässern sind.
September	Erntemond	So benannt nach der jetzt anfallenden Ernte zur Zeit der Herbsttagundnachtgleiche.
Oktober	Jägermond	Traditionell die Zeit der Jagd, in Vorbereitung auf den Winter.

November	Frostmond, Bibermond	Der letzte Monat, in dem Biberfallen aufgestellt werden können und in dem der Frost einsetzt.
Dezember	Vorjulmond, kalter Mond	Der Vollmond vor Weihnachten mit weiter fallenden Temperaturen.

Die vorangehende Liste stimmt mit den amerikanischen und europäischen Jahreszeiten und Wetterverhältnissen überein. In Neuseeland, Australien und allgemein auf der Südhalbkugel sind die Verhältnisse jedoch genau umgekehrt. Nachfolgend also eine Entsprechung für die südliche Hemisphäre, die ich selbst recherchiert und, wo erforderlich, ergänzt habe.

Die Vollmondnamen der südlichen Halbkugel

Januar	Sommermond
Februar	Heißer Mond
März	Kühler Mond
April	Regenmond
Mai	Frischer Mond
Juni	Mittelmond
Juli	Schneemond
August	Windiger Mond
September	Segensmond
Oktober	Kängurumond
November	Laufender Mond
Dezember	Jahresendemond

Und zuletzt ist hier noch eine Version, die sich auf beide Hemisphären anwenden lässt (Quelle: www.earthsky.org):

Vollmondnamen für nördliche oder südliche Halbkugel

Nach der Wintersonnenwende	Alter Mond oder Nachjulmond
	Schneemond, Hungermond oder Wolfsmond
	Saftmond, Krähenmond oder Fastenmond
Nach der Frühlingstagund-nachtgleiche	Grasmond oder Eiermond
	Pflanzmond oder Milchmond
	Rosenmond, Blumenmond oder Erdbeermond
Nach der Sommersonnenwende	Donnermond oder Heumond
	Grüner Maismond oder Getreidemond
	Fruchtmond oder Erntemond
Nach der Herbsttagund-nachtgleiche	Erntemond oder Jägermond
	Jägermond, Frostmond oder Bibermond
	Vorjulmond oder Lange-Nacht-Mond

Anhang E

Zunehmender und abnehmender Halbmond

Es stimmt schon, Neumond und Vollmond allein erhalten alle Aufmerksamkeit, während der Halbmond ein Schattendasein führt, obwohl er doch ebenfalls von Interesse ist. In einem Monat gibt es zwei Halbmonde – einen zunehmenden zwischen Neumond und Vollmond und einen abnehmenden zwischen Vollmond und Neumond.

Der Halbmond kommt zustande, wenn der Mond in einem Winkel von 90 Grad, also »im Quadrat« zur Sonne steht. Halbmonde sind provokant. Sie bewirken gelegentlich kleinere Krisen, die aber dennoch eine Reaktion erforderlich machen. Das Ärgerliche am Halbmond sind die damit assoziierten Schwierigkeiten, die Handeln erzwingen. Das ist aber auch gleichzeitig das Gute daran. Ich bin sicher, dass du weißt, was mit diesem scheinbaren Widerspruch gemeint ist.

Der Einfluss der Halbmonde ist in der Regel flüchtig; doch können sie der Woche einen »Duftnote« verleihen, deren Intensität abhängig ist von den übrigen Geschehnissen am Himmel und mithin in deinem Horoskop. Mach dir keine allzu großen Sorgen über das, was du hier liest. Die Antwort liegt in jedem Fall darin, auf das zu reagieren, was gerade geschieht.

◗ **Zunehmender Halbmond in deinem ersten Haus/Widder**
Falls irgendjemand deinem Erfolg im Wege steht, dann erledige das unter Beibehaltung deines emotionalen Gleichgewichts.

◗ **Abnehmender Halbmond in deinem ersten Haus/Widder**
Solltest du augenblicklich Probleme im Privatleben haben, dann könntest du sie jetzt ein für alle Mal aus dem Weg räumen.

◗ **Zunehmender Halbmond in deinem zweiten Haus/Stier**
Bei irgendwelchen Dramen, in denen Geld eine Rolle spielt (insbesondere in Verbindung mit einem Freund), liegt die Lösung im Selbstwertgefühl.

◗ **Abnehmender Halbmond in deinem zweiten Haus/Stier**
Es ist an der Zeit, dass du die Sorgen über deine Finanzen abschüttelst und dich entscheidest, wieder mehr Spaß im Leben zu haben.

◗ **Zunehmender Halbmond in deinem dritten Haus/ Zwillinge**
Falls diese Woche jemand irgendetwas Unfreundliches zu dir sagt, dann lass es gut sein. Zu positiven Selbstgesprächen wird geraten.

◗ **Abnehmender Halbmond in deinem dritten Haus/ Zwillinge**
Heute ist ein guter Tag, um ein berufliches Drama abschließend zu klären und loszulassen. Sorg gut für deine Gesundheit.

◗ **Zunehmender Halbmond in deinem vierten Haus/Krebs**
Sei mutig, und glaub an dich selbst, falls dich gerade irgendjemand (vor allem in deinem Privatleben) zu Fall zu bringen sucht.

◗ **Abnehmender Halbmond in deinem vierten Haus/Krebs**
Jetzt ist eine gute Zeit, um Probleme mit deinem Partner oder deinem Ex durchzuarbeiten – ein Neuanfang könnte in Sicht sein.

◗ **Zunehmender Halbmond in deinem fünften Haus/Löwe**
Der Zeitpunkt ist ideal, um dem Universum zu zeigen, dass du verantwortungsbewusst mit Geld umgehen kannst. Das kannst du doch, oder?

◗ **Abnehmender Halbmond in deinem fünften Haus/Löwe**
Ein Tag, an dem du, mit ein wenig Glück, aus lauter guten Gründen einen gewissen Nervenkitzel spürst.

◗ **Zunehmender Halbmond in deinem sechsten Haus/Jungfrau**
Es ist an der Zeit herauszufinden, wie du dich, vor allem bei den Menschen, denen du täglich begegnest, am besten ausdrücken kannst. Lektionen liegen in der Luft.

◗ **Abnehmender Halbmond in deinem sechsten Haus/Jungfrau**
Die Pflichten, die dir diese Woche auferlegt werden, könnten dem im Wege stehen, was du wirklich erledigen willst. Pech!

◗ **Zunehmender Halbmond in deinem siebten Haus/Waage**
Diese Woche eignet sich perfekt, um irgendwelche Probleme zu Hause und in deinem Privatleben zu lösen, insbesondere, wenn sie sich auf deinen Lover oder Ex beziehen.

◗ **Abnehmender Halbmond in deinem siebten Haus/Waage**
Falls du immer noch auf der Suche nach dem Gleichgewicht zwischen Partner, persönlichen Bedürfnissen und Beruf suchst, dann gib dir diese Woche noch etwas mehr Mühe.

◗ **Zunehmender Halbmond in deinem achten Haus/Skorpion**
Falls es finanzielle Schwierigkeiten im Hinblick auf ein Kind, einen Lover oder ein kreatives Projekt gibt, dann ist es an der Zeit, diese Probleme zu lösen.

◗ **Abnehmender Halbmond in deinem achten Haus/Skorpion**
Sollte es ein Problem mit deinen Freunden geben, das in die Bereiche Geld oder Sex fällt, dann führe es zu einem guten Ende.

◗ **Zunehmender Halbmond in deinem neunten Haus/Schütze**
Du hast großartige Ideen, doch damit du sie umsetzen kannst, musst du dir die Hände schmutzig machen.

◗ **Abnehmender Halbmond in deinem neunten Haus/Schütze**
Ein Blick auf deinen gegenwärtigen Standort im Leben könnte Ängste hervorrufen, umso besser, wenn du dich ihnen jetzt stellst.

◗ **Zunehmender Halbmond in deinem zehnten Haus/Steinbock**
Falls du zu Hause oder bei der Arbeit mit jemandem Streit hast, dann ist das jetzt die Gelegenheit, die Sache beizulegen. Sei charmant!

◗ Abnehmender Halbmond in deinem zehnten Haus/ Steinbock

Du willst glänzen – unangenehmer Ärger am Arbeitsplatz könnte das Korn in der Auster sein, um das sich die Perle bildet.

◗ Zunehmender Halbmond in deinem elften Haus/ Wassermann

Jetzt ist eine gute Gelegenheit, um herauszufinden, ob du Probleme mit Sex oder Geld oder beide loslassen und deinen Weg fortsetzen kannst.

◗ Abnehmender Halbmond in deinem elften Haus/ Wassermann

Deine Wünsche im Hinblick auf Geld können sich eher verwirklichen, wenn du dein Selbstwertgefühl aufpolierst.

◗ Zunehmender Halbmond in deinem zwölften Haus/Fische

Je deutlicher du das Gesamtbild siehst, umso leichter wirst du die quälenden Ängste vertreiben.

◗ Abnehmender Halbmond in deinem zwölften Haus/Fische

Diese Woche könnte es dir am ehesten glücken, dich von Ängsten und Zweifeln zu befreien, indem du über sie sprichst.

Literatur

Banzhaf, Hajo, und Anna Haebler: *Schlüsselworte zur Astrologie,* München: H. Hugendubel 1994

Boehrer, K. T.: *Declination: The Other Dimension,* El Paso/Texas: Fortunate Press 1994

Cooper, Diana: *In Licht und Liebe leben: Entdecke, wozu du bestimmt bist – und tue es!,* München, Heyne 2006

Cunningham, Donna: *Moon-Signs: Der Einfluss des Mondes auf unser Leben,* München, Droemer Knaur 1995

Graham, L.: *The Ascended Masters,* Bloomington/Indiana: AuthorHouse 2005

Hoffman, Jennifer: *Ascending Into Miracles,* Lees Summit/Missouri: Feed Your Muse Press 2011

Mason, Sophia: *Forecasting with the New, Full and Quarter Moons,* Tempe/Arizona: American Federation of Astrologers 2013

Melchizedek, Drunvalo: *Die Blume des Lebens,* Band 1, Dorfen: Koha 2000

Milanovich, Dr. Norma J., und Dr. Shirley McCune: *The Light Shall Set You Free,* Austin/Texas: Athena Publishing 1996

Myss, Caroline: *Geistkörper-Anatomie: Die sieben Zentren von Kraft und Heilung,* München: Droemer Knaur 1997

Purna, Svami: *The Truth Will Set You Free,* Dehli/Indien: New Age Book, 2008.

Rogers-Gallagher, Kim: *Astrology for the Light Side of the Future,* Washington D. C.: ACS Publications 1998

Rudhyar, Dane, und Leyla Rael-Rudhyar: *Der Sonne/Mond-Zyklus: Ein Schlüssel zum Verständnis der Persönlichkeit,* Wettswil: Edition Astrodata 1988

Sri Sakthi Amma: *Connect with the Divine,* Vellore/Indien: Om Sakthi Narayani Siddhar Peedam Charitable Trust 2011

Virtue, Doreen: *Wie oben, so unten: Die sieben Gesetze des Lebens,* Dorfen: Koha, 2007

Virtue, Doreen, und Yasmin Boland: *Erzengel-Astrologie,* München, L.E.O. 2014

Worwood, Valerie Ann: *Liebesdüfte: Die Sinnlichkeit ätherischer Öle,* München: Goldmann 1993

Yogananda, Paramahansa: *Autobiographie eines Yogi,* München: Droemer Knaur 1992

Hilfsquellen

Musik

Es folgt eine Liste empfehlenswerter Musik, die sich für Menschen auf der spirituellen Suche eignet. Du kannst sie dir herunterladen und nutzen, während du mit dem Neumond manifestierst oder an Vollmond Zeremonien für Vergebung und Dankbarkeit abhältst, oder einfach immer dann, wenn du Lust dazu hast.

Kirtan Alive! Edo und Jo – www.edoandjo.com/shop
Mark Watson – nach Belieben – www.angelearthmusic.com
Deva Premal und Miten – www.devapremalmiten.com
Nirinjan Kaur – www.facebook.com/nirinjankaur
Gurunam Singh – www.gurunamsingh.com
Mirabai Ceiba – www.mirabaiceiba.com

Webseiten

www.moonology.com – Besuche meine (englischsprachige) Webseite, um festzustellen, in welchem Zeichen sich der Mond befindet, wann der nächste Neumond ist, was der tägliche Mond dir mitzuteilen hat, und vieles mehr.

www.timeanddate.de/mond – eine großartige Hilfe, um Termine für Neumond, Halbmond und Vollmond herauszufinden.

Genehmigungen

Die »Vollmond-Vergebungszeremonie« auf Seite 190 f. in Kapitel 6 und die »Formel der Karmabefreiung« wurde inspiriert von Catherine Ponder und dem verstorbenen Charles Fillmore und mit freundlicher Genehmigung von Catherine Ponder in diesem Buch aufgenommen.

Zu Dank verpflichtet bin ich außerdem Doreen Virtue, die es mir gestattete, Material aus dem Buch *Engel-Astrologie* zu entnehmen, das wir gemeinsam geschrieben haben.

Die Autorin

Yasmin Boland begann ihre berufliche Laufbahn als freie Journalistin mit einer Leidenschaft für das Schreiben und für die Astrologie. Aufgrund mehrerer kosmischer Schicksalswenden verwandelten sich diese Leidenschaften in ihren Beruf, und sie ist nun eine der bekanntesten Astrologinnen im englischsprachigen Raum.

Yasmin ist eine begeisterte Astrologin, aber insbesondere liebt sie alles, was mit dem Mond zu tun hat, vor allem mit Neumond und Vollmond. Auf ihrer Webseite www.moonology.com kannst du ihre Mondbotschaften wie auch ihre Wochen-, Monats- und Jahreshoroskope kennenlernen; auch auf Facebook ist sie sehr aktiv und erfreut sich einer großen Zahl von Followern. Gemeinsam mit Doreen Virtue hat sie das Buch *Erzengel-Astrologie* geschrieben.

Yasmin wurde in Deutschland geboren, wuchs in Tasmanien auf und lebte in Australien, Frankreich und England. Mit dem Neumondwünschen, das sie nach wie vor regelmäßig praktiziert, hat sie vor fast zwei Jahrzehnten begonnen.

Anmerkungen

1 Vom lateinischen *luna* für »Mond«. Das grammatische Geschlecht des Monds ist im Lateinischen wie in weiteren Sprachen – anders als im Deutschen – weiblich, was auch eher den Energien von »Frau Luna« entspricht (siehe Punkt 9 in dieser Auflistung).

2 Die beiden Begriffe stehen für polar entgegengesetzte und doch aufeinander bezogene duale Kräfte, die alles durchdringen, sich einander ergänzen und ohneeinander nicht sein können. Ein weitverbreitetes Symbol dieses kosmischen Prinzips ist das sogenannte Taijitu (☯), in dem das schwarze Yin (dunkel, weich, weiblich, negativ, passiv und so weiter) und das weiße Yang (hell, hart, männlich, positiv und so weiter) in einer Monade dargestellt werden. Dabei sind mit den Eigenschaften keinerlei moralische oder sonstige Wertungen verbunden.

3 Deutsche Ausgabe: Dane Rudhyar und Leyla Rael-Rudhyar: *Der Sonne/Mond-Zyklus: Ein Schlüssel zum Verständnis der Persönlichkeit,* Wettswil: Edition Astrodata 1988.

4 Ein Mantra ist ein Wort oder ein Klang, der stumm oder laut während der Meditation wiederholt wird. Beispiele für Mantras findest du im Internet oder bei einem Meditationslehrer. Das bekannteste ist das Mantra »Om«.

5 Laotse: *Tao Te King,* Arkana, München, [2]2008.

6 Die Ekliptik ist die Bahn, auf der die Sonne von der Erde aus gesehen (geozentrisch) vor dem Hintergrund der Fixsterne einmal im Jahr scheinbar um die Erde läuft.

7 Unter »Co-Abhängigkeit« versteht man einerseits die Situation des engen Umfelds von Suchtkranken, andererseits eine Liebes- oder Beziehungssucht, die so weit gehen kann, dass man an einer Partnerschaft festhält, obwohl man an ihr zu zerbrechen droht.

8 Das Wort »Aszendent« ist vom lateinischen Verb *ascendere* (»aufsteigen«) abgeleitet und beschreibt das Zeichen, das während deiner Geburt am Osthorizont deines Geburtsorts gerade im Tierkreis »aufstieg«.

9 Deine genaue Geburtszeit kannst du deiner Geburtsurkunde entnehmen oder gegen Gebühr beim Standesamt deines Geburtsorts erfragen (auch online).

10 Die zwölf sogenannten astrologischen Häuser sind Felder oder Sektoren, die im Äußeren des Tierkreises auf dem Horoskopbild eingezeichnet werden. Es ist eine symbolische Teilung des Raums, der die Erde umgibt. Von der Erde aus betrachtet, wandern alle Himmelskörper durch diesen Raum. Die Spitze des ersten Hauses ist in deinem Horoskop identisch mit deinem Aszendenten.

11 Der Sanskritbegriff Ākāśa steht für »Himmel, Raum, Äther«. Unter der »Akasha-Chronik« versteht man ein immaterielles, übersinnliches »›Buch‹ des Lebens«, das ein allumfassendes »Weltgedächtnis« enthält.

12 Mit dieser aus irdischer Perspektive kontraintuitiven Sichtweise wird niemand aus seiner Verantwortung entlassen, es soll keine Gewalt und dergleichen verharmlost und auch nicht Täter mit Opfer verwechselt werden. Es geht hier vielmehr darum, von der spirituellen Warte aus irdische Zusammenhänge zu erklären, um besser damit umgehen und günstigenfalls sogar an ihnen wachsen zu können. Außerdem heißt Vergebung auch nicht, dass wir uns weiter dem schädlichen Einfluss unserer »Peiniger« aussetzen oder ihre Gesellschaft ertragen müssen.